Pınar Selek
Zum Mann gehätschelt. Zum Mann gedrillt.

Pınar Selek

Zum Mann gehätschelt.
Zum Mann gedrillt.

Männliche Identitäten

Inhaltsverzeichnis

Pınar Selek lässt in diesem Buch die interviewten Männer selbst zu Wort kommen. Zur einfacheren Lesbarkeit wurden die Interviewpartner nummeriert. Die Zahlen hinter den einzelnen Interviewausschnitten verweisen auf das Personenverzeichnis im Anhang.

Vorwort für die deutsche Ausgabe

Das Buch, das Sie in den Händen halten, ist im Rahmen einer Studie über Männlichkeit und Männlichkeitsmechanismen in der Türkei entstanden. Generell und innerhalb eines sehr weit gefassten Rahmens handelt es von den Erfahrungen und Widersprüchen, die Männer erleben, wenn sie lernen, »zum Mann zu werden«. Vor allem aber möchte es die Umstände beleuchten, unter denen ein Mann in der Türkei zu einem »echten Mann« gemacht wird. Das Augenmerk soll dabei auf den obligatorischen Wehrdienst gerichtet werden – und nicht nur auf die Erlebnisse während des Wehrdienstes selbst, sondern auch darauf, wie gesellschaftliche Gewohnheiten und Normen während der Zeit beim Militär zum Tragen kommen.

Es soll deutschsprachigen Lesern Zugang zu den Erfahrungen verschaffen, die Männer in der Türkei mit Männlichkeitsmechanismen machen, aber die Schilderungen in diesem Buch sagen auch viel über die türkische Gesellschaft selbst aus. Aber wirklich nur über die türkische Gesellschaft? Nur über türkischstämmige Männer? Natürlich nicht. Dieses Buch beleuchtet ebenso in anderen gesellschaftlichen und kulturellen Zusammenhängen geformte Geschlechternormen. Ob in Japan, Kenia, Australien, Amerika, Luxemburg oder in der Türkei… jede einzelne Erfahrung ist ein weiteres Detail eines nationale Grenzen überschreitenden Gesamtbildes. Indem dieses Buch einen wichtigen Ausschnitt dieses Bildes genauer betrachtet, ohne dabei den Blick auf das Ganze zu verlieren, will es gleichzeitig die Gesamtheit dieses Bildes verstehen.

Es ist sehr schwer, die bekannten Codes des Patriarchats zu entziffern, ohne die Details analysiert, ohne verschiedene historische Perioden und Erfahrungen untersucht zu haben. Wir wissen bereits, dass Weiblichkeit und Männlichkeit erlernte Attribute sind, dass zahlreiche gesellschaftliche und politische Institutionen uns unsere Geschlechtsidentität wie ein Kleidungsstück überstreifen und wir somit auf gewisse Weise standardisiert werden. Hinter vielen unserer Verhaltensweisen und -muster verstecken sich Genderisierungsmechanismen, über die wir meist nicht weiter nachdenken.

Bei meinen Fragestellungen bin ich von der Türkei ausgegangen, aber ich bin sicher, dass diese Fragen uns auch für andere Lebenswelten zu Antworten verhelfen können.

Außerdem ist es natürlich so, dass wir zusammen in einer Welt leben, die nicht nur auf ökonomischer und politischer Ebene globalisiert ist, sondern auch hinsichtlich ihrer Geschlechtsideologien. Oder, wie man in der Türkei sagt: Wir essen alle die gleiche Suppe, nur mit unterschiedlichen Löffeln.

Der Wehrdienst beeinflusst unter verschiedensten Bedingungen lebende Männer auf verschiedene Weise, aber die Ergebnisse dieser Erfahrungen gleichen sich sehr. Das bei der Armee betriebene Spiel des Helden ohne Macht, die wachsende Diskrepanz zwischen Realität und Imagination, unterdrückter Zorn, der nicht überwunden werden kann und Ängste, die nicht zugegeben werden können – all dies trifft auf sehr viele Männer in der ganzen Welt zu. Die Erfahrung der anderen hält uns einen Spiegel vor. Und in diesem Spiegel können wir Dinge sehen, die uns vorher nie an uns selbst aufgefallen sind.

Fragen über Fragen: Auf welche Weise werden deutschsprachige Männer »zum Mann«? Mit welchen Mitteln werden sie entlang einer einzigen Linie ausgerichtet? Sind die Ängste bekannt, die sowohl mit Zuckerbrot als auch mit der Peitsche unterdrückt werden? Was sind die Gemeinsamkeiten, was sind die Unterschiede zu den Erfahrungen in der Türkei? Was erwarten deutschsprachige Frauen von Männern? Und die Gesellschaft? Wie haben sich diese Erwartungen seit dem Zweiten Weltkrieg verändert? Wie funktionieren herrschende Geschlechts- und Genderisierungsmechanismen, die immer weiter verfeinert und dadurch vielleicht wirkungsvoller werden? Welcherart sind die Erfahrungen, die türkischstämmige Migranten in Europa in Bezug auf Männlichkeit machen? Welche Männlichkeitsmodelle treffen hier aufeinander?

Ich möchte, dass Sie diese Fragen beim Lesen dieses Buches im Hinterkopf behalten. Und ich hoffe, dass ich Gelegenheit haben werde, Ihre Antworten auf diese Fragen zu hören oder zu lesen. Denn diese Übersetzung ist für mich auch eine Art Grußwort. Seit Monaten lebe ich in Deutschland. Um mein neues Buch fertig zu stellen, habe ich zuerst im Heinrich-Böll-Haus in Düren gewohnt und jetzt bin ich Gast des P.E.N.-Zentrums Deutschland, in Berlin. Natürlich habe ich während dieser Zeit nicht nur an meinem Buch gearbeitet. Da ich aus einem feministischen und antimilitaristischen Umfeld komme, habe ich in kurzer Zeit an sehr unterschiedlichen Diskussionen in allen Ecken Deutschlands, in der Schweiz und in Österreich teilgenommen und dabei Menschen kennen gelernt, die ähnliche Träume teilen. Diese Menschen haben einen tiefen Eindruck bei mir hinterlassen. Wir haben Unterschiede und Gemeinsamkeiten zwischen uns entdeckt, auch wenn wir nicht dieselbe Sprache sprechen. Diese Männer und Frauen sind mir sehr ans Herz gewachsen. Jetzt spricht mein Buch auch die Sprache meiner neuen Freunde.

Es ist sehr aufregend, die Erfahrungen des Landes, in dem ich gelebt, mich meinen Problemen zur Wehr gesetzt, für ein besseres Leben gekämpft habe, jetzt auch mit Ihnen teilen zu können.

Ich möchte diese Gelegenheit nutzen, Ihnen meine Grüße zu übermitteln.

Pınar Selek

1. Kapitel:
Anstelle einer Einführung:
Über mein Vorgehen

Ich sah Ihn[1], gleichzeitig erstaunt und gequält, im Fernsehen. Er brüllte: »*Pass bloß auf und sei ja vernünftig!*« und versuchte, seiner Miene einen harten Ausdruck zu verleihen. Das war der Moment, in dem ich mich entschied, dieses Buch zu schreiben. Ich zitterte. Ich fühlte mich an die Blicke der Menschen erinnert, die die Fenster der Transvestiten in der Ülkerstraße zerschlugen und alles um sich herum in Flammen hatten aufgehen lassen. Und an die Mienen der Fußballfans, die in Bursa geschrien hatten: »*Tod den Transen!*« Ich rief mir weitere Szenen ins Gedächtnis. Ich sah verzerrte Gesichter, die »*Pass bloß auf und sei ja vernünftig!*« schrien und ich sah all die anderen, uns Frauen so vertrauten Bilder.

Mich beschäftigte die Frage, was ich aus all dem machen sollte. Schließlich verspürte ich einen ausschlaggebenden Wunsch: Ich wollte die Geisteshaltung hinterfragen, »die aus einem Kind einen Mörder machte.« Ich wollte diesen »Mörder«, diesen »Mann«, diesen »Jungen« durch das Prisma des Feminismus betrachten.

Dieser Wunsch eröffnete mir ein weiteres Feld. Yasin, Hasan, Kemal … . Noch mehr als der Grund, aus dem sie zu Mördern wurden, interessierte mich, wie es dazu kam, dass sie »*Pass bloß auf und sei ja vernünftig!*« schrien, wie sie zu Männern geworden waren, warum und wofür sie sich so aufspielten. Also begann ich zu recherchieren. Gleich zu Beginn stellte ich fest, dass diese Recherche auch seitens feministischer Positionen notwendig geworden war.

---

1 Gemeint ist hier der Attentäter auf Hrant Dink, Yasin Hayal. Da es sich um eine im Fernsehen mehrfach ausgestrahlte und dadurch sehr bekannte Szene handelt, erachtete es Pınar Selek nicht für nötig, hier Hayals Namen zu nennen und benutzte nur das Personalpronomen.

Der Feminismus hat der in sexistisch-ideologischen Mustern gefangenen Frau ihr Wort zurückgegeben. Forschungen auf dem Gebiet des Feminismus entwickelten sich parallel zu weiteren gesellschaftlichen Bewegungen. Indem sie die verschiedenen Gesichter des Patriarchats sichtbar machten, konnten sie auch die Geschichtsschreibung neu interpretieren. Landläufige wissenschaftliche Methoden und Annahmen wurden auf den Kopf gestellt. So genannte biologische Geschlechtsunterschiede wurden als eine Vorstellung, als ein gesellschaftliches Konstrukt entlarvt, das sämtliche politische und gesellschaftliche Institutionen durchdringt. Sowohl die weibliche als auch die männliche Sicht auf die Geschlechtertrennung wurden in einem anderen Licht beleuchtet und schließlich erfolgte eine neue Betrachtungsweise auch weiterer gesellschaftlicher Phänomene.

Aufgrund der Unsichtbarkeit weiblicher Erfahrungen denkt man bei dem Begriff »Geschlechterforschung« zunächst an Untersuchungen über Frauen. In den letzten zwanzig Jahren hat jedoch der Begriff der Männlichkeit aus feministischer Sicht verstärkt Aufmerksamkeit erhalten.[2] Die Männlichkeitsforschung, die weltweit Ende der Siebziger Jahre und in der Türkei erst vor kurzem ihren Anfang nahm, hat in relativ kurzer Zeit ein beachtliches Repertoire an Arbeiten zusammengetragen. Anhand dieses Repertoires werden aktuell verschiedene Analysen entwickelt. Die Codes des Patriarchats können besser entziffert werden, wenn die Geschlechtertrennung aus weiblicher sowie männlicher Sicht analysiert wird. Es macht Sinn, das Augenmerk darauf zu lenken, durch welche Mechanismen »Männlichkeit« produziert wird, wie Männer innerhalb dieser Mechanismen positioniert werden und wie diese Mechanismen untereinander verflochten sind.

Dennoch stehen wir immer noch ganz am Anfang dieses Weges. Eine tiefere Auseinandersetzung mit der »Erfahrung« der Männer steht noch aus. Der Geschlechterforscher Kandiyoti begründet diesen

2 Der Geschlechterforscher Deniz Kandiyoti beanstandete noch vor zehn Jahren den Mangel an Forschung auf diesem Gebiet: »Die Hinterfragung der männlichen Identität ist ein zentraler Schlüssel zum Verständnis des Patriarchismus. Es ist ein nur schwer zu erklärender Fakt, dass auf diesem Gebiet bis heute kaum systematische Arbeiten existieren.« (Kandiyoti 1997, S. 171)

Bedarf auch mit der Notwendigkeit neuer Männlichkeitsmodelle: »Es lohnt sich, über Institutionen (...) nachzudenken, die Macht, Gewalt, Rivalität und Wettbewerb in verschiedenen gesellschaftlichen Bereichen schüren, (...) um bestehende Macht- und Herrschaftsbeziehungen zu erhalten. Überlegungen dieser Art schaffen die Gelegenheit für neue Männlichkeitsmodelle.«[3]

Auch Tayfun Atay, Journalist und Professor an der Universität Ankara, argumentiert, dass das Eindringen in die »Intimsphäre des Mannes« eine Möglichkeit eröffnen würde, zu sehen, in welchem Maß das »Menschsein« für das »Mannsein« aufgegeben wird; als Mann beklagt er einen eklatanten Mangel auf diesem Gebiet: »Wir wissen nicht wirklich, wie viele Männer an der >Männlichkeit< leiden, wie viel Anstrengung ein Mann darauf verwendet, >Männlichkeit zu meiden<, um am Ende doch nur wieder mehr Männlichkeit produzieren zu müssen.«[4]

Gesellschaften verfügen über verschiedene Mechanismen, die in Verbindung mit herrschenden Normen allgemein anerkannte Geschlechtsmuster entwerfen, nach denen einzelne Individuen geformt werden. Solche genderisierenden Mechanismen gliedern die grundlegendsten »Bedürfnisse« und die »unverzichtbaren« Elemente des Alltags. Sie fügen sich in den verschiedenen Phasen gesellschaftlicher Geschlechterproduktion zu einer vielschichtigen Einheit zusammen, die das Denken über die Geschlechtertrennung am Leben erhält und mühelos mit den Werten gesellschaftlicher Institutionen einhergeht. Kinderspiele, Schulmannschaften, Sport, Freundesgruppen, familiäre Milieus, Arbeitsplätze und Wehrdienst sind nur einige solcher Mechanismen, die in weibliche und männliche Geschlechtsmuster zerfallen. Diese Trennung wird gleichzeitig zur Grundbedingung einer gesellschaftlichen Existenz. Die Existenz eines Individuums wird erst dann akzeptiert, wenn es sich einer genderisierten, also imaginären Gemeinschaft zuordnen lässt.

Geschlechternormen sind jedoch keine unveränderlichen Kategorien. Gesellschaftliche Systeme erschaffen ein Regime der Geschlechtertrennung, das den sozialen, politischen und ökonomischen

---

3 Kandiyoti 1997, S.47
4 Atay 2004, S. 13

Bedürfnissen entspricht. Bedeutungen, mit denen die Geschlechtsunterschiede aufgeladen werden, ändern sich entsprechend dieser Bedürfnisse. So, wie Frauen mithilfe unterschiedlicher Mechanismen vereinheitlicht werden, so werden auch Männer mithilfe dieser gesellschaftlichen Konstruktionen, ihren Mitteln und Ritualen, zu »richtigen Männern« gemacht.

Meine Untersuchung bezieht sich vorwiegend auf die Situation in der Türkei. Wie erlernt ein Mann in der Türkei Männlichkeit? Welche Institutionen spielen bei der Produktion männlicher Identität eine Rolle? Wie wird die Persönlichkeit der Männer in der Phase ihrer Mannwerdung beeinflusst, wofür können sie sich öffnen und wovor verschließen sie sich? Vor welchem Hintergrund entwickelt sich ihr Verhalten gegenüber Frauen? Wie nehmen sie ihre eigene Männlichkeit wahr, wie definieren sie sie? Welche Rolle spielen Machtbeziehungen untereinander bei der Bildung des Patriarchats?

Mit diesem Buch mache ich mich auf die Suche nach Antworten. Im Mittelpunkt dieser Suche steht die Zeit des Wehrdienstes, um anhand dieses Beispiels Hinweise zu finden.

Isoliert von ihrem sozialen Umfeld, mit dem Ziel, einen »obligatorischen Dienst« abzuleisten, verbringen Männer einen festgelegten Zeitabschnitt in einer reinen »Männergesellschaft«. Eine Erfahrung, die ihre Geschlechtsidentität entscheidend formt. *Sie zeigt einerseits alle geschlechtsspezifischen Mechanismen, die den gesellschaftlichen Alltag durchdringen; andererseits übt sie eine tief greifende Wirkung auf das gesamte weitere Leben der Männer aus.*

Aus feministischer Sicht gibt es verschiedene Fragen, die sich zum Thema der Wehrdiensterfahrungen stellen: Welche Rolle spielt der Wehrdienst bei der Schaffung von Männlichkeit? Welchen Platz nimmt er in der Welt der Männer ein? Wie beeinflussen die Bedeutungen, mit der die Gesellschaft den Wehrdienst und die »obligatorische Dienstzeit« auflädt, die Entwicklung junger Männer? Auf welche Art nähren sich militaristische Mechanismen und das daran anschließende Denken aus einer sexistischen Ideologie? Welche Rolle spielt die Maschinerie des Militärs bei der Schaffung von Männlichkeit?

Analysen der Verschmelzungen und Abgrenzungen, die in Männlichkeitsrollen erlebt werden, können ebenfalls einen Beitrag zu verschiedenen Diskussionen und Fragestellungen leisten. *In diesem Buch beschränke ich mich darauf, eine Diskussion zu entfachen, die das zwischen Männlichkeitsmythos, Gewalt und Machtbeziehungen eingepferchte Individuum sichtbar werden lässt.*

Bei meiner Suche nach Antworten interessierte mich weniger die Schilderung des Erlebten selbst, sondern vielmehr die *Art*, in der sich Männer an das Erlebte erinnern. Um zeigen zu können, wie die Auseinandersetzung mit diesem Thema sich verändert, befragte ich im Sinne der *Oral History* ausschließlich Zeitzeugen und ließ sie frei erzählen.

Die Auswahl der befragten Männer stellt repräsentativ die gesellschaftliche Vielfalt der Türkei dar. Wie machen sich unterschiedliche Klassenzugehörigkeiten während des Wehrdienstes bemerkbar? Wie beeinflussen Bildungsstand und politisch-ideologische Neigungen die Deutung und das Verständnis dieses Zeitabschnittes? Wie veränderten sich im Laufe der Zeit Wehrdienst und das gesellschaftliche Bild von Männlichkeit? Welche Verbindungen existieren zwischen der Kaserne und anderen Lebensbereichen? Wie beeinflussen unterschiedliche kulturelle oder geographische Herkunft die Erfahrungen? Oder unterschiedliche sexuelle Orientierungen? Oder der Umstand, beim Militär zu sein, während man sich eigentlich als Frau fühlt? Wie sehr werden Männergemeinschaften geprägt von verschiedenen Kriegs- und Gewalterfahrungen, so wie in Korea, Zypern, Somalia, in Gefängnissen, bei kriegerischen Konflikten im Osten der Türkei oder der Mobilmachung im Westen des Landes? An was erinnern sich die Männer, was streichen sie aus ihrem Gedächtnis? Um Antworten auf diese Fragen zu finden, interviewten wir in einem Team 58 Männer. Dabei achteten wir darauf, dass sie aus unterschiedlichen Klassen, Berufs- und Altersgruppen stammten und verschiedene kulturelle und ideologische Hintergründe mitbrachten. Das Gesprächsmaterial, das so entstand, ist auch für weitere Untersuchungen von Nutzen. [5]

---

5   Die in diesem Zusammenhang entstandene Arbeit mit dem Titel *Männlichkeit und Wehrdiensterfahrungen* befindet sich im Archiv der Amargi Frauensolidaritätskooperative.

Die Interviews fanden größtenteils ausschließlich unter Männern statt, da es ihnen schwer fiel, ihre Erfahrungen mit einer Frau zu teilen. Leichter fiel es ihnen, sich mit Männern zu unterhalten, die ebenfalls ihren Wehrdienst geleistet und ähnliche Erfahrungen gemacht hatten wie sie selbst. Diese Aufgabe haben Hüseyin Deniz und İrfan Uçar übernommen.

Als die gesellschaftlich sehr verbreiteten »Militärerinnerungen«, die bei Männergesprächen zur festen Tagesordnung gehören, auf einmal die Form einer wissenschaftlichen Untersuchung annahmen, traten verschiedene Probleme auf. Zahlreiche Männer, die zuerst einverstanden waren, über ihre Wehrdiensttage zu sprechen, änderten ihre Meinung, als sie sahen, dass die Gespräche aufgenommen werden sollten. Auch schreckte ein großer Teil der Männer davor zurück, dass ihr Name an irgendeiner Stelle veröffentlicht werden könnte. Während manche dies mit der Aussage: »Wir möchten uns nicht vor den Leuten blamieren« begründeten, sagten andere: »Ich möchte nicht, dass mein Name überall veröffentlicht wird« und: »Das ist doch jetzt vorbei (...) die Vergangenheit soll ruhen. Ich erzähle, um Ihnen weiterzuhelfen, aber ich will nichts weiter damit zu tun haben.«

Also änderten wir die Namen der Männer, mit denen wir sprachen. Ist nicht das Vorhandensein dieser Beklommenheit allein schon Antwort auf die Fragen, denen dieses Buch nachgeht? Der Umstand, dass Erfahrungen nicht offen mitgeteilt werden können, sagt viel über den Seelenzustand der Männer aus, die sie gemacht haben. Da oft über den »Wehrdienst« gesprochen wird, ist er kein Tabuthema, jedoch eines, vor dem man Angst hat. Wie sonst ließe es sich erklären, dass einige Männer von einem Interview Abstand nahmen, als sie erfuhren, dass es aufgenommen werden solle? Zudem wird das uneingeschränkte Mitteilen von erlebten Schmerzen, ungerechter Behandlung und Schwächemomenten auch als Verweichlichung, als Effeminisierung erlebt. *In der Regel verstummen Männer unter der Last des Männlichkeitsmythos; sie sind nicht in der Lage, über einen wichtigen Teil ihres eigenen Lebens zu reden; es fällt ihnen besonders schwer, über Gefühle zu sprechen und sie reden weniger unbeschwert über ihre privaten Erlebnisse, als*

Frauen das in der Regel tun. Das Ausmaß der während der Gespräche gemachten Bekenntnisse bringt einige innere Konflikte ans Licht, die Männer gewöhnlich nicht mit der Öffentlichkeit teilen möchten. Zwar wird versucht, dieses Trauma zu überwinden, indem es beispielsweise in der Form von Witzen ständig zur Sprache gebracht wird. Eine tatsächliche Konfrontation damit fällt jedoch sehr schwer, ganz besonders in aller Öffentlichkeit.[6]

Wir waren darum bemüht, dass die Männer während der Gespräche nicht nur Vertrauen zu uns, sondern auch zu sich selbst fassen konnten; dass sie über ihre Erfahrungen nachdenken, sie sich ins Gedächtnis rufen und ihre Geschichten genau schildern konnten. Es gelang Hüseyin und İrfan, die ja selbst ähnliche Erfahrungen gemacht hatten, diese Vertrauensbasis im Verlauf der Vorgespräche aufzubauen. Das führte dazu, dass die Mehrheit der befragten Personen detailliert über ihre Erfahrungen sprach. Selbst diejenigen, die während der vorbereitenden Gespräche angaben, nicht viel zu erzählen zu haben, gaben später ausführliche Schilderungen.

Wir stießen in den Erzählungen auch auf verschiedene Widersprüche. Manche Geschichten vermitteln gar das Gefühl des Fiktiven oder der Übertreibung. Da wir jedoch keinesfalls erwarteten, dass die

6 »Während einer der seltenen Gelegenheiten, Zeugin einer Diskussion unter Männern in einem mittelanatolischen Dorfes zu werden, bemerkte ich zu meinem Erstaunen, dass dabei auf eine denkwürdige Art und Weise keine negativen persönlichen Erlebnisse mitgeteilt wurden. Einer der Dorfbewohner schilderte detailliert die an Sadismus grenzende Grausamkeit eines Offiziers. Als er gefragt wurde, ob er selbst auch Opfer einer solchen Behandlung geworden war, lächelte er verschämt und sagte: ›Nein, ich hatte mich bei ihm beliebt gemacht.‹ Das war keine ungewohnte Antwort. Man kann die Milde von Ranghöheren zwar durch Diensteifrigkeit, durch die Zurschaustellung von im zivilen Leben angeeigneter Fähigkeiten, durch die erfolgreiche Erledigung verschiedener Aufgaben und die damit im Zusammenhang stehende Demonstration von Intelligenz für sich gewinnen; aber das Wichtigste ist, ohne Unterlass Respekt an den Tag zu legen – in der Art des besänftigenden und gewinnenden Sohnes. Wie sehr die Autoritäts- und Kontrollinstitutionen bei der Armee auch auf den frühen Kindheitserfahrungen aufbauen, so sehr funktionieren sie als Schablone, mit der die folgenden Generationen diese Instanzen erneut produzieren ... « (Kandiyoti 1997, S. 195)

Männer ihre Erlebnisse eins zu eins wiedergaben, stellt dieser Umstand kein Problem dar. Wir nahmen an, dass wir im Zuge der Gespräche auf verschiedene Formen der Verzerrung treffen würden. Zumal wir die Lüge als eine Form der Kommunikation anerkennen, *waren wir auf das Erlebte selbst eigentlich weniger gespannt. Eher waren wir neugierig darauf, wie die Erfahrungen umgewandelt, was die Männer in welcher Form übertreiben, verheimlichen, erfinden oder abwandeln würden. Wir wollten nicht einfach nur darstellen, sondern sehen, welche Erfahrung auf welche Art gemacht, wie sich daran erinnert und wie sie zum Ausdruck gebracht wird.* Nach dem Abschluss der Gespräche breiteten sich viele Stunden Erzählmaterial vor mir aus. Während ich die Texte las, hatte ich auf den ersten Blick den Eindruck, immer wieder die gleiche Geschichte zu lesen. Es fiel mir anfangs schwer, die Schilderungen auseinander zu halten. Als ich später den gleichen Text erneut betrachtete, wurde mir klar, dass jeder Mann, genau wie Frauen, sein individuelles Abenteuer allein und auf eigene Art erlebt. Die Lebensgeschichten der Männer, die alle über »den gleichen Ladentisch« gegangen waren, die eine sehr ähnliche Sprache sprechen und zu fast identischen Schlüssen kommen, waren dennoch alle einzigartig. Diese Einzigartigkeit zeigt, dass es kein allgemeingültiges Patriarchat gibt und macht zudem Geschlechterhierarchien sichtbar, die durch sich ständig ändernde politischen Phasen und Machtbeziehungen entstanden und entstehen.

Trotz dieser Vielfalt zeichnete sich dennoch ein altbekanntes Bild ab. »Gewöhnliche Menschen, die in von anderen über sie erstellten Dokumenten wie Strohfeuer erscheinen«[7] bedienen sich einer herrschenden, tradierten Denk- und Sprechweise, wenn sie ihre Geschichte selbst schildern. Aus diesem Grund kommen uns viele der sich ähnelnden Schilderungen trotz ihrer Einzigartigkeit unter Umständen bekannt vor. Manche der in Bussen, Kaffeehäusern, zu Hause und auf der Straße oft gehörten, alltäglichen Begebenheiten und Erlebnisse sind vielleicht nicht einmal besonders interessant. *Unser Ziel war es jedoch, zu sehen, welches Bild die Gesamtheit all dieser Geschichten ergibt.*

---

7 Thompson 2002, S. 21

Wir wollten, dass die Männer ihre Geschichten als Schreiber ihrer eigenen Chronik darstellen konnten, ohne in einen bestimmten Bedeutungsrahmen gepresst zu werden. Ihre gleichzeitig »banalen« und »einzigartigen« Geschichten bestimmten also unsere Untersuchungen grundlegend. Bevor wir mit den Forschungen begannen, waren der theoretische Rahmen, die Vorgehensweise und die Diskussionsgrundlage fertig ausgearbeitet. Dennoch haben die geschilderten Erfahrungen selbst den Weg bestimmt. Ich habe sie nicht als »Zitate« in ein vorgefertigtes Muster eingefügt. »Festhaltend an der Überzeugung, dass die Bedeutung der Objektivität sowie die Informationen keinesfalls a priori sind und unsere Studie uns einiges lehren und angesichts unserer bis dato geltenden Erwartungen verblüffen könnte«,[8] passte ich die Überschriften und Analysen dieses Buches den geschilderten und in ihren konkreten Zusammenhängen von mir kommentierten Erfahrungen an. Aus diesem Grund habe ich es vorgezogen, dass die Männer mindestens genauso oft das Wort ergreifen wie ich selbst. *Trotz ihrer »Banalität« und ihrer »Durchschnittlichkeit« teilen die Schilderungen einem aktiven Leser (und einer aktiven Leserin) sehr viel mit.*

Bei der Deutung der Schilderungen erlebte ich gleichzeitig Vor- und Nachteile des Umstandes, »Männer« aus »weiblicher Sicht« zu analysieren. Ich gab mir besonders große Mühe, mich nicht von meinen Vorurteilen, derer ich mir ständig bewusst wurde, leiten zu lassen. Der Vorteil, die geschilderten Erfahrungen von »außen« zu betrachten, ermöglichte mir zwar einen »objektiveren« Standpunkt, allerdings ertappte ich mich manchmal dabei, einige »Wirklichkeiten«, zu denen ich eine bestimmte, vorgefertigte Meinung hatte, in den Erzählungen aufdecken zu wollen. Ich interpretierte die von den Männern ohne jede äußerliche Beeinflussung gegebenen Schilderungen nach meinen eigenen Werturteilen. Der Glaube an eine künstliche Objektivität ist bekanntlich das größte Hindernis bei der Erhöhung des Wahrheitswertes gemachter Feststellungen.[9] Also habe ich mich bei

8   Gulbenkian Commission 1996, S. 72-73
9   Gulbenkian Commission 1996, S. 72-73

meinen Interpretationen ganz bewusst als Frau zu erkennen gegeben, ohne Objektivität und Verantwortlichkeit außer Acht zu lassen. Währenddessen habe ich meine Forschungsposition, meine theoretischen Grundlagen und meine eigenen Vorurteile ständig neu hinterfragt.

Hüseyin Deniz hat sich dieser Untersuchung, die ihn geistige und körperliche Mühen gekostet hat, von der Formulierung der Fragen bis hin zur Auswahl der Aussagen als eine Art innerer Selbstbefragung genähert. Auf diese Weise sind die Gefühle, Gedanken und Erinnerungen des »Befragers« als Mann während und nach den Gesprächen zu einem festen Bestandteil dieses Buches geworden.

Ich danke Tanıl Bora, Levent Cantek, Seyda Selek, Karin Karakaşlı, Reyhan Yıldız, Ayhan Erdoğan, Zeynep Direk und Aksu Bora zudem sehr dafür, dass sie als Außenstehende einen zweiten Blick auf diese Untersuchung geworfen und so für besseres Verständnis gesorgt haben.

Ich hoffe, dass dieses Buch dazu beiträgt, einen weiteren Blick hinter die Mauer der Männlichkeit zu werfen.

2. Kapitel:
Stationen der Mannwerdung

Der Raum ist voller Menschen. Viel zu viele für ein Kind. Verwandte, Nachbarn, sie alle haben sich im Wohnzimmer versammelt. Es wird gefeiert. Es ist zu laut.

Ab und an kommt sein Vater und klopft dem Kind auf die Schulter. Kurz vorher hatte er mit ihm darüber gesprochen: »*Da passiert nichts Schlimmes. Hab bloß keine Angst. Alle Männer machen das durch. Auch du wirst jetzt zum Mann. Zu einem richtigen Mann.*«

Es ist Kemals Mannwerdung, die hier gefeiert wird.

Wenig später wird er zu einem richtigen Mann werden. Mithilfe eines Messers.

Seine Augen suchen seine Mutter. Nimet Hanım läuft geschäftig hin und her. Aber jedes Mal, wenn sich ihre Blicke treffen, nimmt sie ihn in die Arme und sagt: »*Mein Junge, mein Löwe.*«

Dem Löwen Kemal hat man ein Sultanskostüm angezogen. In der Hand hält er ein Zepter. Er selbst fühlt sich aber gar nicht wie ein Sultan. Wie fühlen sich eigentlich Sultane? Seine Gedanken kreisen nur um seinen Pullermann. Ob Sultane immer so an ihren Pullermann denken müssen? Wird man so zum Mann? Bedeutet Männlichkeit, den ganzen Körper nur auf den Pullermann zu verkleinern?

Schon seit einer Weile ist ihm aufgefallen, wie wichtig sein Pullermann, den er normalerweise nur beim Pipi machen, seit einiger Zeit aber auch sonst mit wachsendem Vergnügen berührt, für die anderen ist. Ständig erfährt Kemal Neues über dieses Ding, das ihn von den Mädchen unterscheidet. Er lernt zum Beispiel Flüche, die es umkreisen – und das verändert seine Beziehung zu ihm mit jedem Tag. Er spürt auch, dass dieser »*Auswuchs*« *zu einer unheilvollen Waffe gegenüber anderen werden kann. Dass zwischen seinen Beinen eine Art Macht verborgen liegt… Erst vor kurzem hat seine Mutter ihm einen anerkennenden Klaps auf die Schultern gegeben, weil sein Pullermann so besonders groß ist.*

»Mein Sohn, mein Löwe«, hat sie gesagt.
Kemal ist stolz auf seinen Pullermann.
Und jetzt? Würden sie vielleicht einen Teil seiner Ehre abschneiden?
Und wenn sie etwa zuviel abschnitten ...? Nein. So, wie die ringsum Ver-
sammelten aussehen, wird er heute stärker und kräftiger. Sie alle haben sich
wegen Kemals Pullermann versammelt. Wegen seiner Männlichkeit.
Wenn er die Schmerzen aushält, wird Kemal zum Mann. Und sein
Pullermann wird, wenn man ihn beschneidet, wachsen.

Kemal fährt mit der Hand über das Sultanskostüm und strafft stolz sei-
nen Rücken. Mutlosigkeit und die Angst in seinem Blick überdeckt er mit
einer gebieterischen Sultansmiene ... Er versteckt sie. So begrüßt er seine
Männlichkeit.[1]

Kemals Blick ist uns wohl vertraut. Millionen von Männern haben als
Kinder in den Hosen eines Paschas, Offiziers, Polizisten oder Sultans
ihr verborgenes Geschlechtsorgan gespürt. Und mit ihm auch die
Angst, die durch die vielen Menschen um sie herum noch gesteigert
wurde.

Die Beschneidung, in islamischen Gesellschaften eine religiöse
Pflicht, wird in der Türkei auch als ein Übergangsritual vom Knaben
zum Mann gefeiert. Die meisten Beschneidungsfeiern verlaufen ähnlich, doch die Beschneidung selbst wird auf verschiedenste Arten inszeniert. Beispielsweise setzt man in Ostanatolien den zu beschneidenden Jungen gemeinsam mit einem als Braut verkleideten Mädchen auf
ein Pferd oder Kamel und ruft: »Sie werden dir ein Stückchen weg-
schneiden ... sollen die Mädchen doch platzen vor Neid ...«

Nach einem anderen, weit verbreiteten Brauch wird während der
Beschneidungsfeier ein Tier »geopfert«. Beide »Schneiderituale«
werden als religiöse Pflichten von Gebeten begleitet. Vor den Augen
des zu beschneidenden Jungen wird dem Tier die Kehle durchge-
schnitten. Das Ehrenmal (*şeref nişanı*), das dem Kind dann mit dem
Blut des Tieres auf die Stirn gemalt wird, soll auch als Mittel gegen
die Angst wirken. Der Junge, der nun auf seiner Stirn die mit dem

---

1 Fiktive Erzählung

Opferblut verbundene Ehre (şeref) trägt, erlaubt mit diesem Zeichen auch, dass sein eigenes Blut vergossen werden darf.

Diesem Ritual schließen sich weitere an. Andere Feste, andere Ängste. Zum Mann zu werden erlernen Männer durch Feste, die von Angst gekennzeichnet sind. Dazu zählt auch »Mädchen vor Neid zum Platzen zu bringen«. Auch dies ist ein Fest. Ein Fest der Angst, um Angst zu unterdrücken. Die Angst vor der ersten Nacht, im Allgemeinen ja nur Frauen zugeschrieben, stellt auch für Männer eine schwere Prüfung dar. Eine Prüfung, die in manchen Gesellschaften sogar noch festlicher begangen wird als die Beschneidung. Das Geschlechtsorgan, geformt vom Messer des Beschneiders, muss jetzt selbst zu einem Messer werden. Und dieses Messer wird feierlich geschärft.

Nach wie vor ist das Ritual der ersten Nacht in vielen Kulturen auf verschiedene Weise lebendig. Es gilt als Zeichen der Männlichkeit, die »Jungfräulichkeit des reinen Mädchens« erfolgreich »zu zerstören« (bozmak). Wird er hart werden? Wird er erigieren? Wird er sie durchstoßen können? Wird er sie wie ein Messer durchschneiden? Wird er durchhalten? Wird er es schaffen?

»Werde ich es schaffen?«

Während der »Vorführung« wartet das Publikum vor der Tür, bis endlich das blutige Bettlaken vorgezeigt wird. Unter lautem Schreien und Rufen endet diese obszöne Zeremonie, Waffen werden abgefeuert, der Bräutigam entspannt sich und die Festgesellschaft zerstreut sich lärmend.

Vier Etappen müssen überwunden werden, um die in der Türkei traditionell anerkannte Rangstufe der Männlichkeit zu erreichen: Auf Beschneidung, Wehrdienst, Arbeit und Beruf folgt die Eheschließung. Die Ehe ist somit die Endstation.[2] Obwohl gegenwärtig eine Neigung zu nichtehelichen Lebensgemeinschaften besteht, hält ein Großteil der

---

2 Aus dem Vorwort von Kılıçbay, des Übersetzers des Titels Die Frau ohne Stimme: Liebe und Ehe im Mittelalter des Mediävisten Georges Duby: »Der Vertrag des Eheschlusses ist ein Ritual der Treue und der Sicherheit. Während dieses Rituals werden Versprechen gegeben, Gestik des Aktes Nehmen und Geben vollzogen, Anzahlungen, der Ehering und Bargeld als Kaution hinterlegt. Es wird ein Vertrag abgeschlossen.« (Duby 1991, S. 30)

Bevölkerung an der Ehe fest. Männer, von denen für gewöhnlich angenommen wird, sie seien heterosexuell, bereiten sich darauf vor, Vater zu werden. Mit der *Vaterschaft* gehen verschiedenste Rollen einher: Eine Frau zu haben, Autorität über seine Kinder auszuüben und sie zu erziehen, zu arbeiten, Geld zu verdienen und die Familie zu versorgen.[3] Der Vater ist derjenige, der in der »heiligen« Familie keine Ausschweifungen, Extravaganzen oder Regelwidrigkeiten erlaubt – kurz derjenige, der die Familie aufrechterhält. Auch wenn seine Position zuweilen nur noch Symbolcharakter hat – der Vater, Oberhaupt der Familie und ihr Repräsentant in allen ihren sozialen, ökonomischen und politischen Belangen, gibt die Werte der Männlichkeit weiter, die ihm selbst seit seiner Kindheit beigebracht wurden.

Die Vaterposition erreicht ein Mann also dann, wenn er beschnitten wurde, Wehrdienst geleistet, heterosexuelle geschlechtliche Erfahrungen gesammelt und Arbeit gefunden hat. In vielen Gegenden der Türkei wird jeder Schritt auf dem Weg zu diesem Ziel mit einem Fest gefeiert. Die festliche Aneignung seiner Geschlechtsidentität dient dem jungen, um die Herrschaftscodes bemühten Mann zur gesellschaftlichen Anerkennung als männliches Individuum. Die Festrituale, die je nach gesellschaftlicher Struktur verschiedene Formen annehmen, werden als notwendige Etappen innerhalb des traditionellen, religiösen, familiären und politischen Gefüges angesehen. Hier zeigt sich, wie eng die Idee des Patriarchats mit allen übrigen Machtmechanismen in Verbindung steht. Bei der Bildung gesellschaftlicher Geschlechterhierarchien spielen also sämtliche gesellschaftliche Institutionen eine Rolle, da sie in Struktur, Beziehung und Symbolik auf unterschiedliche Art eng miteinander verflochten sind.[4]

---

3   »Im Grunde geht es hier um die Durchführung eines alten kapitalistischen Brauchs. Das während der Herrschaft von Elisabeth erlassene Armutsgesetz klassifizierte die Halunken, die die Arbeit verweigerten, als Gesetzlose. Diese Methode wurde in der Zeit von Victoria verfeinert, indem man jene, die den Pflichten der industriellen Revolution nicht nachkamen, ins Irrenhaus steckte.« Aus: *Being a Man* von David Cohen

4   »So ausschlaggebend die innerhalb der Familie gemachten Erfahrungen auch sein mögen, sind sie doch nur ein Teil eines ganzen Fächers institutioneller Organisationen, die ein Individuum zu einem Mann oder einer Frau erziehen. Wichtiger ist,

In modernen und an diese anlehnenden Gesellschaftsformen gibt es keine offiziellen Rituale mehr, um den Übergang vom Knaben zum Mann zu kennzeichnen. Doch in verschiedenen Gesellschaften des Westens, des Ostens, des Nordens und des Südens durchlaufen Männer unterschiedliche Abschnitte, um sich in die jeweiligen Männermodelle und –rollen einzufügen. Auch das als religiöse Pflicht durchgeführte Beschneidungsritual, das muslimische Gesellschaften im Gegensatz zu den Gepflogenheiten des Judentums mit einer festlichen Zeremonie begehen, wird als eine symbolische Etappe der gesellschaftlich jetzt akzeptierten Mannwerdung betrachtet. Die Kulturtheoretikerin und Aborigines-Spezialistin Hannah Rachel Bell bezeichnet aufgrund ihrer Studien die Beschneidung als Phase des »dramatischen Losreißens von der Welt der Mutter«.[5]

Und tatsächlich spielen sich alle der Beschneidung folgenden Etappen außerhalb der familiären Umgebung ab.[6] In Zeiten gemeinsamer

dass unsere sich an ein Geschlecht anlehnenden Persönlichkeiten nicht ein- sondern mehrdimensional sind, dass sie durch die gesellschaftlichen Wechselwirkungen geformt werden und ihre Form in unterschiedlichen institutionellen Kontexten erneut zu ändern in der Lage sind.« (Kandiyoti 1997, S. 188f)

5 »Infolge einer dramatischen Trennung von der Welt der Mütter wird der Junge inmitten eines reißenden Tanzes auf den Zeremonienplatz getragen, an dem er sich auf die Reise zur Männlichkeit vorbereitet. Das Ende dieser Zeremonie bedeutet die symbolische Trennung von der Welt der Mütter via Beschneidung. (...) Nachdem der Akt des Beschneidens vollbracht ist, wird der Junge unter Aufsicht seines Vaters sowie anderer Männer, die älter sind als er, auf den Weg Richtung Männlichkeit geschickt. (...) Während dieser Reise muss er all dem Geschehenen ins Gesicht sehen und es bewältigen. So wird er lernen zu überleben, zu gehorchen, durchzuhalten und Selbstdisziplin anzuwenden. Er muss mehrere Prüfungen und Kämpfe mit Bravour meistern, auch wenn er innerlich Angst verspürt.« Aus: *Men's Business, Women's Business* von Hannah Rachel Bell

6 »Die zwei jungen Männer besuchten die in der Umgebung liegenden Stammländer, um sich vorzustellen bzw. sie luden die fernen Verwandten zu der Zeremonie ein. Diese Reise sollte ein Test für ihre Stärke und Widerstandskraft sein und dafür, ob sie aufgrund der erlernten Fähigkeiten genügend Talent besitzen, zu überleben. (...) Dabei mussten sie eine unglaubliche Selbstdisziplin und eine absolute Gehorsamkeit gegenüber den Begleitern sowie den Gesetzgebern, denen sie bei der langen Reise gedient hatten, an den Tag legen. In dieser Phase eigneten sie sich Selbstvertrauen und Disziplin an.« Aus: *Men's Business, Women's Business* von Hannah Rachel Bell

Hamam-Besuche etwa durften Knaben vorerst zusammen mit ihren Müttern baden, bis ihnen plötzlich der Zutritt ins Frauen-Hamam verwehrt wurde. In dieser Phase, meist zeitgleich mit der Beschneidung des Mannes, dessen Unterschied zur Frau damit »offiziell« wird, wechselt er auf die andere Seite der Grenze und konstruiert nunmehr seine Geschlechtsidentität unter seinesgleichen, mit oder gegen Geschlechtsgenossen. »Während der junge Mann, unbestreitbar im Besitz eines Gliedes, unter Frauen eine vergleichsweise sichere Position inne hatte, kann es vorkommen, dass er sich, wenn er den Schritt in die Welt der Männer macht, ›verweiblicht‹ fühlt, weil sein Körper noch nicht vollständig entwickelt ist. Es ist schwer zu sagen, ob im Laufe des Lebens dieses Gefühl innerhalb rein männlicher Machthierarchien wie Wehrdienst oder Knabeninternate wiederkehrt, etwa, wenn ein Mann sich machtlos fühlt.«[7]

In einem Umfeld, das durch sexuelle Diskriminierungen und unterschiedliche Sozialisierungsmechanismen bestimmt ist, wird es nicht gut geheißen, wenn Mädchen die Welt der Mutter verlassen. Von einem Jungen wird jedoch zwingend erwartet,[8] dass er diese Welt hinter sich lässt, um sein Potential vollends zu entfalten.[9] Denn zum Mann-Sein gehören die Fähigkeiten zu besitzen, zu leiten, zu versorgen, zu beschützen, zielgerichtet zu handeln, Beziehungen zur Außenwelt aufzubauen, zu »ficken«, Schwierigkeiten zu überwinden und widerstandsfähig zu sein.

---

7   Kandiyoti 1997, S. 190
8   »Man schickte ihm die jungen Männer schon im frühen Alter, sobald sie der Kindheit entwachsen sind. Unter Aufsicht des Sohnes des Herrn übten sie mit dem Schwert auf dem Pferd.« Aus: *Die Frau ohne Stimme. Liebe und Ehe im Mittelalter* von Georges Duby
9   »Um zu einem eigenständigen Menschen zu werden, muss ein männliches Kind schwere Arbeit leisten. Der Junge muss eine Prüfung bestehen; er muss sich von seiner Mutter abnabeln ... auf diese Weise repräsentiert seine Männlichkeit einen unabhängigen gesellschaftlichen Status, der über die Separation von der Mutter, getrennt von ihr und ihr gegenübergestellt, definiert wird.« Kandiyoti 1997, S. 185

IN DER FREMDE VERLÄUFT DAS LEBEN ANDERS

Die Vaterschaft verkörpert die Position des Mannes, die seine »Männlichkeit« erst wirksam unter Beweis stellt. Ihr gehen verschiedene Prüfungen voraus. Zunächst muss der Mann seine Fähigkeiten auf sexuellem Gebiet »beweisen«, muss sein rituell beschnittenes Geschlechtsorgan unbedingt erektions-»fähig« sein. Aber das allein reicht nicht aus. Vater zu sein heißt, ein zeugungsfähiger Ehemann, Soldat und Beschützer zu sein, ein Handwerk zu beherrschen und die Versorgung der Familie zu meistern. Es bedeutet, einer bezahlten Beschäftigung nachzugehen und gleichzeitig der Chef und »Staatsmann« zu sein, der souverän die ökonomischen, juristischen und politischen Entscheidungen in Familie und Haushalt fällt. Um dieser Versorger-Beschützer des Hauses zu werden, muss ein echter Mann mehrere Fähigkeiten entwickeln, für die er alle Seiten des Lebens – auch die »schlechten« – kennen lernen und ausreichend Erfahrungen sammeln muss. Die Art Leben, von der sich seine Familie fernhalten soll, muss er am eigenen Leib erfahren haben. Außerdem soll er verschiedenste gesellschaftliche Positionen ausfüllen und einer Partei, einem Sportverein, einem Fußballfanclub angehören. Der erwachsene Mann muss zumindest ansatzweise Ahnung von Sport und Politik haben, mitreden können und in der Lage sein, mit Ausrufen wie »ehrloses Pack« zu fluchen.

Der Mann ist die Streitmacht der Familie. Auch wenn er keine Waffe hat, müssen zumindest seine Fäuste einsatzfähig sein. Er muss schwere Lasten tragen, klemmende Deckel öffnen und Ausreißer zurückbringen können.[10] Dafür muss er seinen Körper stählen und

---

10 »Selbst ein siebenjähriger Junge wird dazu erzogen, dass er auf eine hübsche junge Frau aufpasst. Er ist bereits im Bilde, mit was für Gefahren sie rechnen muss. (...) Nicht einmal imstande, seine Nase zu putzen, ist er gegenüber seiner Familie persönlich dafür verantwortlich, das kleine und diskrete Kapital seiner Schwester zu beschützen – diese ist mal seine Dienerin und mal seine Mutter, für alle Fälle das Objekt seiner Liebe, Tyrannei und Eifersucht.« Aus: *Le Harem et les Cousins* der französischen Ethnologin und Widerstandskämpferin Germaine Tillion

disziplinieren, verschiedene weitere Fertigkeiten ausbilden und lernen, seine Energien einzuteilen.[11]

Auf diesem Weg durchlebt ein Mann verschiedene Phasen der »Absonderung«, die seinem Kampf um die Vormachtstellung, die er sich erst »verdienen« muss, entsprechen. Im Märchen müssen Männer, die sich »unsterblich in eine Frau verlieben« unzählige Hindernisse überwinden. In der epischen Liebesgeschichte muss ein Mann schwierige Aufgaben lösen, um »seine Liebe zu erfüllen«. Erst mit dem Ende dieses Kampfes, ob nun erfolgsgekrönt oder mit tödlichem Ausgang für den Helden, wird seine Mannhaftigkeit und mit ihr seine Liebe und seine Teilhabe an der Gesellschaft anerkannt.

Dabei ändern sich Männlichkeitsmuster fortwährend, weil sie mit Werten bestehender gesellschaftlicher Machtstrukturen aufgeladen werden. Heute kann es erforderlich sein, schnell im Umgang mit der Waffe zu sein und morgen schon, Probleme effektiv zu lösen und zielorientiert organisieren zu können. Heutzutage muss ein Kavallerist zugleich mit Autos und Schnellbooten umgehen können. Cohen schreibt: »Männer gehen nicht in den Supermarkt, um zu jagen. Die Art aggressiven Verhaltens, die einen Samurai im Japan des sechzehnten Jahrhunderts zu einem Helden machte, würde dieselbe Person im heutigen Tokio zu einem Psychopathen abstempeln.«[12] Aber dennoch bleibt die Samurai-Kultur ein Wertrepertoire, das der moderne japanische Mann aufrecht erhält und aus dem er zugleich von Zeit zu Zeit schöpft. Solcherlei Wertrepertoire ist, wenn auch regional verschieden und anders benannt, überall gültig.

Männer gehen in der Regel in die Fremde *(gurbet)* um zu studieren, zu arbeiten oder ihren Wehrdienst abzuleisten. Männer, die ihre Kraft, ihren Verstand oder ihre Überlegenheit zum Ausdruck bringen sollen[13] und von Kind an in dem Glauben erzogen wurden, sie stün-

---

11 »Es entstand in der westlichen wie auch der östlichen Literatur ein Heldenstereotyp. Dieser Held war jung, flink, viril, maskulin und jemand, der die Probleme, mit denen er konfrontiert war, lösen konnte.« Aus: *Being a Man* von David Cohen

12 Aus: *Being a Man* von David Cohen

13 Gleich nach der Geburt zeigen schon die ihnen verliehenen Namen, nach welchem Muster sie geformt werden: Aslan (Löwe), Doğan (Falke), Ömer (nach

den im Mittelpunkt der Welt, treffen im späteren Leben auf zahlreiche ebenso egozentrisch erzogene Individuen. In diesem Spannungsfeld, in dem Millionen zukünftiger »Chefs« aufeinanderprallen, werden Egos, die durch einen kaum erfüllbaren Männermythos künstlich aufgeblasen wurden, mit jeder Niederlage aufs Neue zerstört. Schulen, Arbeitsplätze, gesellschaftliche Versammlungen und Aktivitäten sind Umgebungen, in denen Männer durch herrschende Codes geformt und zerstört werden. Der Wehrdienst, bei dem diese Erfahrung unter Geschlechtsgenossen gemeinsam gemacht wird, nimmt darin einen besonders wichtigen Platz ein.

Während ihrer Zeit in einer staatlichen, ausschließlich von Männern besetzten Militäreinheit[14] lassen Millionen junger Männer (*delikanlı*) ihr bisheriges Leben hinter sich, um mit ihren Geschlechtsgenossen ein Lagerleben in einer »dumpf-dröhnenden Männerbündelei«[15] zu führen. Hier wird jugendliche Erregung eiserner Disziplin untergeordnet und männliches Begehren »gezähmt«.[16]

Omar, dem zweiten Kalifen des Islam), Alp (Held), Atakan (in dessen Adern das Blut der Vorfahren fließt), Cengiz (Dschingis Khan), Osman (nach dem Gründer des Osmanischen Reiches), Savaş (Krieg), Cenk (Schlacht), Bora (Sturmwind), Yiğit (tapferer Held)...

14 Laut feministischer TheoretikerInnen ist diese Organisation die Folge von selbstbewussten politischen Strategien. Der Militarismus stützt sich auf die Legitimation und die Überlegenheit der Werte, die der Männlichkeit zugewiesen werden. Die gemeinsamen Werte von Patriarchat und Militarismus sind die Fähigkeit, den anderen zu Boden zu werfen, wenn man zuschlägt, keine Nachsicht zu haben, nicht wie ein Weib zu sein, schnelle Ergebnisse zu erzielen, Stärke zu zeigen und »realistisch« zu sein. (...) Der Umstand, dass die Durchführung des Militarismus den Männern übertragen wird, resultiert aus der hierarchischen Überlegenheit der männlichen Werte und dem gesellschaftlichem Einfluss dieser Überlegenheit. Das ist eine Art Allianzpolitik. Rambo, J. Bond und Bruce Lee sind Beispiele für die Verflochtenheit des militärischen Heldentums mit dem des männlichen. Aus: *Wir konnten keinen Frieden schließen* von Pınar Selek

15 Aus: *Disziplin: Soziologie und Geschichte militärischer Gehorsamsproduktion* des Kultursoziologen und Anthropologen Ulrich Bröckling, S. 183.

16 »Hier geht es um andere Männer, nämlich die Geistlichen, die die kriegerischen, leidenschaftlichen und maskulinen Ritter besänftigen, damit diese nicht allzu viel Schaden anrichten, keinen Terror anstiften und nicht so gütig werden.« Aus: *Frau ohne Stimme. Liebe und Ehe im Mittelalter* von Georges Duby

Parallel zu den ständigen technologischen Neuerungen sind kybernetische Macht- und Gehorsamsmechanismen an die Stelle von einfachen Maschinen getreten. Sie verändern den Rahmen, der den Wehrdienst definiert. Die Anwendung der »Wehrpflicht« wird neu überdacht. Grundlage dafür sind neue Managementmethoden, die unter Titeln wie »Zeitgenössische Personalführung« oder »Personalführung neu betrachtet« ihren Weg in die Lehrbücher gefunden haben und die die alten bürokratischen Prozesse ersetzen. In Zusammenhang damit steht auch der Versuch des Militärs, sich möglichst reibungslos in die Gesellschaft zu integrieren. Einerseits verabschiedet sich das Militär von einer personalbezogenen Bewaffnung, andererseits gestaltet man die Regeln der »Wehrpflicht« neu. Der Wehrdienst greift zusehends in zivile Gesellschaftsbereiche über, und diejenigen, die keine Uniform tragen wollen, leisten soziale Dienste ab. Parallel dazu werden private Armeen gegründet, Diskussionen über eine Berufsarmee und darüber, ob auch Frauen dem Militär beitreten dürfen, werden laut.[17]

Andererseits bestreiten in andauerndem Kriegszustand lebende, gemeinhin als arm, *schwarz und informell* geltende Männer *(damit sind in der Regel Kurden gemeint, die oft ohne Arbeitsverträge und soziale Absicherung arbeiten, oder ohnehin illegalen Tätigkeiten nachgehen, Anm. d. Üb.)* weiterhin »klassische Abenteuer«. Der Wehrdienst beeinflusst unter unterschiedlichen Bedingungen lebende Männer auf der ganzen Welt in unterschiedlicher Weise.

Dabei spielt die Fremde und das Leben in ihr eine nicht weniger prägende Rolle.

---

17 »Was den ›Output‹ angeht, unterscheidet sich das Militär zwar von einem zivilen Großbetrieb (...) die konkreten Tätigkeiten von Armeeangehörigen auf der einen, zivilen Arbeitern und Angestellten auf der anderen Seite gleichen sich jedoch einander an. (...) Auch dieser Mangel an Unterscheidbarkeit macht einen Aspekt der Antiquiertheit des Soldaten aus, den es zwar weiterhin gibt, aber immer weniger als die vom Zivilisten eindeutig sich abhebende Gestalt, die der Begriff einmal bezeichnete.« Aus: *Disziplin: Soziologie und Geschichte militärischer Gehorsamsproduktion* von Ulrich Bröckling, S. 303.

IN DER TÜRKEI, DOCH IMMER IN DER FREMDE

In der Türkei gibt es unzählige Lieder, Geschichten und Filme über junge Männer, die in die Fremde ziehen, um Geld für den Brautpreis oder eine Heirat zu verdienen. Der große, gemeinsame »Film«, in dem beinahe alle Männer eine Rolle besetzen, ist der Wehrdienst.

Der Umstand, dass zur Zeit des Osmanischen Reiches wirtschaftliches und soziales Leben durch Krieg und Beute bestimmt wurden, führte in der Regel dazu, dass der durchschnittliche osmanische Mann Haus und Hof verlassen und mit den Kriegen auch die Orte wechseln musste. Dabei musste er gehorchen, schießen und klein beigeben. Während der Kämpfe jener Epoche erlebte ein Mann Abenteuer, von denen er Zeit seines Lebens zehrte. Mit der Modernisierung wurde die Wehrpflicht für Männer zu einer Etappe, die ähnliche Funktionen erfüllt wie zuvor die Reise zu den Kampfplätzen. Disziplin wurde jetzt jedoch weniger durch territoriale, als vielmehr durch moralische und geistige Mobilmachung erreicht. Diese Veränderung vollzog sich parallel zu tiefgreifenden Wandlungen innerhalb der Machtmechanismen, die sich auf sämtliche gesellschaftliche Bereiche auswirkten und das Erziehungssystem, Psychiatrien, Gefängnisse sowie die Beziehung zwischen Staat und Bürger beeinflussten.

Während Normen und Lebensgestaltung in der neuen Republik auf alten Traditionen aufbauten, wurde der »moderne Bürger« nach sowohl althergebrachten als auch neuen Gepflogenheiten geformt, die sich gegenseitig durchdrangen. Dazu gehörten auch tradierte, reflexartig verinnerlichte Werte in Wechselwirkung mit progressiven Anschauungen. Das neue Modell sah einen Mann vor, der wenig Worte machte, der zwar stark war, dies aber nicht offen zur Schau trug. Er sollte bedächtig handeln, Führungsfähigkeiten besitzen und nicht selber arbeiten, sondern für sich arbeiten lassen. Diesem Modell erlegte man Eigenschaften wie Sportlichkeit, Fleiß, Gewandtheit und Nachgiebigkeit auf. Frauen wurden dazu aufgefordert, im öffentlichen Bereich tätig zu werden, ohne dabei ihre häuslichen Pflichten zu vernachlässigen. Indem Frauen »sichtbar« wurden, immer mehr Verantwortung bei der Versorgung der Familie übernahmen und begannen, alleine zu leben und ihre Kinder alleine großzuziehen, änderte sich die Stellung des Mädchens innerhalb der Familie ebenfalls wesentlich. Immer mehr Mädchen bekamen in der Schule bessere Noten, ergriffen zunehmend angesehene Berufe und bauten persönlichere Beziehungen zu ihren Vätern und Brüdern auf, für die sie als jetzt zuverlässige Schwestern galten. Mit den Jahren schrumpften die Familien, die Stellung von Müttern und Vätern veränderte sich grundlegend. In einigen Regionen der Türkei erhielten nichteheliche Lebensgemeinschaften einen legalen Status und Homosexuelle wurden sichtbarer. Die Frau, die im gesellschaftlichen Leben zunehmend aktiv wurde, öffnete sich nach außen, indem sie dem Mann seine »Rolle« stahl.[18]

Aufgrund dieser veränderten ökonomischen und sozialen Bedingungen wurden neue Geschlechtsidentitäten konstruiert und Mechanismen, die diesen Konstruktionen entsprachen, produziert. Die heutige gesellschaftliche Strukturierung von Geschlechtsidentitäten ist jedoch nicht an lokalen Status, Religion, eine städtische oder ländliche Herkunft gebunden, sondern wird vielmehr mit der kulturellen Globalisierung immer komplexer. Frauen und Männer, die aus einer Vergangenheit schöpfen, die in zeitgenössischen Gepflogenheiten überlebt, bedienen sich damit unangefochtener Geschlechterklischees und erleben ein ständiges Gefühl der Unschlüssigkeit. Widersprüchlich wirkende Haltungen bestärken sich möglicherweise gegenseitig. Junge maskuline (delikanlılar) und metrosexuelle Männer kopieren gegenseitig ihre Stile. Sänger und Schauspieler wie Özcan Deniz und Mahsun Kırmızıgül, die durch ihr Macho-Image (delikanlı) bekannt geworden sind, haben sich innerhalb kürzester Zeit eine metrosexuelle Maske zugelegt. Ein anderer bekannter Sänger, İbrahim Tatlıses,

18 Der auf diese Entwicklung ausgeübte Einfluss der Frauenbewegung, die sich schon in den ersten Jahren der Republik unabhängig organisiert hat und seitdem sehr aktiv ist, ist enorm. Seit 2000 kann man, zumindest auf juristischer Ebene, durchaus von einem Paradigmenwechsel sprechen, der damit einherging, dass die Frau nicht mehr als Symbol für die Ehre oder die Familie, sondern als Individuum akzeptiert wurde.

legitimiert seinen Machismus mit Popularität. Bei einem breiten Fernsehpublikum erwecken solche Männer, die sich von ihren Ehefrauen und Töchtern Freizügigkeit und Sichtbarkeit wünschen, ihnen zugleich Bewacher und Freund sein wollen, den Eindruck, als passten sie sich an »moderne« Werte an. In einem Milieu, in dem vergangene in gegenwärtigen Gepflogenheiten weiterexistieren, sind die Felder, die den modernen Mann repräsentieren und ihn gleichzeitig prüfen, außerordentlich vielfältig. Sie reichen von Fußballplätzen und Fankurven, Moscheen und Märkten, Cafés und Diskotheken bis zu Schule und Militär. Die Hierarchie innerhalb der Männlichkeit wurde der Firmenökonomie angepasst, Fachwissen und gute Technikkenntnisse sind in zahlreichen Umgebungen »männlichere« Hegemonieinstrumente als Fäuste. In diesem aus all den genannten Faktoren bestehenden Durcheinander bringt die Frage, was einen »echten Mann« ausmacht, völlig neue Schwierigkeiten mit sich. Auch die »Fremde« gewinnt neben ihrer klassischen Auslegung neue Formen und Bedeutungen hinzu.

Trotz einer anhaltenden Phase globaler Veränderungen, an denen die Türkei in Teilen mitwirkt, ist die Regelung der gesetzlichen Wehrpflicht hier weiterhin von jeder Diskussion ausgeschlossen.[19] Noch immer gilt der Wehrdienst, wie auch Beschneidung, sexuelles Erfahrungswissen oder die Ausübung eines Berufes als obligatorische Etappe auf dem Weg zur gesellschaftlich anerkannten Reife – und ist aus diesem Grund eine der wichtigsten Berechtigungen zur Vaterschaft. Wie die anderen Abschnitte auf dem Weg zum Mann wird auch der Wehrdienst gemeinschaftlich vorbereitet und gefeiert. Die *Mehmetçik* (kleiner Mehmet) genannten jungen Männer werden damit sowohl auf den Dienst im Staat als auch auf die Rolle des Familienhauptes vorbereitet.

---

19 In den letzten fünfzehn Jahren begann in der Türkei – parallel zur Entwicklung der Bewegung der Wehrdienstverweigerung – eine Diskussion über den obligatorischen Wehrdienst. Diese Diskussion wird jedoch gesetzlich nicht für legitim erachtet und mit erheblichen Strafen geahndet.

Individuelle Männlichkeiten aus verschiedenen gesellschaftlichen Kontexten kommen beim Militär gemeinschaftlich mit bestimmten Rollenklischees in Berührung. Männer erkennen die Macht des Staates und in Folge dessen ihre eigenen Grenzen. Indem sie eine Staatsausbildung erhalten, kehren sie »verstaatlicht« zu ihren Familien zurück.

Doch wie oder was ist diese staatliche Männlichkeit?

Ist sie furchtlos? Heldenhaft? Stark? Erbarmungslos? Zäh?

Mit eben diesen Vorstellungen und Ängsten machen sich *Mehmetçikler* auf den Weg zu ihrer Männlichkeit.

Und was passiert dann?

3. Kapitel:

Das geht schon wieder vorbei, heul nicht

In der Türkei ist der Wehrdienst für alle »gesunden« Männer eine gesetzlich vorgeschriebene Pflicht. Jeder Mann, der das 20. Lebensjahr vollendet, muss seinen Wehrdienst antreten, wenn es keinen triftigen Grund für eine Befreiung gibt. Diejenigen, die sich noch in der akademischen Ausbildung befinden, haben das Recht, diese zuerst abzuschließen. Im Falle eines Master-Studiums, einer Promotion oder auch eines Gefängnisaufenthaltes kann der Wehrdienst bis zum 30. oder sogar bis zum 40. Lebensjahr aufgeschoben werden. Abhängig unter anderem vom Ausbildungsniveau des Rekruten kann dieser Dienst heutzutage sechs, zwölf oder achtzehn Monate dauern. Er kann aufgrund »außergewöhnlicher Umstände« verlängert oder durch die »Regelung des Freikaufs vom Wehrdienst« (bedelli askerlik) auf einen oder drei Monate verkürzt werden. Auch wenn Beginn oder Dauer des Wehrdienstes variieren, muss jeder gesunde Mann für einen gewissen Zeitraum in einer Kaserne leben, an der Ausbildung teilnehmen und die Aufgaben erledigen, die von ihm verlangt werden. Das gilt auch für Männer, die ihre Homosexualität nicht stichfest beweisen können.[1]

Für einen Mann, der dem Wehr»dienst« nicht nachkommt, wird er zu einem Hindernis, das es unbedingt zu überwinden gilt. Andernfalls wird er sich in einem dauerhaften Fluchtzustand befinden, der es ihm unmöglich macht, eine Familie zu gründen und eine feste Arbeitsstelle anzutreten. Da der Wehrdienst außerdem auch die Funktion hat,

---

1 *Eine interessante Entscheidung des Militärgerichts ...* Als Beweis für seine Homosexualität verlangte das Militärkrankenhaus der Luftwaffe von A. A. ein Foto, auf dem sein Gesicht gut erkennbar ist und das ihn bei der Ausführung homosexueller Handlungen zeigt. A. A. legte diese Fotos bei der Voruntersuchung vor und wurde für eine weiterführende Untersuchung in die Chirurgie überwiesen. (Aus der liberalen türkischen Tageszeitung *Milliyet*, 09. 05. 2006)

den jungen Mann auf seine Geschlechterrolle vorzubereiten, hat er besondere gesellschaftliche Relevanz. In verschiedenen Regionen der Türkei gehört er unverzichtbar zu den Ritualen, die den Mann auf seine gesellschaftliche Position vorbereiten.

Auch wenn diese Rituale, die generell aufgrund der Familieninitiative gefeiert werden, in verschiedenen sozialen Kreisen nicht immer aus dem gleichen Antrieb heraus stattfinden, werden sie in der Regel dennoch als »Pflicht« verstanden. Während manche Männer mit dem Gefühl, »dem Vaterland zu dienen«, ihren Wehrdienst als eine nationale Pflicht, neugierig und mit Begeisterung antreten, akzeptieren andere ihn als eine der Beschneidung ähnliche Strapaze, die es auszuhalten gilt. Da der Wehrdienst zwischen schwierigen Lebensbedingungen und einer äußerst unsicheren Zukunft als eine zusätzliche Last empfunden wird, herrscht in großen Teilen der Gesellschaft die Einstellung vor, ihn »so schnell wie möglich hinter sich zu bringen«. Ein Teil der jungen Männer schiebt den Wehrdienst aus materiellen oder ausbildungstechnischen Gründen auf, andere tun dies aus politischer Überzeugung. Die meisten wollen ihn jedoch lieber sofort abhaken und lassen sich unverzüglich einziehen.

Der Wehrdienst überrascht jeden Mann in anderen Lebensumständen, die sowohl die Meldung zum Dienst als auch ihren eventuellen Aufschub beeinflussen. Diese Umstände bringen dabei ganz eigene Geschichten hervor. Ein Teil der jungen Männer geht um »der Liebe« willen zur Armee: Damit ihnen die Liebste nicht durch die Finger schlüpft, wollen sie durch die rasche Vollendung des Wehrdienstes schnellstmöglich die Berechtigung zur Heirat erwerben. So wie im Fall von Murat T. aus Adana: Er lebte gerade im Ausland, als er hörte, dass man die Frau, in die er verliebt war, mit einem anderem vermählen wollte. Er kehrte in die Türkei zurück, um sie zu heiraten und um sie nicht zu verlieren, ging er sofort zur Armee. Weil der Wehrdienst oft zum Aufschub verschiedener Vorhaben zwingt, bietet seine Vollendung die Gelegenheit, sie endlich zu realisieren, natürlich immer abhängig von den eigenen materiellen Möglichkeiten:

»Nach Beendigung des Wehrdienstes beginnst du das Leben neu – dann kommt die Heirat, die Arbeit usw.… Deswegen hat mein Vater mich auf der Geburtsurkunde um zwei Jahre jünger gemacht. Damit ich so schnell wie möglich mit der Armee fertig werden, heiraten und Kinder haben würde (…). Mein Onkel hat auch gesagt: >Bevor der nicht zur Armee geht, gebe ich ihm meine Tochter nicht.< Meine Frau und ich, wir hatten ein emotionales Verhältnis. Ich war in sie verliebt. Wahrscheinlich habe ich es ihr zuliebe getan, habe mich geopfert und bin zur Armee gegangen… « (1)

Manche werden vom Wehrdienst überrascht, bevor sie eine feste Arbeit gefunden haben:

»Man war für siebzehn oder achtzehn Monate von der Arbeitswelt abgeschnitten. Für mich war das gerade ein ganz entscheidender Zeitabschnitt. Ich war damals nicht sehr ehrgeizig und hatte keine richtige Lust, zu arbeiten. Es herrschte sowieso Arbeitslosigkeit und ich versuchte gerade, ein Kaffeehaus zu führen… « (2)

Ist das Leben von Männern und Frauen nicht voll von derartigen Zwängen, voll von Hindernissen, die überwunden werden, voll von Brücken, die überquert werden müssen?

»Ob ich wollte oder nicht, ich musste ja hingehen… « (3)

»Ich wollte den Wehrdienst so schnell wie möglich hinter mich bringen und in den Staatsdienst gehen… mehr wollte ich nicht. (…). >Er soll seinen Wehrdienst machen und wiederkommen, und dann verheiraten wir ihn<, haben sie gesagt.« (4)

»In der Türkei kriegst du einfach keinen Job, wenn du den Wehrdienst nicht beendet hast. Man muss zur Armee gehen.« (5)

»Natürlich haben mein großer Bruder und überhaupt alle um mich herum gesagt: >Geh so schnell wie möglich zur Armee, du willst doch eine Arbeit

finden – das steht dir sonst doch die ganze Zeit im Weg.‹ ‹Was soll's, man muss so oder so zur Armee, es gibt keinen anderen Ausweg.« (6)

In den Augen derer, die aus verschiedensten Gründen nicht zur Armee gehen wollen, wächst dieser Zwang zu einem schier unüberwindlich großen Problem an. Für Oppositionelle, Linke, Kurden und Angehörige anderer Minderheiten wird der Wehrdienst deswegen bis zu dem Moment, in den sie ihn schließlich ableisten, zum größten Problem ihres Lebens. Während manche es schaffen, ihn durch verschiedene Taktiken zu umgehen, ziehen die meisten es vor, ihn ein für alle Mal hinter sich zu bringen:

»Wenn man seinen Wehrdienst endlich abgeleistet hat, ist man mit einem Mal seine Probleme los. Für Kurden ist der Wehrdienst ein Problem.« (1)

Verweigerer, die den Wehrdienst aus politischen und Gewissensgründen ablehnen, versuchen nicht unbedingt, der Armee zu entkommen. Wenn sie ihr jedoch überführt werden, verweigern sie die Ausführung jeglicher Befehle und laufen dadurch Gefahr, aufgrund des »Verbrechens der Befehlsverweigerung« für lange Zeit inhaftiert zu werden. Darüber hinaus gibt es auch diejenigen, die keine Totalverweigerer aus Gewissensgründen sind, sondern aufgrund politischer Umstände versuchen, dem Wehrdienst zu entkommen. Und natürlich gibt es auch diejenigen, die das Weglaufen aufgegeben haben:

»Eigentlich hätte ich noch weiterhin weglaufen können. Aber ich hatte keinerlei Bewegungsfreiheit mehr. Ich konnte meine Familie nicht besuchen. Ich konnte bei Veranstaltungen in Kars oder Artvin nicht mitmachen… es gab Kontrollen…. Ich hätte weiterhin weglaufen können, aber ich habe mir gesagt, dass dieses Problem sich nicht in Luft auflösen würde. Da lastet schon ein hoher psychologischer Druck auf einem. In so einer Lage ist die Entscheidung, doch zur Armee zu gehen, fast eine Erleichterung. Ich habe mir gesagt, dass ich dann wenigstens gehen könnte, wohin ich wollte… ich konnte ja nicht einmal einen Führerschein beantragen. Als ich mich dann entschieden hatte, sagte ich mir, dass ich das jetzt auch endlich könnte.« (7)

Von diesen Beispielen abgesehen wird der Wehrdienst von als »normal« und »gesund« definierten Männern aufgrund der herrschenden Zwänge und ihrem Einfluss auf die Identitätsbildung als ein Zeitabschnitt angesehen, in dem man die eigenen Fähigkeiten unter Beweis stellt. So zum Beispiel sieht Mehmet Y., geboren 1959 in Diyarbakır, diese »Pflicht« als eine Möglichkeit, sich gegenüber seiner Familie zu beweisen:

»Mein Vater sagte immer, dass ich nicht in der Lage sei, zum Wehrdienst zu gehen. Das hat meinen Stolz verletzt. Deswegen habe ich mich nicht davor gedrückt. Weil mein Vater sonst vielleicht so etwas gesagt hätte wie: >Aus dir wird kein richtiger Mann.< Das hätte mich verletzt.« (1)

Für Niyazi T., geboren 1967 in Konya, war die Beendigung des Wehrdienstes auch eine Frage der Ehre:

»Was mich getroffen hat, war Folgendes: Als ich nach Ardahan gefahren bin, hat mein älterer Bruder gerade seinen Wehrdienst in Şile abgeleistet. Ich hatte Urlaub, und er hatte seinen Entlassungsschein bekommen. Genau an dem Tag, an dem ich zum Gefreitenregiment gehen sollte, hat er seinen Entlassungsschein bekommen. Wir sind uns dort noch am selben Tag begegnet. Er hat zu mir gesagt: >Du wirst nie mit der Armee fertig.< Damit bin ich wirklich nicht fertig geworden. Das hat mich während meines Wehrdienstes am meisten fertig gemacht.« (8)

Auch Ruşit A., geboren 1955 in Tekirdağ, ging zum Militär, damit man ihn als vollwertig anerkennt:

»Früher haben sie immer gesagt, dass jemand, der nicht bei der Armee war, auch kein »ordentlicher Mensch« ist. Dieser Umstand, jemanden, der seinen Wehrdienst nicht gemacht hatte, nicht als vollwertigen Mann anzusehen, lastete ganz schön auf einem. Bei uns waren eben alle der Meinung, dass jemand, der seinen Wehrdienst nicht geleistet hat, nicht ernst zu nehmen ist. Also bin ich zur Armee gegangen und als brauchbarer Mensch zurückgekommen.« (9)

Muammer A., geboren 1972 in Ankara Koçhisar, war der Meinung, dass er erst zu einem »ordentlichen Mensch« werden müsse, bevor er in der Lage wäre, eine Familie zu ernähren. Er sagte, dass dies über den Wehrdienst erreicht würde:

>*So ist das mit dem Wehrdienst. Alle sagten immer, dass man, bevor man nicht bei der Armee war, kein Mann sei, keine Familie gründen und ernähren könne und generell von nichts eine Ahnung habe. Mit solchen Sprüchen haben sie uns immer getröstet. So bin ich eben zur Armee gegangen… «*
(10)

Sogar die erfolgreich bestandene Musterung vor Antritt des Wehrdienstes wird als ein Schritt zur Männlichkeit betrachtet. Aus diesem Grund verschweigen einige Männer ihre Krankheiten während dieser Untersuchung absichtlich. Für viele Männer gilt es als Makel, nach der Musterung den Bescheid »Untauglich« zu erhalten:

>*Als ich zur Musterung ging, hatte ich Probleme mit meinem Gewicht. Mit meinem Gewicht! Ich habe damals so um die 49 Kilo gewogen. Obwohl ich ansonsten kerngesund war, haben sie mich nicht zur Armee gelassen. (…) >Ich will aber zur Armee gehen<, habe ich gesagt. Sie haben mich in ein Krankenhaus geschickt. Nachdem man mich dort untersucht hatte, befand man: >Ist tauglich<. Du hättest sehen sollen, wie ich mich da gefreut habe! Ich war im siebten Himmel… alle meine Freunde gingen ja zur Armee und ich sollte das nicht dürfen… «* (11)

Auch der Filmemacher Fazıl D. aus Sivas verschwieg während seiner Musterung im Jahr 1973 seine Krankheiten, um als »echter Mann« zu gelten:

>*Ich hatte schlechte Augen. Sehr schlechte. Es bestand die Möglichkeit, deswegen nicht zur Armee zu dürfen. Ich habe das versteckt. (…) Damit ich als richtiger Mann dastand… das hat man mir eingeredet und also bin ich zur Armee gegangen.«* (12)

Als körperlich behinderten Menschen anlässlich der Behindertenwoche Wehrdienstbescheinigungen ausgestellt werden, kommentiert die Presse:

»Im Landkreis Akşehir in der Provinz Konya (...) haben 14 körperlich behinderte Menschen einen Tag lang symbolisch ihren Wehrdienst abgeleistet. Während des Programms, das anlässlich der Behindertenwoche stattfand, haben die 14 behinderten Menschen, die vom *Özel Sevgi* Rehabilitationszentrum betreut werden, zumindest einen Tag lang die Aufregung des Wehrdienstes sowie die Freude, ihrem Vaterland zu dienen, erleben dürfen. Nach den morgendlichen Übungen haben die behinderten jungen Männer den Fahneneid geleistet und damit ihren Wehrdienst begonnen.
In der im Anschluss an die Zeremonie gehaltenen Rede wurde gesagt (...), Ziel sei es, auch behinderten Menschen, die ihren Wehrdienst nicht ableisten könnten und dies als schmerzlichen Verlust empfänden, einen Eindruck des Wehrdienstes zu geben. >Indem sie die Uniform getragen und den Fahneneid geleistet haben, haben sie gezeigt, dass sie, wie seit Jahrhunderten ihre Vorfahren, bereit sind, ihr Leben für das Vaterland zu geben.< (...). Vater Mustafa Almaz gab an, sehr glücklich darüber zu sein, dass sein geistig behinderter Sohn Mahmut an der Eideszeremonie teilnahm. >Heute ist ein Tag des Stolzes für mich. Sein älterer Bruder Ali leistet gerade seinen Wehrdienst im Landkreis Başkale in der Provinz Van ab<, sagte er. Der körperlich behinderte Ramazan Korkmaz nahm nach dem Fahnenschwur seinen Sohn Barış auf den Schoß und erklärte ihm >die Heiligkeit des Wehrdienstes<.«[2]

In den letzten Jahren wurden behinderte Menschen vermehrt symbolisch zum Militär eingezogen. Nach einer eintägigen Ausbildung und einer speziellen Eideszeremonie erhalten sie den offiziellen Entlassungsbescheid. Mit welchen kulturellen Werten der Wehrdienst aufgeladen ist und inwiefern er dem Mann zur »Mündigkeit verhilft«,

---

2   Aus der großen türkischen Tageszeitung *Sabah*, 11. 05. 2006

zeigt sich insbesondere dadurch, dass dieser symbolische Wehrdienst gemeinhin als ein »Gefallen« und als ein »Geschenk« für die behinderten Menschen dargestellt wird.

STATION MUSTERUNG: DIE BRÜCKE ZUM PARADIES

Die dem Wehrdienst vorausgehende Musterung hat zwei Ziele: Das erste ist, Krankheiten zu erkennen, die in einem geschlossenen Milieu zur Seuche auswachsen oder den allgemeinen Gesundheitszustand bedrohen könnten. Das zweite ist, zu kontrollieren, dass die Männer »gesund und normal«, also nicht homosexuell, krank oder körperlich beeinträchtigt sind. Die Musterungsuntersuchung wird allgemein als ein Routineerlebnis dargestellt, dem man sich unterzieht, bevor man sich beim Militär zum Dienst meldet. Im näheren Gespräch erfährt man jedoch von dem Stress, den diese Untersuchung bei den Männern auslöst. Auf eine gewisse Weise wird die Musterung aufgrund der kulturellen Bedeutung des Wehrdienstes als eine *Untersuchung der eigenen Männlichkeit* wahrgenommen. Während die Rekruten manchmal Liegestütze machen müssen[3], bleibt die Untersuchung der Geschlechtsorgane generell besonders nachdrücklich im Gedächtnis. Obwohl diese Untersuchung rein medizinische Gründe hat, stärkt sie den Mythos des Wehrdienstes als eine »Station auf dem Weg zur Männlichkeit«. Es erstaunt die Männer nicht, dass vor dem Eintreten in ein Umfeld, in dem ihre Geschlechtsidentität auf die Probe gestellt werden soll, auch ihr »Männlichkeitsorgan« kontrolliert wird. Dieses Vorgehen wird von vielen als Hygienekontrolle interpretiert. Einige erzählten, dass manche Männer nicht sehr gepflegt waren:

»Sie haben uns die Unterhosen ausziehen lassen. Entschuldige, aber sie haben uns dort vorsichtig mit einem Stock berührt. Wahrscheinlich um zu sehen, ob auch alle rasiert waren? So haben wir das interpretiert… « (11)

---

3   *»Bei der ersten Untersuchung mussten wir Liegestützen machen. Ich nehme an, damit wir außer Atem kamen. Ich frage mich wozu sonst, ich weiß es auch nicht.«* (13)

»Zum Glück haben sie uns gut behandelt. Wir haben uns ausgezogen. Wir haben nur die Unterhose anbehalten. >Blinzele mit den Augen, heb deinen Kopf, zieh deine Unterhose runter<... Sie haben nachgesehen, ob man sauber oder schmutzig war. (...) Es gab wirklich dreckige Männer. Unter all diesen Leuten gab es einige, die ihr Ding nicht rasiert hatten.« (14)

»Sie haben uns ausgezogen, uns untersucht, unsere Lungen abgehört und so. (...) Sie haben uns geimpft. Ich weiß nicht, was das für eine Impfung war. Man kann da nicht nachfragen. (...) Wir zogen das Oberteil aus, die Unterhose behielten wir an. Ich hatte schon davon gehört, dass sie angeblich sogar noch das Glied untersuchten. Aber mir ist das nicht passiert.« (15)

Manche denken, dass die Untersuchung dazu dient, nachzusehen, ob ein Mann kastriert sei oder nicht. Damit bringen sie die Musterung mit den anderen Männlichkeitsritualen in Verbindung:

»Man wird gefragt, was für Probleme es gäbe. Besonders wird auf das Geschlechtsorgan geachtet. Ob man auch ein Mann ist... natürlich zieht man sich dafür aus. Man behält nur die Unterhose an. Meins haben sie sich nicht angeschaut.« (16)

»Sie messen die Körpergröße und man wird gewogen. Man zieht sich aus, die Unterhose bleibt an. Sie schauen nach, ob man körperliche Behinderungen hat und sogar, ob man vielleicht kastriert ist oder nicht. Darüber wird normalerweise ja nicht offen gesprochen. Es ging der Reihe nach, jemand kam und schaute kurz nach ...« (17)

»Ich wurde untersucht. Ich wurde gefragt: >Hast du irgendein Gebrechen, irgendwelche Beschwerden, die den Wehrdienst beeinträchtigen könnten?< Ich habe gesagt: >Nein, ich bin kerngesund.< Und Entschuldigung, aber dann haben sie mein Ding untersucht. Sie haben uns nicht nackt ausziehen lassen, sondern wollten nur, dass man die Unterhose lüftet. Ich habe sie nicht runtergezogen, und sie haben so von oben reingeschaut und gesagt: >Okay.< Sie haben bei allen nachgeschaut.« (18)

DAS ERZWUNGENE ABENTEUER BEGINNT

Die Männer, die »untersucht worden sind« und damit ihr »Visum« bekommen haben, bereiten sich mit gemischten, an das Ritual der Beschneidung erinnernden Gefühlen auf ihre Reise vor. Wehrdienst bedeutet für manche, ihr gewohntes Umfeld, ihr Viertel, ihr Dorf, ihre Region zu verlassen. Für andere hingegen eine Gelegenheit, Abenteuer zu erleben, ihrem Spieltrieb freien Lauf zu lassen[4] oder auch, »dem Vaterland zu dienen«. Aus diesem Grund wird der Wehrdienst voller Angst, Aufregung, Interesse, Besorgnis und Vorfreude erwartet – manchmal mit allen diesen Empfindungen zugleich, manchmal von einem einzelnen dieser Gefühle dominiert:

»*Ich habe mich auf die Militärzeit gefreut. Also, ich hatte den Koran gelesen. Ich habe mich mit dem Gedanken an die Armee vertraut gemacht, indem ich mir sagte: >Das ist Allahs Sache, und der Weg, den der Prophet gutheißt<.*« (19)

»*Alle haben immer davon gesprochen, dass man dort verprügelt wird, dass alles Mögliche passieren kann. Deswegen war ich eher besorgt… *« (3)

»*Als mein Mobilmachungsbescheid kam, habe ich begriffen, dass ich wirklich zur Armee gehen würde. Diese Aufregung empfindet jeder, ob er nun will oder nicht. Man ist aufgeregt, man ist es einfach… *« (20)

»*Wir empfanden dort alle das Gleiche, wir waren alle genauso aufgeregt. Wir fragten uns: >Was wird passieren? Was werden wir erleben?< Wir waren sehr neugierig darauf.*« (17)

»*Ich hatte ganz komische Gefühle dabei. Ich fragte mich Dinge wie: >Komme ich an einen ganz anderen Ort? Was werde ich mir alles gefallen lassen müssen? Wie wird es dort mit der Bequemlichkeit aussehen? Wird man als Soldat gemocht?< Und so weiter. Als ich zur Armee kam, war es ungefähr*

---

4   »*Es kam mir wie ein Spiel vor.*« (17)

zehn Tage lang sehr schwierig für mich. Danach habe ich mich schnell daran gewöhnt… « (13)

Mustafa K., der Trabzon bis zu seinem 20. Lebensjahr nie verlassen hatte, erinnert sich, sehr aufgeregt gewesen zu sein:

»Ich hatte meine Heimat bis dahin nie verlassen. Als ich zur Armee ging, war es das erste Mal. Als ich von hier wegging, kam es mir so vor, als würde ich verreisen. In dieser Stimmung war ich. So fröhlich… « (14)

Özer S., geboren 1974, erzählt, dass der Wehrdienst für ihn die erste Gelegenheit war, Manisa zu verlassen:

»Ich war schon ein bisschen aufgeregt. Das erste Mal in der Fremde! Natürlich war ich auch traurig, dass ich meine Familie verlassen musste… « (13)

»BIS DU FERTIG BIST, WIRST DU DEN GRÖSSTEN IDIOTEN DEN BAUCH KRAULEN MÜSSEN«

> *»Meine Kinder, seid nicht stur. Ihr seid sehr schwach. Hört auf mich…*
> *Stellt euch tot, stellt euch tot wie schlafende Hunde.«*
> Honoré de Balzac, Die Bauern

Unter Männern erzählt man sich oft Geschichten aus der Militärzeit, und die Armee scheint eines der häufigsten Themen beim männlichen Erfahrungsaustausch zu sein. Persönliche Erlebnisse teilt man jedoch nicht im Detail mit anderen. Die Geschichten werden eher in Form von Abenteuern oder Anekdoten wiedergegeben: *»Wir haben es natürlich von unseren Vätern, von unseren Verwandten gehört… jeder erzählte von seiner Militärzeit… «* (12)

Erinnerungen an die Armee werden zu Abenteuergeschichten, die manchmal Filme, manchmal unterschiedliches Erzählgut imitieren:

»*Mein großer Bruder hat seinen Wehrdienst in einem Dorf namens Rahva abgeleistet. Ganz zufällig bin ich den gleichen Weg entlanggefahren. (...) Damals lag wohl Schnee. Alle fünf Minuten sagte er zum Fahrer: >Ich möchte nach Rahva.< Bevor sie nach Tatvan kamen, hat der Fahrer mitten auf dem Weg angehalten und gesagt: >Steig aus, hier ist Rahva.< Ja, wo zum Himmel war denn Rahva? >Schau<, sagte er. >Siehst du das Licht dort?< Er zeigte auf den Berggipfel. >Dort ist Rahva ... <.*« (15)

Manche haben ihren Wehrdienst zusammen mit dem berühmten Schauspieler und Regisseur Yılmaz Güney gemacht. Manche wurden dafür bestraft, dass sie nicht auf den Jungen geschossen haben, der trotz Warnung einfach weiterlief. Manche haben hohe Berge erklommen... es wird berichtet, was man nicht alles für Leute getroffen, was für merkwürdige Orte man gesehen, welche Absurditäten man erlebt hat ...

Diese Erzählungen steigern die Neugier, die Aufregung, das Begehren, die Besorgnis und die Angst bei den Männern, die sich auf ihren Wehrdienst vorbereiten. So sehr, dass der Textilarbeiter Talip U. aus Samsun schon mit sechzehn Jahren von der Armee träumte. Seine Erinnerung fasst zusammen, unter welcher Anspannung ein Mann seinen *gesellschaftlichen Verpflichtungen* nachkommt und wie sehr er sich vor dem Unbekannten und vor prüfenden Blicken fürchtet:

»*Als ich sechzehn Jahre alt war und die Leute von ihren Erinnerungen an die Armee erzählten, ging mir ein Bild durch den Kopf: Ein Basketballplatz, der im Dunkeln lag und dessen Zentrum von Strahlern beleuchtet war – mir war, als würde ich dort in der Mitte stehen und weinen. So ein Gefühl ergriff mich dabei...* « (21)

Mit diesen Geschichten wachsen junge Männer auf, mit ihnen bereiten sie sich auf ihren Wehrdienst vor. Manche freuen sich darauf, andere sehen ihn als eine Last, und wieder andere haben Angst davor:

»Ich war noch klein. Freunde aus unserem Viertel unterhielten sich mit meinem großen Bruder. Sie sagten, dass man dort anstelle einer Rasierklinge einen Stein zur Rasur benutzt, dass man nichts essen darf, dass man zwei Tage hintereinander Wache schieben muss. Ich erinnere mich, dass mein Bruder Angst hatte ... « (22)

»Sie erzählten nur von den guten Seiten des Wehrdienstes. Weil sie ja wollten, dass ich so schnell wie möglich zur Armee gehe ... sie sagten, dass ich neue Leute kennen lernen würde ... Leute, die mir für die Zukunft von Nutzen sein könnten ... « (6)

»Natürlich haben die Älteren uns von ihren Erinnerungen an die Armee erzählt, um uns damit vertraut zu machen. Und wir haben uns auf den Wehrdienst gefreut. Wir waren ja später dort und haben es selbst gesehen. Ich würde es jedem wünschen, das selbst zu erleben. Der Wehrdienst verlangt einiges an Verantwortungsbewusstsein.« (13)

»Fünfundneunzig Prozent dessen, was ich in meinem Umfeld gehört habe, war: >Bring es so schnell wie möglich hinter dich. Es ist unerträglich.< Und: >Ich habe es endlich geschafft<.« (23)

»Alle wollen diese Uniform tragen. Als ich ein Kind war, wollte ich an die Militärakademie. Aber ab einem bestimmten Alter fängt man an zu zögern, was die Armee betrifft. Man wird von den Dingen beeinflusst, die man hört: >Bei der Armee bin ich dermaßen vermöbelt worden, ich bin so schlimm verprügelt worden ... <.« (16)

»Mein großer Bruder wurde zum Gefreitenregiment nach Bursa versetzt, er hatte ein Riesenglück. Aber er selbst dachte, dass er Pech hatte ... Er leistete seinen Wehrdienst im Offizierskasino Uludağ ab. Einmal sind Promis und solche Leute dort vorbeigekommen und er hat sich mit ihnen fotografieren lassen. Aber er beklagte sich die ganze Zeit, dass er es so schwer hätte ... « (15)

Die Ratschläge, die Männer jungen Armeeanwärtern geben, zeigen, welche Schlüsse sie aus ihren Erfahrungen gezogen haben:

>>*Alle betonten immer, was für eine wichtige Rolle das Glück spielt, zum Beispiel wenn sich entscheidet, wohin man versetzt wird. Und sie sagten sogar, dass zwei Männer, die am gleichen Ort waren, trotzdem nicht den gleichen Wehrdienst absolviert haben. Sie sagten: >Es gibt keinen Standard-Wehrdienst, alle erleben ihn anders<.*<< (7)

>>*>Wenn man erst einmal bei der Armee war, lief es folgendermaßen ab: Wenn die Kommandanten etwas sagten, musste man zuhören, musste man alles so machen, wie sie es wollten.< Solche Sachen hat man erzählt.*<< (3)

>>*Passt auf, widersetzt euch nicht...* << (24)

>>*Pass dich der Menge an, fall nicht auf ...* << (25)

>>*Geh nicht vorneweg, aber bleib auch nicht hinter den anderen zurück. Bleib einfach in der breiten Mitte.*<< (10)

>>*Mir wurde immer eingehämmert: >Pass auf dich auf, quäl dich nicht unnötig mit dummen Gedanken ab, sieh zu, dass du deine Tage rumkriegst, denk an deine Rückkehr... <.*<<

>>*Niemand darf sagen, was er will oder reden, wann er will. Man darf nicht sprechen, ohne gefragt worden zu sein. Und dann die Geschichte von den drei Affen. Ich habe nichts gehört, ich habe nichts angefasst ... misch dich nicht ein und drück dich nicht vor der Arbeit ... also, wenn jemand ein Problem hat, misch dich nicht ein. Und wenn ein Vorgesetzter dir eine Aufgabe zuteilt, drück dich nicht davor ...* << (17)

>>*Man hat mir eingebläut, auf mich aufzupassen. Man sprach mich mit >Soldat< an. Mein Onkel, was weiß ich, meine Verwandten, im Kaffeehaus und so...* << (7)

»Mein Cousin hat mir immer von der Armee erzählt, weil er seinen Wehrdienst vor mir gemacht hat. Er sagte, beim Militär müsse man immer aufrichtig sein. Und dass man realistisch sein müsse, um den Wehrdienst in Ruhe hinter sich zu bringen. Und dass man auch nie widersprechen dürfe... « (20)

»Sie sagten immer: >Am Anfang ist es schwer, aber du gewöhnst dich dran<.« (4)

»Weil ich einen Beruf hatte, sagte man mir: >Nimm dein Dienstzeugnis mit, aber sage niemandem etwas, weder von deinem Führerschein noch von dem Dienstzeugnis. Wenn sie wissen, dass du etwas gut beherrschst, werden sie dich die ganze Zeit beschäftigen.< Ich habe es bei der Armee niemandem gesagt. (...) Eigentlich war es gar nicht so, wie alle gesagt hatten. Die Leute wussten sehr gut, wie sie sich vor der Arbeit drücken konnten.« (8)

Die Schlussfolgerungen, die aus der Militärzeit gezogen werden, offenbaren die vorherrschenden Werte, denen man sich anpasst. Allgemein ist man sich einig, dass der Wehrdienst je nach Region und Umständen eigene Schwierigkeiten mit sich bringt. Während die Erzählungen derer, die in Kriegsgebieten, besonders innerhalb der Türkei, gedient haben, als speziell gelten, wird in der Regel angenommen, dass es Marinesoldaten zwar leichter haben, aber dafür mit anderen Problemen, wie zum Beispiel Spannungen zwischen den Männern untereinander, konfrontiert werden. Die zu erledigenden Aufgaben, der Charakter des Kommandanten und die Region, in der man stationiert ist, gelten allgemein als die Hauptfaktoren, die den Schwierigkeitsgrad des zu leistenden Wehrdienstes definieren. Viele Männer finden, dass man sich mit der Zeit zwar an viele Schwierigkeiten gewöhnen könne, *aber sich dennoch besondere Mühe geben müsse, auf sich aufzupassen, nicht aufzufallen und sich anzupassen, dass man zum Durchschnitt gehören solle, seinen Vorgesetzten nicht widersprechen dürfe, sich nicht in die Angelegenheiten anderer einmischen solle, sich nicht widersetzen dürfe, aufrichtig sein müsse, nicht über alles nachdenken solle, für ausreichende Beschäftigung sorgen und sich gedanklich auf seine Rückkehr konzentrieren solle.*

Der Politologe (Yale University) J. C. Scott schreibt, dass es eine Überlebensstrategie unterworfener Individuen sei, den tiefen Eindruck, den die Macht bei ihnen hinterlässt, erfolgreich zu kanalisieren. Dadurch befinden sie sich in einem Zustand pausenlosen Schauspiels. Scott zufolge sind die dafür notwendigen Fähigkeiten, die Zunge im Zaum zu halten sowie Wut und körperliche Gewalt unter Kontrolle zu haben.[5] Die im Zusammenhang mit dem Wehrdienst erteilten Ratschläge zeigen, wie Männer mit der ihnen auferlegten Mission umgehen. Mit den Beziehungen, die Männer zu den verschiedenen Herrschaftsinstitutionen aufbauen und insbesondere durch Instruktionen seitens der Eltern erlernen Männer Rituale der Respektsbezeugung, die sie sozialisieren und durch die sie sich selbst schützen. Auf diese Weise gewöhnen sie sich innerhalb der gleichgeschlechtlichen, hierarchischen Verhältnisse daran, so zu handeln, wie es die Umstände und die eigene Position vorgeben: Sprechen, schweigen, befehlen, gehorchen, nicht widersprechen, nicht weglaufen, sich unsichtbar machen, gegebenenfalls nicht auffallen, eigene Erfolge anpreisen, wenn es angebracht ist. Dabei heißt es, aufrichtig und fleißig zu sein ...

All diese Ratschläge, die den Männern ja nicht nur in der Armee, sondern im gesamten gesellschaftlichen Leben als Warnung dienen sollen, zeigen, wie zwiespältig das Verhalten ist, zu dem die herrschenden Männlichkeitsklischees sie zwingen.

---

5 Aus: *Domination and the Art of Resistance* von J. C. Scott

4. Kapitel:

Gute Reise

Der Aufbruch zum Wehrdienst ist in der Türkei der wichtigste Schritt eines Mannes auf seinem Weg zur Reife. Er ist ein Schritt der Trennung, ein einsamer Gang in Richtung einer neuen Identität ...

Heutzutage lebt in den Großstädten eine mittlerweile nicht zu unterschätzende Anzahl Männer, die sich längst von ihrer Familie gelöst, international Erfahrungen gesammelt haben und in mehreren Sprachen weltweit kommunizieren. Aber vor allem in den Provinzen außerhalb Istanbuls gibt es eine wesentlich größere Anzahl Männer, die die Region, die Stadt, ja sogar das Viertel oder das Dorf, in dem sie geboren wurden und aufgewachsen sind, noch nie verlassen haben. Für beide idealtypischen Extremfälle hat der Wehrdienst unterschiedliche Bedeutung. Jeder Mann geht mit anderen Erwartungen zur Armee – abhängig auch davon, ob er bereits mit verschiedenen Männergemeinschaften zu tun hatte, in einem Studentenwohnheim gewohnt hat, aktiver Sportler oder Seefahrer ist. Ob er, um seine Familie zu ernähren, in der Fabrik seines Viertels oder, weit entfernt von zu Hause auf Baustellen gearbeitet hat, oder ob er sein Dorf das erste Mal verlässt und mit einer völlig neuen Welt in Berührung kommt.

Der Aufbruch zum Wehrdienst gestaltet sich, abhängig von sozialen, politischen und geographischen Faktoren und der unterschiedlichen Bedeutung, die ihm lokal beigemessen wird, auf je andere Weise. In manchen Städten brechen die jungen Rekruten allein zur Armee auf. Andere werden von ihrer Familie, ihren Freunden oder Freundinnen verabschiedet. Besonders in ländlichen Gegenden oder Städten, in denen sich enge Familien- und Nachbarschaftsbindungen erhalten haben, wird der Aufbruch zum Militär in ritueller Atmosphäre und mit Unternehmungen inszeniert, die mittlerweile traditionellen Status erworben haben.

Diese Tradition tritt in keiner Region der Türkei besonders hervor. Im Norden, Süden, Osten und Westen des Landes – überall, wo enge Verwandtschaftsbeziehungen fortbestehen – werden Rekruten auf ähnliche Art und Weise verabschiedet. Wenn in einem Dorf oder einem Viertel junge Männer mit der gleichen Kompanie aufbrechen, wird ihr Abschied auch gemeinsam gefeiert. Manche Rekruten nehmen Dutzende von Essenseinladungen an. Besonders bei diesen Einladungen wird von der Armee gesprochen und erfahrene Männer teilen ihre Kenntnisse mit anderen. Sie erzählen davon, wie unterschiedlich sie jeweils behandelt wurden und wie schwer sie das getroffen hat. Ganz besonders diejenigen jungen Männer, die es traditionell nicht gewohnt sind, etwa von Älteren bedient zu werden oder ihren Vater weinen zu sehen, merken, dass sie sich an einem wichtigen Wendepunkt im Leben befinden und dass der Weg, zu dem sie sich aufmachen, für ihre Zukunft von großer Bedeutung ist.

»Unsere Kompanie bestand aus zwölf Leuten (...). Zu zwölft sind wir allen Einladungen nachgekommen. Der Reihe nach. Einen Tag zum Beispiel sind wir zu mir nach Hause gegangen, zusammen mit Freunden... als Gruppe, und natürlich haben wir uns blendend amüsiert... außerdem sind wir auch zu Verwandten eingeladen worden ... (...). Natürlich muss man auch zu den Familien der Freunde gehen. Weil sie unsere Freunde sind. Sie kommen ja schließlich mit. Von den Verwandten wird man natürlich sowieso eingeladen, und wir mussten auch zu ihnen gehen. >Heute seid ihr bei uns eingeladen ... < Und wir sind hingegangen. Und alle erzählten: >So und so läuft das beim Militär< und >Wer nicht bei der Armee war, ist auch kein richtiger Mann< und so weiter ... (...) Die Älteren haben uns bedient. Obwohl wir eigentlich sie hätten bedienen müssen, haben sie das gemacht, ich sage dir... sie haben uns nicht erlaubt, auch nur einen Finger krumm zu machen. Es war ein bisschen komisch für mich. Wir haben uns geschämt. (...) Am letzten Tag vor unserer Abreise haben wir gefeiert. (...) Manche haben geweint und so. Diejenigen unter uns, die zur Armee gehen sollten, haben in der Mitte getanzt. Ihre Familien waren natürlich traurig... « (3)

»In unserer Gegend versammeln sich ein paar Tage, bevor man zur Armee geht, auf jeden Fall Familie, Freunde und Verwandte. Meine beiden älteren Brüder haben mich eingeladen, meine engeren Verwandten haben mich eingeladen. Ihr Verhalten mir gegenüber und die Art, in der sie mit mir sprachen, war ganz anders als sonst... also sie waren feinfühliger, da ich ja weggehen würde. Sie haben mich ihre Wertschätzung, ihre Liebe und ihre Verehrung spüren lassen. Daran erinnert man sich immer wieder, ob man nun will oder nicht.« (20)

Auch diejenigen jungen Männer, die nicht bei ihrer Familie leben oder sogar nur unwillig zur Armee gehen, erleben das gleiche Ritual, aber in anderer Form.[1] Für Gökhan, der getrennt von seiner Familie in Istanbul lebt und sich selbst der linken Szene zuordnet, haben die Freunde das »Armee-Abschiedsessen« ausgerichtet:

»Freunde sind gekommen, mit denen ich seit langer Zeit keinen Kontakt mehr hatte. Gute Freunde von der Uni, aus dem Studentenwohnheim... sie haben ein schönes Essen organisiert... ich hatte sie ohnehin darum gebeten, dass es wie früher sein sollte, als wir zusammen saßen und getrunken haben. Ich habe gesagt: >Ein Soldatenabschied soll es nicht werden, okay?< Natürlich drehte sich alles um mich, als wäre ich ein Geburtstagskind. Über den Wehrdienst wurde auch einiges gesagt. Einerseits habe ich mich gefreut, alle meine Freunde um mich zu haben, andererseits hatte das alles auch einen schalen Beigeschmack. Sie würden ja da bleiben, würden mit ihrer Arbeit und ihrem Leben so weitermachen wie bisher. Auf mich wartete ein Leben, das ich glaubte zu kennen, aber eben doch nicht kannte, weil ich es noch nie erlebt hatte...« (7)

Viele, die zur Armee aufbrechen, haben das Gefühl, »den Freuden des Lebens« für lange Zeit entsagen zu müssen. Sie versuchen, vor dem

---

1 Es kam sogar vor, dass die Jungen aus dem Kiez, die Anhänger von radikalen linken Gruppierungen sind, Freunde verabschiedeten, indem sie den Bus anhielten und revolutionäre Lieder sangen.

Antritt des Wehrdienstes noch einmal so viel wie möglich zu unternehmen. Auch Ali S. aus Adana gehört dazu:

»*Man hatte uns gesagt, dass wir bei der Armee überhaupt kein soziales Leben mehr haben würden. Wir haben also versucht, das Leben noch einmal zu genießen. Ein bestimmtes Hemd, ein bestimmtes Paar Schuhe wollte man unbedingt noch einmal anziehen. Mit einem bestimmten Freund wollte man noch einmal spazieren gehen. Nach Menderes, oder zum Stausee...*« (26)

UNSER SOLDAT IST DER GRÖSSTE

Im Anschluss an Festessen und Feier ist die offizielle Verabschiedung des Soldaten an der Reihe. Dieses Abschiedsritual soll dem jungen Mann, der schwierigen Zeiten entgegengeht, Kraft geben. Deswegen sind auf diesen Abschiedsfeiern sehr oft die Rufe: »Unser Soldat ist der Größte« zu hören und der junge Mann wird von der traditionellen Kegeloboe, der so genannten Zurna, Trommeln und Applaus begleitet:

»*Wir sind in den Bus gestiegen, und es gab Trommeln, Zurna und was weiß ich noch alles ... Meine Freunde haben ein Fenster eingeschlagen... (...) und wollten, dass ich das Fenster bezahle. Ich habe gesagt: >Warum soll ich das bezahlen?< und: >Das mach' ich nicht<.*« (8)

»*Meine Familie hat uns verabschiedet. Natürlich waren auch alle Nachbarn und alle meine Freunde aus dem Viertel dabei. Es wurde gefeiert. Sie haben mich in die Luft geworfen. Es wurde gesungen, Alkohol getrunken und alles. Sogar ich habe ein Lied gesungen. >Hast du dir deine schwarzen Augen mit Kohle umrandet, meine Leyla...< Mit dem Pfeifen des Zuges sind wir dann fort. Wir haben gewunken ...*« (18)

»*Mein älterer Bruder, meine Mutter und mein Vater sind alle zum Busbahnhof gekommen, um mich zu verabschieden. Es wurde viel fotografiert ... Zusammen mit vielen anderen Rekruten wurden wir mit Zurna,*

Trommeln und was weiß ich noch allem, mit Applaus und Ähnlichem ver-
abschiedet. Auch das ist mir im Gedächtnis geblieben ... meine Mutter hat
sehr geweint. Das ist eben die Liebe einer Mutter für ihren Sohn. Er geht
weg, und sie fragt sich, was für Schwierigkeiten ihm bei der Armee begeg-
nen werden. Er könnte einen Unfall haben, oder etwas anderes Schlimmes
könnte ihm zustoßen ... das hat sie traurig gemacht und sie hat geweint.
Das nimmt einen natürlich mit, ob man will oder nicht. Ich habe zwar nicht
geweint, aber es ist mir sehr nahe gegangen.« (20)

So sehr das Weinen der Mutter den zur Armee aufbrechenden jungen
Mann beeindrucken mag, so notwendig ist es doch auch für ihn. Wenn
die Mutter weint, fühlt sich der junge Mann noch männlicher und die
zu bestehenden Gefahren sowie die zu überwindenden Schwierigkeiten werden ihm noch deutlicher bewusst. Wenn die Mutter weint,
schwillt dem jungen Mann gewiss die Brust, und sein Gesicht nimmt
härtere Züge an. Aber was, wenn auch der Vater weint? Erst dann begreift der junge Mann wirklich, an was für einem wichtigen Wendepunkt er sich befindet.

»Die Leute haben mich verabschiedet und mir eine gute Reise gewünscht.
Da sein Onkel beim Militär gestorben ist, war mein Vater bei meinem Ab-
schied sehr traurig und hat viel geweint. Ich habe geweint, ihn umarmt. Er
ist ja auch nur ein Mensch und natürlich ist er hinterhergekommen. So sehr
ich meinen Vater auch gebeten habe nicht mitzukommen, ist er mitgegan-
gen und hat mich verabschiedet.« (27)

»Zum ersten Mal habe ich gesehen, dass mein Vater wegen mir geweint hat.
Ich war deswegen sehr traurig. Ich hätte fast geweint und konnte mich nur
schwer beherrschen.« (3)

Da die Soldatenbegräbnisse angesichts des Kriegszustandes, in dem
sich die Türkei seit den letzten zwanzig Jahren befindet, kein Ende
nehmen, sind Abschiedsfeiern mittlerweile im ganzen Land üblich. Oft
wird bei den Verabschiedungen, die auch Schauplatz nationalistischer
Darbietungen sind, gerufen: *»Mehmet geht und er wird wiederkehren!«*

Söhne kleiner Kernfamilien, die kein sehr enges Verhältnis zu ihren Verwandten und Nachbarn haben, werden von ihren älteren Brüdern und ihren Vätern verabschiedet. Der Abschied von der Kernfamilie spielt sich oft auf noch emotionalere Weise ab:

»Mein Vater hat mich hingebracht. Wir sind an einem Sonntag gegangen. Ich habe gesagt, dass ich doch eher am Montag gehen könnte, aber mein Vater hat gesagt: >'Gehe rechtzeitig, und komm rechtzeitig zurück. Was soll denn das bringen, wenn du noch einen Tag länger hier bleibst?< Er hat mich hingebracht. Als ich mich von meinem Vater verabschiedet habe, habe ich nicht geweint. Aber später, als wir aufbrachen... Meine Geschwister hängen sehr an mir. In dem Moment war ich schon sehr gerührt. Ich konnte mich nicht beherrschen und ob ich nun wollte oder nicht, sind mir ein paar Tränen runtergekullert. Weil ich zum ersten Mal von zu Hause weggegangen bin. Bei dem Gedanken weit weg von meiner Familie zu sein, bin ich so sentimental geworden... « (13)

Für manche ist es das Wichtigste, sich vor der langen Trennung von der Verlobten oder der Freundin zu verabschieden:

»Ich wollte mich von meiner Mutter verabschieden und aufbrechen. Ich bin gegangen, habe meinen Kram zusammengepackt und bin noch einmal zu meiner Verlobten zurück. Deswegen war meine Familie sauer auf mich. Ich habe meine Tasche genommen und bin zum Busbahnhof gegangen. Niemand ist mit mir mitgekommen. (...) Ich war gegangen und hatte mich von meiner Verlobten verabschiedet.« (15)

REISE INS UNGEWISSE

Sie brechen aus allen Ecken der Türkei auf. Auf verschiedene Art und Weise, manchmal mit sich ähnelnden, dann wieder mit voneinander völlig verschiedenen Gefühlen. Viele dieser jungen Männer begeben sich dabei, um mit ihren eigenen Worten zu sprechen, auf eine Reise »ins Ungewisse«. Manche der Männer, mit denen wir sprachen, gaben sogar an, den Namen des Ortes, an dem sie ihren Wehrdienst verrichtet haben, vorher noch nie gehört zu haben. Die einen machen sich unwillig, andere bereitwillig, einige voller Aufregung, andere voller Angst, die meisten aber mit sehr gemischten Gefühlen auf den Weg. Generell wird diese Erfahrung, diese Reise ins Ungewisse jedoch gern als aufregendes Abenteuer geschildert. Einige erleben die Reise fast als märchenhaft, andere nutzen sie als Gelegenheit, sich in einer Stadt fern der Familie zu amüsieren. Die Art und Weise dieser Zerstreuungen unterscheidet sich je nach Klassenzugehörigkeit, sozialen Hintergrund sowie früher gemachten Erfahrungen.

»Als ich in den Bus gestiegen bin, habe ich mich neben so einen Jungen gesetzt. Wir haben angefangen, uns zu unterhalten. Wie man das eben so macht: >Hallo<. >Hallo, wohin fährst du denn?< >Ich bin Soldat, ich fahre da und da hin.< >Wohin?< >Da und da hin.< >Dann fahren wir an den gleichen Ort.< Und so weiter und so fort, jedenfalls haben wir uns die gesamte Fahrt über, fast zwölf oder fünfzehn Stunden so unterhalten. Er hat mir da so was erzählt. Er redete mich mit >Abi< an. (wörtl. »großer Bruder«, respektvolle Anrede, die meist Älteren gegenüber verwendet wird, Anm. d. Üb.) Vielleicht weil er jünger war als ich oder vielleicht auch, weil ich einen Bart trug… Er erzählte: >Abi, ein Junge aus unserer Gegend ist auf ein liegendes Kamel gestiegen. In dem Moment stand das Kamel auf und lief los. Und? Der Junge rief: Ho, ho und Halt, aber das Kamel blieb nicht stehen. Es war ja hoch und er traute sich auch nicht, abzuspringen. Unterwegs traf er einen Freund. Er sagt zu ihm: Mein Freund, guck, dort auf der Lichtung steht eine Hütte. Die Hütte hat eine Eisentür. Öffne die Tür und gehe hinein, mein Vater ist dort. Sage meinem Vater: Deinen Mamo hat das Schicksal davongetragen. Vielleicht wird er zurückkehren, vielleicht auch nicht.< So ist das. Uns trägt das Schicksal jetzt auch davon… wir gehen zur Armee. Vielleicht kehren wir zurück, vielleicht auch nicht…« (28)

Während dieses »Abenteuer«, diese lange Reise für manche Männer zu einem »Vergnügen« wird, bedeutet es für andere, aus ihrem Viertel, ihren gewohnten sozialen Umgebungen rauszukommen, mal in Hotels zu übernachten oder in die Nachtclubs und Bordelle anderer Städte zu gehen:

»Im Zug sagten meine Freunde zu mir: >Jetzt sei doch nicht traurig wegen der Armee.< Ich bin sowieso in der Fremde aufgewachsen, und hatte mich schon an diese Dinge gewöhnt, aber trotzdem … An einem Kiosk haben sie Alkohol und Wein gekauft. Wir waren eben jung … Wir haben bis Eskişehir getrunken, Schluck für Schluck. Aber ich sollte nicht lügen, ehrlich gesagt haben wir bis Zonguldak getrunken.« (27)

»Wir haben im Zug gesungen … die Stimmung war sehr ausgelassen … wir sind nach vier Tagen und vier Nächten angekommen … « (29)

»Zusammen mit meinen Freunden habe ich mich in Bursa so richtig amüsiert. Wir hatten unseren Spaß. In İzmir sind wir in Nachtclubs gegangen. Wir waren auch in einem Bordell… « (11)

»Mit einem Freund habe ich in Trabzon an der Prüfung teilgenommen. Dann haben wir gemerkt, dass er nach Ankara, nach Etimesgut und ich auch nach Ankara, aber nach Polatlı gehen sollte. Da sind wir direkt in den Bus nach Ankara gestiegen. Aber wir kannten uns dort überhaupt nicht aus. Wir saßen erst einmal am Busbahnhof. Er war früher schon mal in Istanbul gewesen, aber ich war noch nirgendwohin gefahren. Wir haben uns in ein Sammeltaxi gesetzt, wussten aber gar nicht, wohin wir wollten. Wir haben gesagt: >Kannst du uns zu einem Hotel fahren?< Na ja, wir waren Soldaten. Es durfte nicht teuer sein. Er hat uns an einem Hotel abgesetzt, in dem wir eine Nacht geblieben sind, aber was haben wir da mitgemacht. Wir sind fast erfroren. Die Heizung ging nicht. Wir haben es mit Mühe und Not bis zum Morgen durchgehalten. Am Morgen haben wir das Hotel verlassen. Wir haben uns gesagt, dass es das Beste wäre, uns gleich zu melden, also etwas Vernünftiges zu tun. Aber wir wussten nicht, wo. Wir haben das Hotel verlassen … es war schon Mittag, als ich in Polatlı ankam, dort habe ich endlich etwas gegessen … « (23)

»Eine Truppenverlegung fand statt, und es gab keinen Platz mehr. Wenn man einmal raus ging, fand man später keinen Platz mehr. Wir standen zusammengepfercht wie die Sardinen, so voll war es. Mit einem Freund aus meinem Viertel hatten wir uns abgesprochen, damit uns die Militärpolizei nicht erwischt… Wir haben uns getroffen… An diesem Tag haben wir uns nicht zum Dienst gemeldet… wir hatten noch drei Tage… wir sind in so ein Luxushotel gegangen… zehn Lira die Nacht. Drei Tage lang sind wir in diesem Hotel geblieben… wir waren in Manisa spazieren, sind in ein Bordell gegangen. Wir haben uns die Frauen angeschaut, aber es hat uns dort nicht gefallen. Also sind wir wieder gegangen und haben uns zum Dienst gemeldet.« (18)

»Es gab da einen Freund. Wir hatten uns unterwegs kennen gelernt. In Malatya sind wir ausgestiegen. Wir wollten ein bisschen spazieren gehen. Wir sind über den Markt geschlendert. Ich war schon ein paar Mal in Ankara. Abgesehen davon hatte ich Konya noch nie verlassen. Wir sind kreuz und quer durch die Stadt gelaufen. Wenn man seinen Wehrdienst macht, schaut man sich alles an. Wir sind in Cafés gegangen und was weiß ich noch wohin. Wir wollten auch sehen, ob es in Malatya Orte gab, wo man hingehen konnte, wenn es Ausgang gab … Freudenhäuser und so. Das wollten wir rauskriegen. Wir waren jung und voller Energie. Wir haben gesehen, dass es solche Häuser gab. (…) Dann sind wir gegangen, um uns zum Dienst zu melden… « (8)

Abenteuer bestehen nicht nur aus Vergnügungen. Die jungen Männer fühlen sich auf diesen unbekannten Pfaden wie in einem Film, wie im Märchen:

»Der Bus fuhr weiter nach Kars. Man sagte uns: ›Ihr müsst hier aussteigen.‹ Wir hatten zwei Säcke in der Hand und sind mitten im Schnee ausgestiegen. Die Straßen waren gesperrt. Es gab auch keine Militärpolizei. Wir saßen dort fest. Alles dicht … Es gab ein Café, das die wenigen Bauern, die aus den Bergen gekommen waren, aufgemacht hatten. (…) Dort setzten wir uns rein. Die Leute haben uns ganz komisch angeguckt, und sich wahrscheinlich gefragt, wo wir herkamen … wie Piraten … « (2)

»Ich wusste nicht, wo Siirt auf einer Karte zu finden ist. (...) Als ich dort ankam, lag überall Schnee, alles war weiß. Die Frauen waren in schwarze Schleier (Çarşaf) gehüllt ... ich fragte mich, wo um alles in der Welt ich da hingeraten war.«

Manchmal hindert auch sein früheres kulturelles und soziales Umfeld einen jungen Mann daran, sich in Vergnügungen zu stürzen, sobald er das Zuhause verlässt. Vielleicht weiß er nicht, wie er es anfangen soll oder er traut sich ganz einfach nicht. Wie zum Beispiel Mustafa K. aus Trabzon, der sich damit begnügt, in der Cafeteria einer ihm bis dahin unbekannten Stadt ein Fußballspiel im Radio anzuhören. Als er den abenteuerlichen Schilderungen der anderen Männer lauscht, beklagt er, seine eigenen Träume nicht verwirklicht zu haben, aber er findet auch eine Begründung dafür:

»Manche haben einfach schlechte Absichten ... Manch einer sagt sich: >Ich muss mich sowieso zur Armee melden, da kann ich mich auch ein bisschen umsehen.< Ich bin nirgendwohin gegangen. Wenn ich jetzt darüber nachdenke, ist das schon komisch. Kann es denn sein, dass man nicht ein einziges Mal richtig auf den Putz haut, wenn man zur Armee geht? Ich war ein richtiges Muttersöhnchen. Einen entsprechenden Freundeskreis hatte ich nicht. (...) Ich habe mir überhaupt nichts angeschaut. Ich bin in eine Cafeteria gegangen. Trabzonspor hat gegen Galatasaray gespielt. Ich habe mir das Spiel im Radio angehört. Als sie verloren haben, habe ich mich aufgeregt und mich bei der Armee gemeldet. Wenn wir gegen Galatasaray gewonnen hätten, hätte ich mich bestimmt nicht gleich gemeldet! Allah allein weiß, was ich dann alles angestellt hätte ... « (14)

Es scheint, als könnte sich der junge Mann, der weiß, dass er dem Männlichkeitsmythos nicht gerecht wird und sogar zugibt, »ein Muttersöhnchen« zu sein, weder vorstellen, was »Allah weiß«, noch glaubt er selbst an seine Ausreden. Aus diesem Grund sagt er sich: »Manche haben einfach schlechte Absichten und möchten sich umsehen« und fragt andererseits doch: »Wenn ich jetzt darüber nachdenke, ist das schon komisch. Kann es denn sein, dass man nicht ein einziges Mal richtig auf den Putz haut, wenn man zur Armee geht?«

5. Kapitel:

Kein Weg zurück

Noch ganz unerfahren, gerade erst 20 Jahre alt.
Die Mutter hat den jungen Mann zur Armee geschickt.
Weine nicht, Mutter, man hat mir das Vaterland anvertraut. (30)

Die jungen Männer, die aus verschiedenen sozialen Milieus stammen und auf unterschiedlichsten Wegen zur Armee kommen, betrachten sich gegenseitig mit neuen Augen, sobald sie das Kasernentor passiert und sich zum Wehrdienst gemeldet haben. Viele unter ihnen geben an, dass ihnen kein einziges Gesicht im Gedächtnis geblieben ist.

»*Man ist wirklich etwas unsicher. Wer sind diese ganzen Leute, was macht jeder von ihnen? Es kommen Leute aus den verschiedensten Gegenden der Türkei zusammen ...* « (5)

»*Man wird unglaublich emotional. Man hat Angst, ist verschreckt. Überall Menschen ...* « (10)

»*Es ist wirklich so eine Sache mit dem Militär. Wenn man einmal drin ist, kann man nicht mehr raus, und wenn man draußen ist, kann man nicht mehr rein. Wenn man durch das Kasernentor gegangen ist, kann man nicht mehr nach draußen, bis sie einem sagen: >Raus<.* « (10)

Die jungen Männer haben zwar unterschiedliche Vergangenheiten, werden jedoch von einem gemeinsamen Schicksal zusammengeführt. Sie melden sich zum Wehrdienst, sie »liefern sich zusammen aus« und schildern die Meldung zum Dienst tatsächlich als eine Auslieferung.

»Die Kaserne war voll. Es gab keinen Schlafplatz mehr ... wir blieben in der Tür stehen. Sie haben gesagt: ›Die Übrigen schlafen im Kino.‹ Also, die sollten sich auf die Kinositze setzen und dort schlafen. Ich hatte damals schon einen Vollbart. Genauso bin ich auch zur Armee gegangen. Als sie in der Moschee, in die ich für das Abendgebet gegangen war, meinen Bart sahen, kümmerten sie sich natürlich um mich. ›Wir wissen, dass ihr keinen Schlafplatz habt.‹, haben sie gesagt. ›Komm, wir rücken ein bisschen zusammen ...‹ Und ich habe geantwortet: ›Ich will Ihnen keine Umstände machen. Aber wenn es möglich ist, schlafe ich in der Moschee.‹ Sie sagten: ›In Ordnung.‹ Wir verrichteten das letzte Abendgebet (*yatsı*). Dann haben sie die Moschee hinter mir abgeschlossen und sind gegangen. Ich bin alleine dort zurückgeblieben. Ich hatte mir einen Teppich oder so unter den Kopf geschoben, irgendetwas werde ich gefunden haben, ich erinnere mich nicht mehr. (...) Ich wollte so gerne eine Zigarette ... meine Güte, habe ich mir gesagt, das geht auf keinen Fall. Das muss wohl etwas damit zu tun haben, dass man beim Militär ist. Man war weit weg von zu Hause, an einem fremden, komischen Ort ... Ich konnte auch ewig nicht einschlafen ... um nicht zu rauchen, habe ich mich erst eine halbe Stunde, dann eine ganze Stunde hin- und hergeworfen. Aber es nützte alles nichts. Es ist schwer, das Zuhause zurückzulassen ... und dann ist da ja noch die Gewohnheit. Zu Hause habe ich eigentlich nicht besonders viel geraucht. Aus Vergnügen vielleicht, und manchmal, wenn es mir nicht gut ging. Gewohnheit eben ... Mit einem Wort, ich konnte mich nicht beherrschen und habe mir eine Zigarette angezündet. Was würden die am Morgen wohl dazu sagen? Mann, sie hatten mir doch so viel Respekt entgegengebracht. Der Verantwortliche für die Moschee war für mich ja ein Risiko eingegangen. Nicht wahr? Er hatte die Verantwortung übernommen ... ich habe zweimal an der Zigarette gezogen und dann gemerkt, wie sehr es in der Moschee stank. Ich habe mein Taschentuch aus der Tasche gezogen und, Entschuldigung, aber ich habe hineingespuckt, es zusammengefaltet und wieder in meine Tasche gesteckt. Nach zwei Zügen war auch meine Lust auf die Zigarette vorbei. Dann habe ich geschlafen. Am Morgen sind die gleichen Jungs wiedergekommen und haben die Moschee aufgeschlossen. Sie haben zum Gebet gerufen. Ich habe die rituellen Waschungen vorgenommen und gebetet. Dann bin ich zu meinen Freunden gegangen. (…) Weißt du, wie das Taschentuch am Morgen gestunken hat? So etwas Ekliges hast du noch nicht gerochen. Ich habe mir gesagt: ›Ich rauche nie wieder.‹ Es hat mich angewidert… bei der Armee habe ich keine Zigarette mehr zwischen die Lippen genommen. Also, ich habe geraucht, seit ich ungefähr neun Jahre alt war. Seit meiner Kindheit. Seit der Grundschule … wir haben geraucht, was wir finden konnten, als wir die Schafe gehütet haben … aber dort habe ich dann damit aufgehört.« (28)

Das Gefühl des Ausgeliefertseins hat etwas damit zu tun, dass alle warten und sich in ständiger Bereitschaft befinden, Befehle auszuführen. Das Warten vergrößert das Angstgefühl. Aus diesem Grund erinnern sich viele Männer im Zusammenhang mit dem Tag der Meldung zum Dienst vor allem an die »Warterei«:

»Bei der Armee steht man hauptsächlich in Schlangen an… immer wieder Warteschlangen… (…). Die längste Schlange haben wir erlebt, als wir uns für die Prüfung zum Offiziersanwärter anstellten. Da nahm das Warten gar kein Ende. (…) Wenn man am Ende einer Schlange angekommen war, musste man sich in die nächste einreihen. In jeder eine andere Formalität… Ein paar Mal musste man eine Nummer ziehen. Am letzten Tisch saßen die Kommandanten. An den Tischen gegenüber standen Stühle… zehn Leute wurden zum Gespräch reingeholt. Man rutschte immer einen Stuhl weiter, bis man dran war… « (7)

»*Es gab neun Tische. An jeden dieser neun Tische konnte immer genau ein Soldat herantreten. Sie haben alles in Sektionen unterteilt, und jede dieser Sektionen hatte einen Tisch. Als ich mich angestellt habe, musste ich an das Bezahlen der Stromrechnung oder der Wasserrechnung im zivilen Leben denken. Ich konnte immer noch nicht glauben, dass ich bei der Armee war. Mir war, als würde ich meine Angelegenheiten erledigen und danach nach Hause gehen können, aber so war es natürlich überhaupt nicht. Wir haben bis nachts halb drei oder drei in der Schlange vor diesen Tischen gewartet. Bis wir dran waren...*« (21)*

»*In der Kaserne sagte man mir: >Setz dich hin und warte.< Man hat mich bis zum Abend warten lassen. Dort habe ich auch ein paar Leute kennen gelernt. Gegen Abend hat man mich rein gerufen. Zum ersten Mal betritt man den Kasernenhof und, ob man will oder nicht, ist man neugierig – man hat es ja als Kind schon im Fernsehen gesehen, die Soldaten, die Waffen... Natürlich gibt es ab diesem Moment auch kein Zurück mehr. Das begreift man, wenn man einmal drin ist.*« (23)*

Die Wartenden werden mit verschiedenen Dienstanweisungen konfrontiert. Nachdem sie in der Schlange gewartet haben, unterschreiben sie, stellen sich an der Wand auf, werden gezählt und fotografiert, ihre Zigaretten werden eingesammelt. Manchmal bekommen sie ein paar »Willkommensohrfeigen«... Auf diese Weise beginnt eine verwirrende Erfahrung oder auch ein Schockzustand.

»*Ich bin mit langen Haaren hingegangen. (...) Sie haben die Haare abrasiert. Ich musste mich an der Wand aufstellen und sie haben mich fotografiert. Wir haben uns diese Fotos später angesehen und viel gelacht. Alle machen darauf ein schockiertes Gesicht. Richtig lächerlich... es war ein völlig neues Umfeld und keiner wusste, was er machen sollte. Wie die Schafe sind alle hin- und hergelaufen.*« (31)*

»*Ein Unteroffizier kam zu uns. Er fragte: >Sind das die Neuen?< Er hat uns allen eine runtergehauen. Er sagte, das wäre bei ihnen so üblich. (...) Ich habe innerlich geflucht...*« (3)*

»Wir sind durchs Tor gegangen… wir sollten uns in einem Garten hinsetzen. Außer mir waren dort noch an die 30 oder 40 Leute. Neue kamen hinzu, wir stellten uns vor… dann kam ein Ranghöherer. Ein Gefreiter. Das hat mich sehr beeindruckt. >Hier wird nicht geraucht. Ihr seid jetzt Soldaten. Steht auf und sammelt eure Zigarettenkippen ein.< Ich war ja gerade erst angekommen. Das hat einen tiefen Eindruck bei mir hinterlassen.« (5)

6. Kapitel:

Zum Mann gebrüht

Die Männer erhalten während des Prozesses des gemeinsamen Lebens, das sie in einer solchen *homosozialen*, hierarchischen Gemeinschaft durchleben, gemeinschaftlich eine einheitlich strukturierte Ausbildung und ihnen werden bestimmte Informationen und Gewohnheiten vermittelt.

Aydın S. beschreibt diese Zeit des Wandels folgendermaßen:

»Alle werden in demselben Topf abgebrüht.« (32)

Wenn das so ist, in was für einem Topf geht dieses Abbrühen vonstatten und welche Erfahrungen gehen damit einher?

DIE EIGENE FORM AUFGEBEN

Soldat zu werden bedeutet gleichzeitig, ein neues Aussehen anzunehmen. Die Körper werden durch verschiedene Rituale kodiert, normiert und standardisiert. Allen werden die Haare sehr kurz geschnitten, Schnurr- oder Vollbärte werden abrasiert, alle bekommen die gleiche Kleidung. In der Regel wird den jungen Männern geraten, sich Haare und Bart außerhalb der Kaserne schneiden zu lassen, bevor sie sich zum Dienst melden. *»Ich habe mich noch draußen rasieren lassen. Ich wurde vor Reiseantritt gewarnt: >Geht ja nicht unrasiert dorthin, sonst werden sie euch dort ordentlich die Leviten lesen<.«* (8)

»In der Hand trugen wir unsere Taschen, die wir hin- und her-
schleppten... hier standen welche, die mit ihren Familien gekommen
waren und sich mit ihnen unterhielten, dort wurden welche fotografiert und dort Ratschläge gegeben (...) Überall war was los... Dann
waren die ganzen Formalitäten erledigt und das Herumrennen hatte
ein Ende. Anschließend hielt der Kommandant der Einheit, der ich
zugeteilt worden war, eine Rede vor den Familien. Wir wurden zu
einer Lagerhalle gebracht, wo man die Uniformen aufbewahrte. Davor hatten sie uns noch zu einem Zelt geführt und wir mussten uns
davor in Zwölferreihen aufstellen. So war das... dann haben sie uns
vor die Lagerhalle gebracht. Wir haben uns vor dem Depot in Schlangen angestellt und darauf gewartet, dass die anderen aus der Halle
raus kamen. Dort haben wir uns umgezogen. Wir haben unsere Stiefel geschnürt. Der Oberstleutnant hielt eine Rede. Als er damit fertig
war, haben die Familien begeistert geklatscht. In seiner Rede hatte er
gesagt, dass ihre Kinder in guten Händen waren, dass sie sie an den
richtigen Platz gebracht hatten, dass ihre Kinder auch seine Kinder
seien und so was. Am Ende gab es einen Riesenbeifall. Dann wurden
die Familien gebeten, zu gehen. Dann zogen wir unsere Soldatenkleidung an und bekamen die passenden Stiefel. Es gab natürlich einigen
Tumult. Die Schuhgrößen waren nicht immer die richtigen, die Stiefel passten manchmal nicht... Die Sachen waren meist viel zu weit.
Sie passten nicht. Es war eine sehr lustige Situation, alle hatten irgendetwas Behelfsmäßiges an, irgendwelche Sachen. Weil immer noch
Hektik herrschte, war man neugierig, was als Nächstes passieren würde. Immer war irgendetwas und man fragte sich immer, wohin man
gebracht würde und was man machen sollte.« (7)

In den Schilderungen erinnern sich die Männer gewöhnlich daran, sich
selbst und ihre Freunde in der neuen Kleidung nicht wiedererkannt
zu haben. Die eigenen, ungewohnten Gesichter erscheinen ihnen
komisch oder albern. Diese Veränderung reißt die Männer nicht nur
aus ihrem bisherigen sozialen Umfeld, sondern entfremdet sie auch
ihrem eigenen Körper. Schilderungen, die diesen Riss und diese Ent-

fremdung zum Ausdruck bringen, sind zahlreich. Manche beschreiben dies mit: »*Ich war nicht ich selbst.*« Sowohl diejenigen, die vorher einen Bart oder lange Haare trugen als auch alle anderen erzählen, dass ihnen die angelegte Uniform das Gefühl einer Leere, einer fehlenden Vergangenheit gab:

»*Bis zur Armee trug ich einen Schnurrbart. Wenn man sich den Schnurrbart abrasiert, wird man sich selbst fremd… (…) Es ist ja einzusehen, dass das eine Vorsichtsmaßnahme ist, aber man bekam richtige Selbstzweifel. Es kam mir so vor, als ob ich nicht ich selbst sei.*« (25)

»*Sie haben uns in einen Raum gesteckt. So eine Art Flugzeughalle. Soldatenkleidung, Unterwäsche… wir haben unsere Arme so – parallel – nach vorn ausgestreckt. Sie warfen uns die Sachen hopp zu und wir haben sie aufgefangen. (…) Wir fingen an, uns anzuziehen… hinterher haben wir uns gegenseitig gar nicht mehr erkannt. Das war sehr interessant.*« (11)

»*Das vergesse ich nie. Ich kann es nicht vergessen. Nachdem ich meine Sachen angezogen hatte, bin ich in den Waschraum gegangen. Als ich meine Hände wusch, habe ich mich im Spiegel angeschaut. In den weiten Kleidern sah ich ganz verloren aus. Ich habe mir gesagt, mein Gott, bin ich das? Ich hatte auf einmal Zweifel.*« (13)

»*Wir sind auf einen leeren Platz gegangen und sie haben gesagt, dass jeder alles, was er in den Händen hält, auf den Boden legen und sich ausziehen soll! Es war eine beschämende Situation, sehr unangenehm…* « (33)

»*Die Sachen passen nie. Mir haben sie auch nicht gepasst. Sie waren zu groß…* « (23)

»*An den Tag, an dem wir uns zum Dienst gemeldet haben, kann ich mich erinnern als wäre es gestern. Wir sollten uns in einer Reihe aufstellen, um uns zu waschen. Nachdem wir den Waschraum verlassen haben, zitterten wir am ganzen Körper… wir haben unsere Sachen in einen Sack gestopft. Sie haben uns neue Sachen gegeben, Stiefel und so… Unterwäsche… die* *war mir viel zu groß. Ich habe sie angezogen, alles hing an mir herunter wie ein Sack. Ich habe die Schnürsenkel einfach nicht aufgekriegt, so ungeschickt war ich. Ich konnte ja nicht sagen >Herr Kommandant, die Stiefel sind mir zu groß.< Später habe ich die Sachen so lange getragen, bis sie völlig ausgeblichen waren.«* (8)

»*Während man vorher bunte Kleidung getragen hat, setzte man sich auf einmal ein grasgrünes Barett auf. Ich hatte sowieso Kopfschmerzen. Am ersten Tag hat das Barett vielleicht gedrückt, es hat an meiner Stirn gedrückt. Zwei Tage lang konnte ich wegen der Kopfschmerzen nicht schlafen. Es war zu eng. Man hatte es den ganzen Tag auf. Es war wirklich anstrengend. Und erst die Soldatenstiefel! Mein Gott! Bis wir uns an die gewöhnt hatten, waren wir völlig am Ende...*«* (23)

»*Mein Freund hatte riesige Füße, die Stiefel waren ihm zu klein. Sie haben uns riesige Camouflage-Uniformen gegeben. Man sah lächerlich darin aus... wir haben versucht, das unter uns zu regeln...*«* (5)

»*Mein Freund und ich haben uns aus den Augen verloren. Dabei standen wir genau nebeneinander. Weder habe ich ihn erkannt, noch er mich... wir haben uns so einen Sack angezogen. (...) Danach sahen wir alle sonst wie aus.*«* (28)

»*Ich habe erst nach fünf Tagen wieder in den Spiegel geschaut. Fünf Tage lang habe ich nicht hineingeschaut. Ich wollte eben nicht sehen, zu was für einem Typen ich geworden war. Weil ich lange Haare hatte, als ich zur Armee kam. Mein Kleidungsstil war immer sehr jugendlich gewesen. Und dann in diese weite Kleidung steigen zu müssen, das Gesicht unter diesem Barett zu betrachten...*«* (17)

Diejenigen, die im zivilen Leben Friseure waren, erleben das obligatorische Schneiden der Haare aus einem anderen Blickwinkel:

»*Es gab wirklich welche, die geheult haben... Jungs aus der High Society. Reiche Jungs, denen die Haare bis zur Schulter reichten, haben natürlich* *geflennt… sie sagten zu mir: >Ach, verehrter Herr Soldat… ach, Herr Kommandant… < Dabei war ich doch genau wie sie… Zu einem habe ich gesagt: >Ich bin auch erst seit drei Tagen Soldat. Ich habe auch keine Rangabzeichen. Wir werden hier alle Freunde sein… <.«* (27)

»*Auf dem Rasierspiegel stand: >Siehst du, jetzt bist du Soldat<.«* (7)

»*Als ich die Sachen anzog, wurde ich zum Roboter, ab da musste ich machen, was sie mir befahlen. (…) Dass mein Zivilistenleben vorbei war, begriff ich, als man mir die Haare geschnitten hat.«* (4)

»*Sich wie ein Roboter fühlen…* « So beschreibt Sofya die erlebte Veränderung. Viele junge Männer fühlen sich ähnlich, wenn sie die Armeekleidung anziehen. Manchen sind die Sachen zu groß, anderen sind sie zu klein. Sie erkennen nicht nur ihre besten Freunde nicht mehr, sondern auch sich selbst nicht. Die »Behelfsmäßigkeit dieser Schablonen«, die auch in Schulen, Krankenhäusern, Gefängnissen und verschiedenen Arbeitsplätzen auf unterschiedliche Art existieren, erinnern an das Verhältnis, das der Einzelne zu den gesellschaftlich vorgegebenen Geschlechtsmustern hat.

Meist fügen sich die Männer ohne Widerspruch in die Schablone des Soldaten. Nach dieser gemeinsam erlebten Gehorsamkeitsdemonstration schildern sie alle eine sowohl physische als auch psychische Veränderung, die sie an sich selbst verspüren. Daher auch der Umstand, dass sie sich im Spiegel nicht wiedererkennen. Die Männer, die in unterschiedlichen Zusammenhängen geformt und in verschiedenen Modellen positioniert sind, haben auf einmal das Gefühl, nicht mehr sich selbst, sondern vielmehr einander zu gleichen. *Sie tragen ja auch einen gemeinsamen Namen:* »Mehmetçik« …

DIE VORGEGEBENE FORM ANNEHMEN

In vorgefertigte Rollen geschlüpfte *Mehmetçikler* werden Treibgut einer nach Ordnungsprinzipien funktionierenden Gemeinschaft, deren Mitglieder »sich selbst nicht mehr erkennen«, sobald sie durch das

Tor getreten sind, durch das es »kein Zurück mehr« gibt. Der einzige Ort, an dem sie allein sind, ist ihr Etagenbett. Die erste Nacht vergeht für gewöhnlich nicht ohne Schwierigkeiten. Sobald sich die Tür hinter ihnen schließt, ist es das erste Mal, dass sie mit ihren Emotionen allein sind und sie sich zurückziehen können. Manch einer zieht aus dem Gesehenen und Erlebten erste Schlüsse, die die Angst vor dem Kommenden noch vergrößern. Andere sind voller gespannter Erwartung. Einige weinen, weil sie zum ersten Mal von ihrer Familie getrennt sind, andere denken voller Sehnsucht an ihre Frauen und Kinder. Wieder andere machen vor Sorge bis zum Morgen kein Auge zu:

»In dieser Nacht habe ich mir die Decke über den Kopf gezogen und geweint. Ich war zum ersten Mal von zu Hause weg.« (8)

»In Gedanken war ich bei meiner Familie. Wenn ich Junggeselle gewesen wäre, hätte mich das alles vielleicht nicht so sehr mitgenommen.« (32)

»Ich erinnere mich an meine erste Nacht. Man denkt an alles Mögliche… man fragt sich, wie das alles ausgehen wird. Man hätte gerne zu Hause angerufen. Dort waren mehr als tausend Leute. Man war ja ein Neuling, und sie erlaubten es einem nicht, anzurufen. Das war alles so verwirrend, ziemlich bescheuert.« (34)

Die Berichte der Männer ähneln sich, unabhängig davon, wo und wann sie ihren Wehrdienst abgeleistet haben:

»Wir waren sehr müde… Trotzdem konnten wir nicht einschlafen. Normalerweise bin ich jemand, der einschläft, sobald der Kopf auf das Kissen fällt… und ich schlafe auch durch. Ich bin so oft aufgewacht… noch bevor der wachhabende Soldat morgens wecken kam, standen nach und nach alle auf. Es war, als ob Zombies aufwachten. Als ob sie aus der Erde krochen… genauso sah das aus…« (7)

»Jemand schrie genau neben meinem Ohr. Das war so laut, dass man dachte, das Dach stürzt ein. >Steh auf!<... Auf einmal wird dir bewusst, du bist ein Soldat... (...) Man wusste gar nicht, was man eigentlich tun sollte. Was weiß ich, das war eben ein ganz anderes Umfeld... Es zu erklären... so ist es dort eben...« (21)

Uğur Ö. gibt an, überhaupt nicht nervös gewesen zu sein. Den Umstand, dass er die ganze erste Nacht rauchend auf der Toilette verbracht hat, erklärt er mit Gewohnheit:

»Das hat etwas mit der Persönlichkeit zu tun, das hängt von der Wesensart ab... ich bin einfach kein nervöser Typ. Die Dinge sind entweder so oder so. Entweder plus oder minus... eine Alternative gibt es nicht. Ich fühle mich nicht gern in die Enge getrieben. Ich weiß nicht, das hängt wohl vom Temperament ab. Wenn ich eine Sache angefangen habe, ist sie entweder gut oder schlecht. Entweder entwickelt es sich zu meinen Gunsten oder dagegen... natürlich habe ich mich rasieren lassen. In der Stadt. Draußen haben sie uns unsere Kleidung gegeben. Und weil ich selbstständig bin, gehe ich nie zeitig ins Bett. Ich gehe spät ins Bett und stehe spät auf. Ich bin Ladenbesitzer. In der ersten Nacht haben sie uns schon am Abend ins Bett gesteckt. >Schlaft jetzt, ihr müsst morgen früh aufstehen.< Ich habe sie beobachtet, den Kommandanten und die Vorgesetzten. Ich lag im Bett, die Augen offen. Als sie endlich weg waren, habe ich mich sofort rausgeschlichen. Auf der Toilette habe ich bis zum Morgengrauen geraucht. Bis zum Morgen. Ich konnte mich nicht daran gewöhnen. Das ging so ein paar Tage lang, fast 15 bis 20 Tage lang... das ist mir ziemlich schwer gefallen.« (22)

»Morgens steht man auf und reinigt die Kaserne. Wie ich schon sagte, müssen sich am Morgen alle versammeln. Man wird in Gruppen aufgeteilt. Jede Gruppe bekommt eine Sektion zugewiesen. Wir haben Eimer genommen und den Müll um die Bäume herum aufgesammelt. Manchmal haben wir versucht, uns zu verdrücken. Meistens hat das funktioniert. Während der eine arbeitete, konnte der andere herumbummeln. Dort habe ich auch den Ausdruck >sich verduften< gelernt, ich habe ihn dort zum ersten Mal gehört. Wir haben versucht, uns vor dem Reinigungsdienst zu drücken. Es gab dort Obstbäume, Maulbeeren oder so was. Dort sind wir immer hingegangen und haben saubergemacht. Man hat alles Mögliche in die Hand genommen, von der Zigarettenkippe über leere Zigarettenpäckchen bis hin zu großen Steinen… die wir aufgesammelt haben. Dann haben wir uns gewaschen und danach ging es wieder zum Gruppenappell. Dort wurde die Anwesenheitsliste verlesen. Das war das, was mir immer am schwersten gefallen ist, was einem immer am unangenehmsten war. Alle warten in Habachtstellung, der Kompaniechef kam, die Anwesenheitsliste wurde verlesen, man trat ab. Der Unteroffizier kam und erstattete Meldung. Dann ging er wieder. Danach gingen wir frühstücken. Also es wurde gefrühstückt. Am Anfang war das Frühstück in der Regel nicht besonders gut… später ist es besser geworden… am Anfang gab es hartes Brot. Es gab Tee. Meistens haben wir Suppe gegessen. Oder Pastete. Danach haben wir uns wieder versammelt und sind zur Ausbildung gegangen.

Während der einmonatigen Ausbildung musste man den ganzen Monat lang ständig >Meldung machen<. Man musste sagen: >Ich bin der und der und das und das, zu Befehl, Herr Kommandant.< >Wie Sie befehlen, Herr Kommandant<… so geht das die ganze Zeit… eines Tages standen wir da und haben auf den Unteroffizier gewartet. Nach Ablauf einer gewissen Zeit habe ich mich hingesetzt, alle haben gewartet. Der Kommandant sagte: >Kauert euch hin.< Als er das gesagt hat, haben sich alle hingekauert. Nur ich habe gesessen. Also ich habe mich so hingekniet… >Steh auf<, hat er gesagt. >Wer hat dir gesagt, dass du dich hinknien sollst?< >Entschuldigen Sie, Herr Kommandant, weil ich den Unterschied zwischen hinkauern und hinknien nicht verstanden habe … ‹ Er hat mich sofort unterbrochen. ›So seid ihr eben‹, hat er gesagt. ›Alles müsst ihr kommentieren.‹ ›Das wollte ich damit nicht sagen.‹ ›Was redest du da, Mistkerl?‹ hat er gesagt. Ich kannte den Unterschied zwischen hinkauern und hinknien eben nicht, ich dachte, hinknien würde sich hinkauern bedeuten … er hat weitergeredet. Das hat einen tiefen Eindruck bei mir hinterlassen. Gegen deinen Vorgesetzten kannst du nichts machen … danach hat er uns noch eine ganze Weile so warten lassen. Das Warten war auch schlimm. Aber du konntest ja nichts sagen. So ging es immer weiter. Überhaupt sagt ein Soldat immer nur: ›Zu Befehl, Herr Kommandant, zu Befehl, Herr Kommandant … ‹

An einem der ersten Tage sind einige Kameraden in Ohnmacht gefallen. Während der ersten Tage der Ausbildung. Unser Durchschnittsalter war relativ hoch. Wie alt war ich, als ich zur Armee gegangen bin? Ich war 27 Jahre alt. Es gab Leute in meinem Alter, aber auch Ältere … es gab 30-Jährige, 32-Jährige, sogar 35-Jährige kommen noch zur Armee. Zum Beispiel diejenigen, die einen Masterabschluss an der Universität machen oder die promovieren.

Die Sonne brannte wie verrückt. Unsere Arme waren ganz verbrannt. Dann bewegte man sich ja auch noch. Beim Militär gibt es ein paar Grundbewegungen. Hampelmänner, oder man streckt die Arme zur Seite aus, damit die Abstände zwischen allen Soldaten gleich groß sind. Man macht ein paar Sit-Ups, alles ohne Pause … vor mir stand ein anderer Kamerad. Er schwankte so hin und her. Ich überlegte, ob ich weiter meine Bewegungen ausführen oder ihn festhalten sollte … man hat natürlich auch Angst, etwas falsch zu machen … wenn man etwas falsch macht, kriegt man eine Strafe aufgebrummt, man muss Liegestütze machen. Es wird gezählt, eins, zwei, drei. Dann schaute ich mich um und sah, dass drei Kameraden in Ohnmacht gefallen waren. Daraufhin durften wir eine Pause machen. Wie alle gerannt sind! Zum Wasser natürlich. Als ich mir das so angeschaut habe, kamen mir Tiere, die getränkt werden, die durcheinander rennen, in den Sinn.« (5)

Bei der Armee lernen Männer die Gerüche der anderen kennen und auch, »*wie man mit diesen Gerüchen fertig wird… «*. Zu einer Gruppe fremder Männer zu stoßen bedeutet auch, verschiedenste Gerüche kennenzulernen:

»*Ich war in einem Schlafraum zusammen mit 90 anderen untergebracht. Die Betten waren schmutzig. Es war die heißeste Zeit des Sommers. Geregnet hat es auch. Da riecht man einfach, ob man will oder nicht. Alle zogen ihre Stiefel aus. Es stank… «* (5)

Devreler, also die Soldaten, die ihren Wehrdienst zusammen beginnen, wachen über einen langen Zeitraum hinweg gemeinsam auf, waschen sich gemeinsam, machen gemeinsam Sport, absolvieren gemeinsam die Militärausbildung, essen gemeinsam. Gemeinsam sprechen sie das Tischgebet: »*Gelobt sei Gott, gelobt sei das Vaterland, guten Appetit.*« Dieses Gebet, das auch während der Mahlzeiten für Disziplin und Gruppenzugehörigkeitsgefühl sorgen soll und in Internaten ebenso üblich ist, wird dreimal am Tag gesprochen.

In diesem geschlossenen sozialen Milieu stellen Männer mit Erstaunen fest, dass sie tatsächlich für einen längeren Zeitraum aus ihren Familien und ihren sozialen Umgebungen herausgerissen sind. Das Gefühl für Zeit und Raum verschwimmt. Das weitere Verhältnis zur eigenen Familie und anderen sozialen Kreisen hängt von der Region, der Klassenzugehörigkeit, den Familienumständen und dem Alter ab. Da jedoch die Möglichkeiten einer Kontaktaufnahme begrenzt sind, können die meisten – abgesehen von den *evcis*, denjenigen Soldaten, die ihre Wochenenden bei der Familie verbringen dürfen – den Kontakt nur über Besuche, Telefongespräche und Briefe pflegen.

Ein Großteil empfand die Besuche Nahestehender als traurig. So erzählt zum Beispiel Uğur B. aus Antakya, dass er erneut mit seinem jetzt anderen Aussehen konfrontiert wurde, als er seiner Verlobten gegenüberstand:

»Welche waren die Momente, die einen besonders starken Eindruck hinterlassen haben? Als mich meine Verlobte besucht hat. Dass ich in ihren Augen gesehen habe, in was für einer miserablen Lage ich mich befand... Du
selbst empfindest das nicht so, aber wenn man diesen Blick auf sich spürt,
merkt man, dass man nicht gerade gut aussieht. Man fing gerade an, sich
daran zu gewöhnen, und dann kommt jemand, dich zu besuchen, jemand,
der dir wichtig ist, und bringt dich völlig durcheinander. Man greift sich sofort einen Kalender, um die verbleibenden Tage und Stunden zu zählen.«
(6)

Und dann sind da noch die Briefe. Wenn man sich die »Soldatenbriefe« anschaut, stehen da in der Regel reihenweise platte Grußworte und
klischeehafte Phrasen über die Sehnsucht. Die kurzen Botschaften ent-
halten keine Schilderungen der eigenen Gefühle oder Erlebnisse. Warum sind Klischees das Einzige, was von einem Ort derart tiefgreifen-
der Erfahrungen verschickt wird? Ist der Grund darin zu suchen, dass
die Briefe seitens der Armee gelesen werden? Briefe aus Gefängnissen,
wo bekanntlich ähnliche Kontrollen stattfinden, sind jedoch meist viel
detaillierter. Sie werden auch später oft noch aufgehoben, manche
werden sogar veröffentlicht. Warum also haben Soldatenbriefe so viel
weniger zu sagen als Briefe aus dem Gefängnis? Die befragten Männer
geben an, dass Zeitmangel, die fehlende Angewohnheit zu schreiben
und der eigene Gefühlszustand daran schuld seien, dass keine ausführ-
lichen Briefe geschrieben würden.
Telefongespräche mit der Verlobten, der Freundin, der Ehefrau, der
Mutter, mit Geschwistern und Freunden sind oft viel kürzer als geplant,
weil man lange auf ein freies Telefon warten muss und die erlaubte Ge-
sprächszeit begrenzt ist:

»Wenn ein Soldat von höherem Rang telefoniert, kannst du bis zum nächsten Morgen warten. Man sagt sich: ›Du kannst am nächsten Tag telefonieren, am Abend, nach der Ausbildung.‹ Man rennt zum Telefon, schnappt
es sich, spricht und schon nach ein paar wenigen Worten schreien die anderen ›Häng auf!‹ Da muss man aufhängen. Du kannst es deiner Familie ja

auch nicht klarmachen… (…) Jeder, der vor dir mit dem Wehrdienst an-
gefangen hat, ist wie dein Vorgesetzter… Du darfst nicht widersprechen.«
(35)

Behelfsmäßig gekleidete *Mehmetçikler* mit den »fremden« Gesichtern
fühlen sich in diesem abgeschlossenen Umfeld von ihrer Vergangenheit isoliert, also beginnen sie, neue soziale Kontakte zu knüpfen.

DIE ZURÜSTUNG DER GRÜNSCHNÄBEL

Als Erstes lernen die Neuankömmlinge, was es heißt, »stärkeren« Geschlechtsgenossen schutzlos ausgeliefert zu sein. Mehr noch als über
die Offiziere beschweren sich die Rekruten über *tezkereciler* (von *tez-*
kere – Entlassungsbescheid, Anm. d. Üb.), also diejenigen, denen nur
noch wenige Tage bis zum Ende des Wehrdienstes bleiben und die genau wie sie selbst Haus und Arbeit verlassen haben, um zur Armee zu
gehen. Der einzige Unterschied zwischen ihnen ist der Zeitpunkt, zu
dem sie den Wehrdienst aufgenommen haben.

»Ich war zum ersten Mal von meiner Familie getrennt. Zum ersten
Mal. Ich war noch nirgendwo gewesen, hatte meinen Heimatort nie
verlassen. Zum ersten Mal sollte ich Verantwortung übernehmen…
Verantwortung… man ist dort ganz auf sich allein gestellt. Jeder
ist sich selbst der Nächste. Ab jetzt gibt es niemanden mehr, keine
Mutter, keinen Vater, keine Geschwister, keine Verwandten. Du bist
dort ganz allein. Dass ich niemanden hatte, hat mich auf alle Fälle
sehr tief getroffen. Ich bin mir nicht sicher, was das in mir ausgelöst
hat, aber ich habe deswegen schon auch mal geweint.
    Die vier Monate waren sowieso schlimm für mich. Ich wog 58
Kilogramm, ich habe vier oder fünf Kilo abgenommen. Ich konnte nichts mehr essen, ich sah aus wie ein Gespenst. Das war meine
Rekrutenzeit. Es war sehr bedrückend… Ich glaube, ich hatte auch
seelische Probleme. Ich weiß nicht genau, was los war, aber es war

mir immer so, als stöße jemandem was zu. Ich konnte nachts nicht schlafen... vielleicht hatte das was mit der dortigen Disziplin zu tun. Weil man ja eine Ausbildung bekommt. Das meiste lag natürlich an mir selbst. Ich habe ja schon gesagt, es war das erste Mal, dass ich von meiner Familie getrennt war, ich war das erste Mal ganz allein und hatte anderthalb Jahre vor mir. Diese Zeit erscheint einem unendlich. Es ist nichts, das nach zwei Wochen wieder vorbei ist. Man ist anderthalb Jahre dort. Man fragt sich, ob anderthalb Jahre jemals vergehen werden. So ist das dort. Man kann sich nicht daran gewöhnen. Man kann sich nicht vollkommen daran gewöhnen, etwas anderes ist es nicht. Es fällt einem so schwer, dass einem sogar zehn Tage wie eine Ewigkeit vorkommen. Anderthalb Jahre an so einem Ort zu sein, an einem Ort, den man so schnell wie möglich wieder verlassen will, das kommt einem wie der Tod vor. Es ist wirklich schrecklich.« (23)

Die Gewaltmethoden der Männer, die drei Monate früher zur Armee gekommen waren und deswegen ihre Grundausbildung schon hinter sich und den Dienstgrad eines Gefreiten erlangt haben, jagen den Rekruten Angst ein. Auf den nächsten Seiten werden wir mehr über das Vorgehen der Gefreiten erfahren. Es ist jedoch offensichtlich, dass die Neuankömmlinge sich auf einmal auf einem brodelnden Schlachtfeld männlicher Machtkämpfe wiederfinden:

»*Die ersten zwei Monate waren sehr schwierig. Weil ich Rekrut war... die Gefreiten, diejenigen die zwei, drei Monate vor mir gekommen waren, haben mich schikaniert. Sie haben mich sehr schlecht behandelt, mich beleidigt und geschlagen, haben mich verprügelt. Deswegen war es für mich schwer...* « (16)

»*Ich musste Gleichaltrige mit* >Herr Kommandant< *ansprechen. Das ist mir zum Beispiel sehr schwer gefallen, das muss ich ausdrücklich sagen.*« (26)

Die Rekruten müssen sich nicht nur gegenüber den Gefreiten behaupten, sondern sich auch gegenseitig beaufsichtigen. Beziehungsformen, die unter Männern auch in anderen Gesellschaftsbereichen oft zu beobachten sind, zum Beispiel in Internaten, kommen unter den Rekruten ebenfalls zum Tragen. Der *Mehmetçik* (dieser Kosename für Soldaten wird auch in den türkischen Medien oft benutzt, Anm. d. Üb.) hat in jedem Fall einen *kanka* (von *kan kardeşi* – Blutsbruder, Bezeichnung für einen Busenfreund, Anm. d. Üb.) oder einen *badi* (von englisch: buddy, Anm. d. Üb.). Den Schilderungen zufolge hat die Vertiefung dieser offiziell hergestellten Zweierfreundschaften Kontrollfunktionen. Einige erzählen, dass sogar die »Beschneidungskontrolle« noch einmal vom *badi* vorgenommen wird. Selbst wenn diese unrealistisch anmutenden Schilderungen erfunden sein sollten, zeigen sie doch, mit welchen Bedeutungen die Verbindung zwischen Beschneidung, Männlichkeit und Wehrdienst aufgeladen ist:

»Sie haben gesagt: ›Das ist dein badi.‹ *Und dass wir uns beide sehr gut kennen müssen. Er müsste immer wissen, wo ich mich gerade aufhalte und solche Sachen. Sie haben immer wieder nachgefragt. Wie heißt der Vater deines* badi? *Hat er Brüder oder Schwestern? Wir sollten uns gegenseitig zeigen, ob wir beschnitten waren oder nicht… also man sollte die Unterhose lüften und es dem anderen zeigen… es stellte sich heraus, dass fünf Leute nicht beschnitten waren. So, wie wir beim Arzt untersucht wurden, so wurden wir auch da noch einmal untersucht. Sie achteten auf alles, von den Fingernägeln bis zur Rasur der Achseln und des Intimbereichs.«* (13)

Den Erzählungen zufolge fühlen sich die Männer am stärksten in der Zeit der Grundausbildung belastet. Diese Belastung bringen sie mit Angst, Durcheinandersein, Sehnsucht nach Familie und eigenem Umfeld, dem eingeschränkten und streng reglementierten Leben, den Machtdemonstrationen der Gefreiten, schwerer Arbeit, Beleidigungen, Unsicherheit und der Intensität von Gewalt in Zusammenhang:

»Während der Grundausbildung ist man wie ein verschrecktes Kaninchen.

Wenn man zum Gefreiten aufsteigt, fängt man an, die Tage zu zählen. Einen anderen Unterschied gibt es nicht... « (25)

»*Alles wird von Regeln bestimmt... Entschuldigung, aber selbst wenn man auf die Toilette geht, steht dort >Betätige die Spülung<. Man stellt sich vor den Spiegel und da steht: >Ordne deine Kleidung.< Beim Essen musst du dein Barett absetzen. Vor dem Gebet auch... einfach alles wird durch Regeln bestimmt...* « (23)

Manche erinnern sich zwar kaum mehr an die Zeit der Grundausbildung, führen das aber auf das Gefühl der Befangenheit und Leere zurück:

»*Von der Zeit als Rekrut bleibt einem einfach nichts im Gedächtnis haften! Man hat Angst. Man darf seine Einheit nicht verlassen. Weil man ein Rekrut ist. Wenn man einmal zum Gefreiten geworden ist, ändert sich das...* « (8)

»*Man kommt vor lauter Herumrennen und dem ängstlichen Bemühen, sein Umfeld kennenzulernen und keine Fehler zu machen, sowieso zu nichts. Um wirklich etwas mitzukriegen, müsste man den Kopf einfach freier haben.*« (36)

Diejenigen, die sich trotz aller Schwierigkeiten gern an die Zeit der Grundausbildung erinnern, verbinden diese »angenehmen Eindrücke« zum allergrößten Teil mit geschlossenen Freundschaften:

»*Es war trotzdem lustig. Weil wir gerade neu dazugekommen waren. Jeder lachte jeden an, man versuchte, einander kennenzulernen und zu verstehen. Es gab Kameraden aus ganz unterschiedlichen Regionen der Türkei. Denk nur, sie schütteten Kartoffeln vor einem aus, Berge von Kartoffeln, und dann konnte man schälen und schälen bis man schwarz wurde ...* « (17)

»*Das, was man einen >einfachen Soldaten< nennt, gab es in unserer Gruppe nicht. Vielleicht gab es in unserem Jahrgang auch keine einfachen*

Soldaten. Unsere gesamte Grundausbildungskompanie bestand aus Leuten, die einen Universitätsabschluss hatten. Deswegen waren die Gespräche unter uns eigentlich prima. Wir waren uns mehr oder weniger ähnlich, wir teilten zum größten Teil gleiche Ansichten. Deswegen gab es auch keine Probleme. Zumindest dachte ich über die meisten Dinge das Gleiche wie die Leute, mit denen ich zusammen war. Das hat mich erleichtert.« (32)

Özgür Ö., ein Lehrer aus İzmir, der normalerweise nicht übermäßig umtriebig war, fühlte sich wie in einer Falle, weil er das Kasernengelände nicht verlassen durfte. Pakrat K. wiederum sagt: »*Man muss seine Persönlichkeit wie eine Jacke an der Tür abgeben, bevor man zur Armee geht.*« Damit zeigt er, dass offener Widerstand die Schwierigkeiten nur noch vergrößert. Ganz besonders diejenigen jungen Männer, die ihre Heimat vorher noch nie verlassen und eng mit ihrer Familie und ihrer Verwandtschaft zusammengelebt haben, empfinden diese erstmalige und vollständige Einsamkeit während der Grundausbildung sehr stark. Die eigene Lage ist für sie schwer zu ertragen, aber es ist ihnen auch bewusst, dass sie auf diese Weise zum »Mann« werden. Wie schon in anderen Schilderungen wird auch hier klar: Wer sich der Strömung überlässt und sich anzupassen weiß, hat weniger Schwierigkeiten:

»*Menschen sind verschieden. Meine Absicht war es, alles so schnell wie möglich hinter mich zu bringen und zu meiner Familie zurückzukehren. Das war mein einziges Ziel… Deswegen habe ich alle meine Aufgaben erledigt…*« (37)

Als Ali S. aus Adana von einem 20-Jährigen getadelt wird und den Befehl erhält, sich bei einem gewöhnlichen Baum zu entschuldigen, kommen ihm ernste Zweifel. Mahmut Y. aus Diyarbakır versucht unzählige Male, aus seinem Rekrutenregiment auszubrechen. Seinen Widerstand, den er darauf zurückführt, dass er sich an das Umfeld nicht gewöhnen kann, beendet er jedoch, weil er fürchtet, dass man zu Hause auf ihn herabschauen könnte, dass er in den Augen der Familie »kein Mann« sein werde. Selahattin B., der im Alter von 18 Jahren aus politischen Gründen eine längere Zeit im Gefängnis verbringt und dort 23 Tage lang schwer gefoltert wird, empfindet sein Umfeld bei der Armee als sehr »unreif« – und das, obwohl er selbst erst 20 Jahre alt ist, als er dort ankommt. Die Schwierigkeiten, die man während der Armeezeit erlebt, versucht er mit der eigenen Reife und dementsprechenden Unreife des Umfeldes zu erklären:

»Ich schaue mir die Soldaten an. Sie kommen mir wie Kinder vor. Ihre Art und ihre Bewegungen sind alle so kindisch … sie schlagen sich mit anderen, greifen andere auf kindische Art an. Alles kindische Sachen. Ich kann mich irgendwie nicht anpassen.« (38)

DER SIEDEPUNKT DER VEREIDIGUNG

Die Grundausbildung endet mit einer Vercidigungszeremonie, in der die Rekruten zu Gefreiten aufsteigen. Nach dieser aufwändig vorbereiteten Zeremonie gelten sie als vollwertige Soldaten. Während der Vereidung, an der auch ihre Familien teilnehmen, überreicht man den jungen Männern ihre Waffen und sie schwören, ihre Mission als Beschützer und Verteidiger des Vaterlandes zu erfüllen. Diese Überführung zum Militär und zur Männlichkeit wird mit Applaus gefeiert:

»Ich habe die Hand auf den Koran gelegt und zusammen mit den anderen Soldaten geschworen, niemals zu lügen oder andere zu täuschen. Wir mussten die Hand auf die Fahne legen. Wir sollten unserem Vaterland aufrichtig dienen. Wir haben den Schwur geleistet.« (29)

»Wir haben unsere Hände auf die Gewehre gelegt. Als gesagt wurde ›meine Heimat, mein Vaterland, meine Fahne‹ habe ich richtige Gänsehaut bekommen. (…) Ich habe kein Wort herausbekommen… Dieser Schwur macht einen fertig. (…) Und wenn man dann noch das Gewehr überreicht bekommt, erstarrt man zu Eis.« (8)

»Für die Vereidigungszeremonie wurde sauber gemacht. Unsere Betten, unsere Zimmer... als berührten Frauenhände alles... an dem Tag habe ich mich komisch gefühlt. (...) Ich habe mich gefragt, ob mich meine Familie erkennen würde. (...) Ich habe dem allem fast vollkommen gelassen entgegengesehen.« (13)

»Es gab ein Riesengeschrei darum, ob die Vereidigungszeremonie drinnen oder draußen stattfinden sollte. Man muss sich mit allen möglichen sinnlosen Sachen herumschlagen. Die Fahne wird vorbeigetragen, der Brigadekommandant wird eine Rede halten, die Familien kommen... alle müssen perfekt in einer Reihe stehen, so wie die Soldaten vor dem Dolmabahçe Palast. (...) Die Proben an sich sind schon eine Qual. Es wird genau festgelegt, in welcher Reihe man steht... jemand liest etwas vor, und das musst du wiederholen. Alle müssen die rechte Hand zugleich zackig auf die Waffe legen. Man legt dem Kameraden, der neben einem steht, den Arm um die Schulter... das haben wir alles hundertmal geprobt. Wenn gesagt wird: >Ergreife deine Waffe und deinen Kameraden<, müssen das alle im gleichen Moment tun. Man soll die Ehre und das Vaterland verteidigen... nach diesem Eid ist man dann Soldat.« (7)

»Na, es kommt einem irgendwie lustig vor, irgendwie komisch. Wie ein Theaterstück. In der Uni haben wir unter uns so ein bisschen Theater gespielt, amateurhaft. Genauso ein Gefühl hat man da auch. Man kann das alles nicht so richtig ernst nehmen. Um ehrlich zu sein, kam mir das alles ziemlich lächerlich vor – dass das Vaterland so viel von einem erwartet, dass man auf die Fahne schwört, das Land zu verteidigen und so. Das war alles so vollkommen gestellt...« (6)

Diese Schilderungen erinnern an die Analysen von J. C. Scott, der argumentiert, dass Gruppen, die einer Gewaltherrschaft unterliegen, teilweise über so genannte öffentliche Szenarien organisiert werden, die ihnen mehr oder weniger aufgezwungen wurden. (Als öffentliche Szenarien/Muster oder *public transcripts* bezeichnet J. C. Scott die öffentliche, also mehr oder weniger offene Interaktion zwischen

Untergebenen und Herrschenden, die allerdings nicht nur das Gesagte, sondern auch Gesten und Mimik einschließen, Anm. d. Üb.) Scott schreibt, dass das *public transcript* der Untergebenen umso stereotyper und ritualisierter ausfällt, je größer das Machtgefälle zwischen Untergebenen und Herrschenden ist, und je willkürlicher diese Macht ausgeübt wird. Die Zeremonien, die dazu da sind, die Herrschaft zu feiern und sie in Szene zu setzen, sind seitens der Herrschenden der favorisierte Ausdruck eines öffentlichen Szenarios.[1] Und tatsächlich führen Männer bei der Armee ohne Unterlass ein Theaterstück vor, das nach einem öffentlichen Drehbuch, einem *public transcript*, umgesetzt wird. Beim Militär werden alle Beziehungen über Rituale und »Vorführungen« aufgebaut, das betrifft nicht nur die Vereidigungszeremonie. Junge Männer, die schon früher durch militärische Anekdoten darauf eingestimmt wurden, werden mit der Zeit selbst zu einem Teil dieser Vorführung.

DER TEIG GEHT IN SEINER FORM AUF

Zu Beginn sind sie verwirrt, angespannt und besorgt. Die neue Herrschaft über ihre Körper ist der erste Schritt dahin, ihre gesamte Existenz dem Gehorsam unterzuordnen. Sobald sie in die neue Verkleidung geschlüpft sind, befinden sie sich unter ständiger Kontrolle: Die pausenlose Ausführung verschiedenster Pflichten sowie winzige Details und Regeln, die sie neu erlernen müssen, stürzen auf sie ein. Der *rekrutierte Mann* gewöhnt sich anhand verschiedener Handlungsweisen daran, ein Leben nach den herrschenden Richtlinien zu führen. Sein Eigentum wird in Verwahrung genommen, jeder aus der Außenwelt kommende Gegenstand wird kontrolliert, ihm bleibt kein persönlicher Freiraum mehr. Eine detailliert festgelegte Ausbildung, regelmäßige Übungen, Belohnungs- und Strafmechanismen formen von jetzt an seine festen Verhaltens-, Kleidungs- und Sprachmuster.

---

1 Aus: *Domination and the Art of Resistance* von J. C. Scott

Der überwältigend große Teil dieses Prozedurengeflechts dient dazu, dem Rekruten das Gefühl zu geben, in einer »Normenfalle«[2] zu sitzen und sich ständig mit der Möglichkeit konfrontiert zu sehen, bestraft zu werden.

»Du weißt ja, wie das bei der Armee mit der Disziplin ist. Du musst diszipliniert sein. Nach dem Essen müssen sich alle in einer Reihe aufstellen, du musst dies und das machen, du musst den Anweisungen Folge leisten. Ja klar, nach dem Essen kann nicht einfach jeder machen, was er will. Man macht das, was gesagt wird... Wenn keine Anweisung erfolgt ist, kann man auch nicht einfach rausgehen und eine Zigarette rauchen. Na ja, einer unserer Kameraden hat trotzdem geraucht. Der Exerzierausbilder hat es gesehen. Obwohl er ihn beim Rauchen gesehen hat, hat er nichts zu ihm gesagt, aber dafür hat er all die anderen, alle diese Soldaten verprügeln lassen, so etwas Unmenschliches hat er ihnen angetan, er hat sie eben verdreschen lassen. Kannst du dir das vorstellen? Soweit ich es verstanden habe, machen die das wegen der Disziplin... Prügel. Für alle. Mit der Begründung ›Warum hast du es nicht gemeldet, als du gesehen hast, dass der raucht?‹ In einer Einheit von je 600 und 300 Leuten. Und ich habe dir jetzt nur eine kleine Anekdote erzählt. All diese Sachen im Namen der Disziplin zu machen ist doch unmenschlich... « (9)

In der Regel ist es nicht leicht, sich daran zu gewöhnen, permanent nach Anweisung zu handeln. Den Schilderungen zufolge fühlen sich die Rekruten durch die starren Muster körperlich und seelisch eingeengt. Die Erfahrung der Resignation macht jeder für sich. Doch auch wenn es unter Zwang geschieht, so gewöhnen sich schließlich alle mit der Zeit an den Gehorsam und die obligatorische, lückenlose Kontrolle. In den Erzählungen wird gesagt, dass die Strapazen bei »Auflehnung« und »Bewahren der eigenen Persönlichkeit« zunehmen. Diejenigen, die lernen, mit den Umständen klarzukommen, bringen den

---

2 Aus: *Disziplin: Soziologie und Geschichte militärischer Gehorsamsproduktion* von Ulrich Bröckling, S. 24.

Wehrdienst ohne »*größere Schwierigkeiten*« hinter sich. Viele Männer entwickeln verschiedene Abwehrmechanismen gegen die Angst, die Verwirrung, die Sehnsucht, die Beleidigungen und das Gefühl der Leere. Sie versuchen sich anzupassen oder sogar Spaß zu haben. Die ständige Betonung unantastbarer Formeln wie »dem Vaterland dienen« und die seit der Kindheit anerzogene Gewohnheit, sich einer (tyrannischen) Macht unterzuordnen, erleichtern dieses Bemühen. Gleichzeitig ruft es oft ein Gefühl der Ermüdung hervor. Da die jungen Männer nur nachts in ihren Betten allein sein können, versuchen sie, dort in ihre eigene Welt zurückzukehren. Diejenigen, die zu Anfang vor Sorge und Heimweh nicht schlafen konnten, diejenigen die weinten, schaffen es nach und nach, doch einzuschlafen.

Schlafen zu können bedeutet ein zunehmendes Eingewöhnen. So beginnt der Teig, aufzugehen.

SCHMOREN IM GLEICHEN TOPF

Nach einer gewissen Weile gewöhnen sich *Mehmetçikler* an die neuen Lebensumstände. Den Schilderungen nach bleibt ihnen gar nichts anderes übrig: Es gibt weder einen Ausweg, noch eine Möglichkeit zur Veränderung. Nach Abschluss der Grundausbildung haben sie das Gefühl, dass der auf ihnen lastende Druck nachlässt und trotz verschiedener anderer Unannehmlichkeiten passen sie sich an das neue Umfeld an. Die Tatsache, dass ihnen als Gefreite nun die Rekruten unterstehen und die Anwesenheit von Männern, die wie sie einer ungerechten Behandlung unterworfen sind, erleichtert. Es erleichtert die eigene Anpassung an vorherrschende Machtstrukturen, wenn man die Dominanz, der man selbst ausgesetzt war und ist, auch über andere ausüben kann.

»Wir sind in die Kantine gegangen. Heute erinnere ich mich natürlich nicht mehr, aber ich glaube, es waren über hundert Soldaten in der Kantine. Das Essen wird aus großen Esskübeln verteilt. Die Kübel wurden herumgerollt, das kam mir damals ganz komisch vor. Es wurde etwas verteilt, das wohl Fleischeintopf sein sollte. Du hältst deinen Teller hin, und er wird gefüllt. Das war wie Abwaschwasser, mit ein bisschen zähem Rippenfleisch. Man kriegt es eigentlich nicht runter, aber es bleibt einem ja nichts anderes übrig, als es zu schlucken.

Neben mir saß einer, der zusammen mit mir in die Kaserne gekommen war. Ich erinnere mich nicht an seinen Namen, aber er war für den Wehrdienst aus Deutschland hierher gekommen. Mir war die Armee völlig fremd, aber ihm war sowohl die Armee als auch das Land fremd, weil er ja in Deutschland geboren worden war und dort aufgewachsen ist. Ihm ging es noch schlechter als mir. Als sie das Essen vor ihn hinstellten, hat er gesagt: >Ich weigere mich, das zu essen.< Da habe ich seinen Teller auch noch gegessen. An dem Tag hatte ich nämlich den ganzen Tag noch nichts gegessen. Ich habe sein Essen auch noch aufgegessen. Am nächsten Tag hat er sich wieder geweigert, sein Essen zu essen und hat sich in der Kantine eine Packung Kekse oder so was gekauft.

Am dritten Tag haben wir dann so langsam mit der Ausbildung angefangen. Laufen und solche Sachen. Technische Ausbildung... Natürlich ist die Ausbildung ziemlich ermüdend, man bekommt größeren Hunger. Es war Mittag, ich erinnere mich sehr gut daran... als die Essenskübel angerollt kamen, war er der Erste, der seinen Teller hinhielt. Und er hat angefangen, mehr zu essen als ich. Manchmal gab es Nachschlag. Während die Kübel herum geschoben wurden, war er wieder der Erste, der seinen Teller hinhielt. Das ist mir im Gedächtnis geblieben.« (1)

Nach einer Weile werden die Vorgänger vom Dienst entlassen und ihre Nachfolger werden erfahrener. Damit überlassen sie auch die Schmerzen der Eingewöhnung den neuen Rekruten:

»Nach einer Woche lässt sich eine langsame Veränderung beobachten… erst ist man den Dingen gegenüber sehr sensibel, aber dann wird alles belangloser, die Kommentare werden vulgärer.«

Gewöhnung bedeutet, die Ecken abzustoßen, vielleicht auch, sie abzubrechen, um gemeinsam mit allen anderen in die vorgefertigte, starre Form zu passen. Die Phase, die Aydın S. mit »abbrühen« bezeichnet, beginnt auf diese Weise. In dieser »Garphase« spielen militärische, soziale und politische Ausbildung eine entscheidende Rolle.

Ein Mann, der seinen Wehrdienst absolviert, soll nicht nur auf die Kriegsführung vorbereitet werden. Man legt ebenso viel Wert auf seinen generellen Bildungsstand und die Stärkung seiner Teamfähigkeit. Aus diesem Grund haben alle Männer die Pflicht, an Fortbildungen teilzunehmen. Der Inhalt des Unterrichts ändert sich je nach Bedarf. Analphabeten müssen zum Beispiel auf alle Fälle die »Ali-Schule« besuchen. (»Ali Okulu«, Kurse, die speziell für Analphabeten eingerichtet wurden. Anm.d.Üb.) Außerdem erhalten die Männer aller Klassen, Altersgruppen und Bildungsstände generell Unterricht in Staatsbürgerkunde. Auch Erste-Hilfe-Kurse und Kurse in ziviler Verteidigung sind üblich:

»Wir haben außer den Grundsätzen Atatürks überhaupt nichts gelernt… nachdem wir den Staatsstreich durchgenommen hatten, wurde der Unterricht eher schal. Man kann sich schließlich nicht jeden Tag die gleichen Sachen anhören…« (28)

»Wir lernten militärische Begriffe. Wir lernten in Deckung zu gehen und Dinge, die mit dem Wehrdienst zu tun hatten, Orientierungsübungen und andere armeerelevante Sachen. Dann gab es noch organisatorische Übungen: exerzieren, Meldung machen – man musste seinen Vor- und Nachnamen sowie die Heimatstadt nennen. Und zwar brüllend, das sollte

eine Art Übung zur Erweiterung des Stimmumfangs sein… In einer Grup-
pe Soldaten mussten sich immer zwei zueinander umdrehen und Meldung
machen. Brüllend… « (28)

Auch wenn es seltener vorkommt, erhalten manche Männer Ausbildung in Familien- und Sexualkunde. Diese Unterweisungen werden
normalerweise von anderen Soldaten im Wehrdienst gegeben. Die
Männer unterrichten einander also in der Beziehung zwischen Ehemann und Ehefrau sowie zwischen Vater und Kind:

»Wir haben die normalen Soldaten unterrichtet. Zum Beispiel, was die Fa-
milie angeht… die Gründung und Entwicklung einer Familie, das Zusam-
menleben, das Kindermachen… wie sollte die Beziehung zu den Kindern
aussehen? Wie sollte die Beziehung zwischen Mann und Frau aussehen?
Der Sexualkundeunterricht wurde von einem Militärarzt, einem Offiziers-
anwärter, gegeben.« (23)

»Wir haben gelernt, dass wir nach Abschluss des Wehrdienstes und als Teil
einer Familie nur so viele Kinder haben sollten, wie es die eigenen ökono-
mischen Umstände erlauben. Dass es nicht unbedingt von Vorteil ist, sehr
viele Kinder zu machen. (…) Wir haben gelernt, dass es schwierig ist, den
Pflichten eines Vaters nachzukommen, dass man Verantwortung überneh-
men und ein Heim haben muss und dass man sich nie gehen lassen darf.
Für einen Unverheirateten ist es einfach, von Scheidung zu sprechen, wie
man so schön sagt, aber nach der Hochzeit ist das Leben viel schwieriger.
Sie haben gesagt, dass jeder für die Frau sorgen müsse, aber dass sich beide
ebenbürtig wären. Sie sagten, dass der Mann alle Last zu tragen hätte, aber
sie klärten uns auch über die Aufgaben des Mannes und die der Frau auf.
Sie gaben einem Selbstvertrauen…« (30)

Manche Männer schildern auch, dass sie durch die Ausbildung gelernt
hätten, ihre »männlichen Triebe« unter Kontrolle zu halten:

»Man darf die Ehre der Leute im Dorf natürlich nicht verletzen… Sie
haben uns darin unterrichtet, weil nicht jeder die gleiche Willensstärke hat.

In unserer Einheit gab es auch solche, die Mädchen hinterher guckten und sagten: >Ach, die ist aber schön.< Die sich fragten, ob sie nicht mit einer ins Bett gehen sollten, wie Männer eben so sind, männliche Triebe und so... wir haben immer sofort versucht, sie daran zu hindern.« (26)

ABGEBRÜHT WERDEN, UM ORDNUNG HERZUSTELLEN

Um »ein Mann zu sein« muss man die Erfahrung machen, dreckig zu werden. Da neben Schweiß, Dreck und Schwielen auch das Verlausen als Ergebnis des Überlebens unter erschwerten Bedingungen gilt, spricht man von einem »Lausehelden«. Diejenigen, die ihren Wehrdienst außerhalb der Kaserne absolvieren, machen in der Regel diese Erfahrung. Ali Z. erzählt vom Läusebefall wie von einem Abenteuer:

»Dann waren wir völlig verlaust. Wir haben sie ewig nicht wegbekommen. (...) Später kamen die Wanzen dazu... innerhalb nur eines Tages sind es auf einmal Tausende. Ich kam von zu Hause zurück. Sie hatten meine Kleidung gekocht, alles war blitzsauber, als ich es angezogen habe. Ich kam nur aus dem Gemeinschaftsraum und zack, schon hatte ich wieder Läuse. Das war bemerkenswert. (...) Na ja, man steht eben morgens auf, macht Sport, man zieht sich aus, man schwitzt, man schläft manchmal praktisch im Dreck... da verlaust man halt.« (28)

Ein Mann darf einerseits nicht davor zurückschrecken, dreckig zu werden, er darf den Dreck nicht verabscheuen und muss ihn aushalten. Andererseits muss er auch auf Reinlichkeit bedacht sein. Die Sauberkeitsregeln, die den jungen Männern auferlegt werden, sind Teil des Disziplinierungs- und Normierungsprogramms. Schon vom ersten Tag an fällt die Sensibilisierung für Hygiene und Ordnung auf:

»Du musst immer sehr sauber sein. Deine Sachen musst du immer ganz ordentlich wegräumen. Alles muss immer tip top sein... und wenn du eine Münze auf die Matratze wirfst, muss sie wieder hochspringen...« (37)

»In der ersten Nacht, nachdem ich mich zum Dienst gemeldet hatte, habe ich geweint. Aus Sehnsucht, aus Sorge... aber die Armee stärkt tatsächlich die Männlichkeit. Man lässt die Kindheit hinter sich, man bekommt mehr Selbstvertrauen. Waffen, Allah, das Vaterland, wenn man zur Feldübung geht, ruft man beim Laufen: >Allah Allah!< Mit >Allah, Allah!< wird der Angriffsbefehl gegeben. Man wirft sich zu Boden und kriecht. Unsere Felddienstübung in Göle hat 20 Tage gedauert. 15 Tage lang waren wir eingeschneit. Wir konnten nicht aufstehen, also blieben wir liegen. Sie hatten uns Schlafsäcke gegeben, in denen haben wir geschlafen. Eines Tages lag ich in dem Schlafsack, wollte aufstehen, bekam ihn aber nicht auf. Zerreißen konnte ich ihn auch nicht. Ich habe geschrien, aber der wachhabende Soldat war eingeschlafen. Wenn man in dem Schlafsack klemmen bleibt, ist alles aus. Sie hatten so tragbare Campingbassins, die Benzinöfen brannten. Selbst waschen musste man sich im Freien. Erfrieren oder nicht... so was gibt es bei der Armee nicht. Du kannst dich draußen waschen, das haben wir auch gemacht, na, wenn es uns gekommen war, wie man so schön sagt, haben wir uns gewaschen, und es ist garantiert auch nie jemand krank geworden. Bis der wachhabende Soldat endlich wach war, lag ich auf dem Reißverschluss. Nach dem ganzen Herumgerolle lag ich auf einmal auf dem Reißverschluss. Der Wachtposten kam und hat den Reißverschluss aufgemacht. Ich bin auf die Toilette gegangen. Danach habe ich mich auf den Wachposten gestürzt. Ich hätte ihn umbringen können! Ich habe zu ihm gesagt: >Warum schläfst du?< Ich wollte ihn verprügeln, aber die anderen sind dazwischen gegangen. >Warum sitzt du hier herum? Jemand könnte krank werden, es könnte etwas passieren...<

Dann sind wir zu den Feldübungen aufgebrochen, und unser Versorgungsfahrzeug hatte eine Panne. Wir waren mitten im Wald. Wer hatte angeordnet, dass wir die Feldübungen mitten im Wald machen sollten? In dem Versorgungsfahrzeug hatten wir zwei Eimer mit Quittenkompott. Wir haben uns vielleicht darauf gestürzt als wir hungrig wurden. Wir haben gegessen und gegessen und als wir auf dem Boden der Eimer angekommen waren, waren dort lauter Würmer... ha ha ha... schließlich kamen wir in unserer Kompanie an. Niemand hat gesagt: >Das Kompott habe ich gegessen.< Ich habe gesagt: >Na, wer hat denn nun das Kompott gegessen?< Gegen Morgen kam dann unser Essen. Auch in Göle haben wir gegessen. Aber etwas Heißes bekam man nicht. Es gab Honig, Olivenpaste. Wenn sie uns zu essen gaben, haben wir immer alles runtergeschlungen. Aber es war gut. Das alles beeinflusst mein Leben noch heute. Ich glaube, dass die Armeezeit einen großen Einfluss auf das Leben hat. Ich würde sagen, dass auch die, die die Armee nicht mögen, den Wehrdienst machen sollen, und dass sie ihn gut machen sollen.

Auch wenn der Wehrdienst 18 Monate dauert, die Erinnerung daran vergeht ein Leben lang nicht. Zum einen die Witze, die Auseinandersetzungen, die Nacht, in der das Auto eine Panne hatte und wir keine Verstärkung finden konnten. Die ganzen Gemeinheiten. Wie viele Schlechtigkeiten man auch erlebt hat, man sollte aus ihnen seine Lehre ziehen, wenn man nach Hause zurückgeht... « (8)

»*Als ich es zum ersten Mal sah, habe ich mich gefragt, was denn da los war. Sie ließen die Kompanie auf dem Platz in einer Reihe antreten, alle mussten sich bis auf die Unterhose ausziehen. Wir verschränkten die Hände hinter dem Kopf. Der Kompaniechef kontrollierte die Kleidung mit einem Stock. Er kontrollierte, ob alles sauber war. Er schaute sich die Achseln an, ob alle Haare weg waren. Manchmal zog er einem die Unterhose herunter und kontrollierte, ob man sich den Schambereich rasiert hatte... man musste gerade stehen, man fror. Es war egal, ob es regnete. Du musstest dort stehen bleiben. Ich habe mich immer sehr geschämt.*« (31)

»*Blitzsaubere Kleidung... die Sachen müssen immer gebügelt und frei von Flecken sein. Die Schuhe müssen jeden Tag geputzt werden. Man rasiert sich jeden Tag, auch am Nacken. Und das 15 Monate lang...* « (39)

Putz- und Reinigungsarbeiten, um die sich junge Männer in ihren Familien nie kümmern mussten, werden ihnen bei der Armee durch minutiöse Disziplinarmethoden und schwere Strafen beigebracht. So wird zum Beispiel erzählt, dass alle Soldaten eines Gemeinschaftsraums heftig verprügelt wurden, wenn einer ihrer Geschlechtsgenossen die Regeln übertrat: Wenn seine Füße rochen, wenn er nicht ordentlich gewaschen war oder sich nicht korrekt rasiert hatte. Es wird oft betont, dass Sauberkeit nur auf diese Art garantiert werden konnte, dass diese Gewaltmethoden demzufolge nötig waren. So wird der Mann dazu erzogen, dass er nicht nur für sich selbst, sondern auch für seine ihm hierarchisch gleichgestellten Geschlechtsgenossen »verantwortlich« ist. Auf diese Art wird die offizielle Kontrolle kollektiviert:

»Wir lernten, die Betten zu machen. Wenn man eine Münze darauf warf, musste sie zweimal zurückspringen. Das Laken musste ganz straff sein. (...) Wir haben gelernt, uns morgens zu rasieren. Sie sagten, dass man sich nicht rasieren darf, bevor man sich nicht die Hände gewaschen hat. (...) Danach durfte man in die Kantine gehen und abwaschen... « (33)

»Du bist Rekrut und hast dir die Füße nicht gewaschen. Der Typ kam und roch an den Füßen. Wenn sich auch nur einer die Füße nicht gewaschen hatte, kriegte es die ganze Kompanie ab... « (28)

»Worum geht es? Um Einigkeit und Gemeinschaftlichkeit... zwei aus der Gruppe haben sich nicht rasiert. Also verwarnten die anderen sie... « (33)

Viele Männer lernen beim Militär erstmals Wäsche zu waschen und Geschirr zu spülen. Diejenigen, die den Langzeitdienst (wer keinen Hochschulabschluss hat, muss i.d.R. länger zum Militär, Anm.d.Üb.) verrichten, erzählen meist davon, wie viele Kartoffeln und Zwiebeln sie geschält und wie viel Reis sie verlesen haben: »Sie haben die Kartoffeln vor einem ausgeschüttet. Man schälte und schälte, aber es nahm kein Ende... « (8)

Welchen Einfluss haben das Sauberhalten von Körper und Umfeld, die Ordnung von Bett und Schrank, das Schälen von Kartoffeln und Zwiebeln sowie das Verlesen von Reis auf die männliche Identität? Verrichten die jungen Männer nach ihrer Rückkehr von der Armee diese Arbeiten weiterhin, auch wenn sie nicht als Koch oder als Reinigungskraft arbeiten? Beteiligen sie sich an der häuslichen Reinhaltung und Ordnung, da sie ja durch harte Strafen dazu abgerichtet wurden? Oder schälen sie zu Hause Zwiebeln und Kartoffeln, verlesen sie Reis?

Fast alle Männer, mit denen wir gesprochen haben, überlassen diese Arbeit nach ihrer Rückkehr den Frauen. Dank des Wehrdienstes schaffen sie es jedoch, zurechtzukommen, sollten sie »ohne Frau« und Bedienung dastehen. Das steht ganz im Einklang mit männlichen Hierarchiebeziehungen: Wenn die jungen Männer, die bis zu einem bestimmten Alter von all diesen Arbeiten ferngehalten wurden und im täglichen Leben bisher kaum Verantwortung trugen, einem mächtigeren Mann dienen, beherrschen sie nun die Aufgaben, die sie dann Frauen und in der Hierarchie tiefer gestellten Männern – weil sie jünger oder etwa weniger wohlhabend sind – auftragen. Auf diese Art können sie die ihnen anerzogene »Sauberkeit und Ordnung« auch im eigenen Heim und am Arbeitsplatz zur Anwendung bringen. So lernen sie, was man einfordern kann und wie es zu kontrollieren ist. Das Sprichwort »Derjenige, der gut anzuleiten ist, kann auch selbst gut leiten«, das auf verschiedene hierarchische Ordnungen zutrifft, gewinnt auch in diesem Fall an Bedeutung.

ABBRÜHEN, UM STARK ZU SEIN

Das »Garen« zum Mann ist jedoch nicht so einfach. *Mehmetçikler* müssen neben dem Putzen, der Küchenarbeit und dem Aufräumen auch Aufgaben verrichten, deren Sinn ihnen nicht klar ist oder die sie als rundweg sinnlos empfinden:

»Vor den Toiletten wird ein Wachposten aufgestellt. Wofür? Das will mir einfach nicht in den Kopf. So begriffsstutzig war ich ja nun auch nicht oder so beschränkt. So Dinge wie >Hier musst du putzen, los, noch einmal... <.« (12)

»Wir haben eine Mauer aufgeschichtet. Dann mussten wir sie wieder einreißen und wieder aufschichten... wir haben Sand in einen Sack gefüllt, den wir dann wieder ausgeschüttet haben und immer so weiter. Ob das daran lag, dass wir gerade nichts zu tun hatten, weiß ich nicht.« (3)

Mithilfe dieser Art von Arbeit, die offensichtlich dazu dienen soll, keinen Raum für freie Zeit zu lassen, lernen die jungen Männer, von Vorgesetzten angeordnete Arbeiten fraglos auszuführen oder ausführen zu lassen und dadurch übermenschlich stark zu sein.

»Der Kommandant hat mich gefragt: >Was ist dein Handwerk?< Ich habe gesagt: >Ich bin Friseur.< Er sagte: >Einen Friseur haben wir schon, du wirst Koch.< Ich habe gesagt: >Herr Kommandant, das kann ich doch nicht.< >Das schaffst du schon.< >Das kann ich nicht, ich habe Friseur gelernt.< Bei der Armee gibt es kein >Das kann ich nicht.< Zack, hat er mir eine gelangt, genau auf den Kiefer. Mir haben die Augen getränt. >Schaffst du das?< >Das schaffe ich, Herr Kommandant.< Im Ernst, so war es...« (27)

Manchmal sind es nicht nur die Aufgaben, die die Grenzen der Logik zu sprengen scheinen, sondern auch die Fragen, auf die zu antworten ist:

»Der Hauptmann ruft einen plötzlich heran und fragt dann aber nicht solche Sachen wie: >Lies vor, was auf deinem Gewehr steht!< oder: >Wer

ist Präsident, wer ist der Generalsstabschef?<, sondern er hat merkwürdige Fragen gestellt: >Wie viele Stufen sind es vom Gemeinschaftsraum bis zur Kantine?< Die hatten nichts mit dem Militär zu tun... das war eben seine Art.« (28)

Zahlreiche Aufgaben werden auch als geschlechtskonform dargestellt. Je nach Art des Auftrags schreiben die jungen Männer sie ihren Talenten oder besonderen körperlichen und persönlichen Merkmalen zu. Dies liefert eine außerordentlich starke Motivation, sich den Mechanismen anzupassen, an die viele Männer sich nur schwer gewöhnen:

»Unter so vielen Leuten haben sie ausgerechnet mich dafür ausgewählt, im Hauptquartier des Generalstabes zu arbeiten. Schau mich heute an, dann siehst du, wie gut aussehend und sportlich ich mal war.« (34)

»Die Intelligenten machten sie zu Obergefreiten.« (26)

»Ob es nun die Offiziere waren, die Unteroffiziere, die Offiziersanwärter oder die Hauptmänner – ich habe mich mit ihnen allen gut verstanden. Natürlich gab es auch Soldaten, die nicht mit ihnen auskamen. Weil sie ihre Pflichten nicht erfüllten oder nicht genügend übten... « (20)

Mittels gesellschaftlicher Geschlechternormen werden sowohl das Ertragen der Schwierigkeiten und harten Lebensbedingungen als auch die Disziplinierung in ideologische Vokabeln umgewandelt:

»Weil wir bezahlt hatten (»bedelli olmak« – in der Türkei gibt es über gewisse Zeiträume hinweg die Möglichkeit, sich durch hohe Summen vom Wehrdienst »freizukaufen«. In diesem Fall muss man meist nur einen Monat zur Armee. Anm. d. Ü.), waren sie nachsichtiger mit uns. Jemand fragte einmal: >Herr Kommandant, werden wir auch mitgenommen, wenn Krieg ausbricht?< Er antwortete: >Zuerst werden die Soldaten eingezogen, dann die Reserve, danach die Frauen und ganz zum Schluss ihr<.« (16)

ABBRÜHEN, UM ZU BESCHÜTZEN UND ZU VERTEIDIGEN

Die Hauptbeschäftigung bei der Armee ist das Wachestehen. Die Männer werden mit der Aufgabe betraut, die Güter, das Leben und die »Ehre« ihres neuen Lebensraumes zu bewachen. Das wird bei der Armee reichlich geübt. In Zusammenarbeit mit Gleichaltrigen oder auf andere Weise gleichgestellten Männern werden sie während der gesamten Militärzeit an das Wachstehen als eine der »wichtigsten Aufgaben« im Leben gewöhnt – selbst wenn sie diese Pflicht meistens sinnlos finden:

»Das eigentliche Wachestehen beginnt, wenn man zum Gefreitenregiment aufgestiegen ist, seine Waffe bekommen und den ersten Schuss abgegeben hat. In der Rekrutenzeit hält man am Gemeinschaftsraum Wache. Dort kann zwar nichts passieren, aber so gewöhnen sie einen ans Wachestehen. Man muss zwei Stunden lang vor dem Raum Wache stehen. Dabei wird man von einem Kommandanten kontrolliert. Und dann gibt es noch die Stiefelbewachung. Dabei werden alle zwei Stunden vier Personen ausgetauscht, auf diese Weise kommt man schneller wieder an die Reihe.« (16)

Es ist kein Zufall, dass sich die Mittel für organisierte Gewalt und das Wissen, sie einzusetzen, in den Händen von Männern befinden. Seit frühesten Zeiten wird die Waffe als solche mit männlicher »Ehre« gleichgesetzt und auch in der heutigen, modernen Türkei wird sie trotz der Veränderungen des ökonomischen und sozialen Lebens nach wie vor verherrlicht. Diese Erhabenheit wird durch meist sexuelle Anspielungen in ein quasi unantastbares Stereotyp umgewandelt. Der Mann, der die beschützende Kraft bzw. die natürliche Streitmacht seiner Familie und seines gesellschaftlichen Umfelds ist, entwickelt beim Militär das Talent, Gewaltmittel einzusetzen, weiter. Dieses Talent ist eines der Hauptfaktoren seiner Geschlechtsidentität:

»Gott behüte uns davor, aber wenn man die Waffe verliert, verliert man seine Ehre.« (5)

»*Man hat eine Frau, und die Waffe ist die zweite. Das Gewehr ist die eige-*
ne Ehre...« (40)

Der Männlichkeitsbezug zur Waffe behält über vergangene und heutige Normen seine Legitimation. Auch wenn er nie eine Waffe benutzen
wird, ist es doch von außerordentlicher Wichtigkeit für einen Mann,
damit vertraut zu sein. Fast die Hälfte aller Männer, mit denen wir gesprochen haben, hat den Umgang mit einer Waffe gelernt, noch bevor
sie zum Militär kam. Manche lernten es von ihrem Vater, manche von
ihrem Onkel, andere von ihren älteren Brüdern oder anderen Verwandten. Und die Männer, die aufgrund ihres ökonomischen, sozialen
oder kulturellen Hintergrundes nie eine Waffe gebraucht haben und
der Meinung sind, auch zukünftig keine zu brauchen, werden durch
den Wehrdienst dem herrschenden kulturellen, vielfältigen Kontext
besser angepasst.
N.K. aus Ankara ist eine Ausnahme, wenn er sagt:

»*Mir kommt eine Waffe wie eine Schlange vor. Ich habe so viele Waffen in*
der Hand gehalten, aber ich habe mich nie darauf eingelassen.« (41)

In der Regel ruft die Waffe, die dem Mann als seine »Ehre« anvertraut
und oft als »seine Frau« präsentiert wird, bei den unterschiedlichsten Männern Begeisterung hervor, auch bei denen, die den Begriff der
Ehre nicht allzu ernst nehmen. Diejenigen, die bei der Armee zum ersten Mal mit einer Waffe in Berührung kommen, erleben dies mit einer
Mischung aus Begeisterung, Stolz und Angst:

»*Das erste Mal hört man das tack, tack, tack des Gewehrs und man ist*
furchtbar aufgeregt...« (5)

»*Im zivilen Leben hatte ich noch nie eine Waffe benutzt. (...) Weil ich*
noch nie geschossen hatte, war ich ein bisschen aufgeregt. (...) Bei der Ar-
mee habe ich gelernt, zu schießen. Ich habe gelernt, was eine Waffe ist...«
(20)

»Ich habe sie in die Hand genommen und dabei hatte ich ein unglaubliches Gefühl. Ich hatte Angst, habe richtig gezittert. Vielleicht, weil es das erste Mal in meinem Leben war... « (33)

»Zum ersten Mal habe ich dort eine Waffe in die Hand genommen. Ehrlich, ich hatte schon ein bisschen Angst. (...) Weil ich nicht daran gewöhnt war... ehrlich gesagt hatte ich Angst, dass sie mich verprügeln würden, wenn ich das Ziel nicht treffen würde... beim ersten Mal habe ich mir eine Ohrfeige eingefangen. Da wollte wohl jemand sehr gute Soldaten ausbilden. (...) Alle hatten Angst. Ich hatte eine Ohrfeige gekriegt. Das war meine Schuld.«

»Du weißt ja, die Waffe ist nicht geladen. Sie sagen, dass man Verantwortung übernehmen soll und so... das macht einen nervös. Ich habe mich gleich ganz zu Anfang mit diesem Problem konfrontiert gesehen. Der Bolzen meiner Waffe war herausgefallen und die Waffe musste gewartet werden. Zusammen mit dem uns übergeordneten Unteroffizier bin ich zur Waffenwartung gegangen, wir haben gesucht und das fehlende Teil gefunden... man ist angespannt... man darf ja nichts kaputtmachen... die Waffe wurde einem anvertraut, man muss sie beschützen. Wenn einem die Waffe bei einer Übung oder beim Antreten runter fällt, gibt es sofort eine Bemerkung: Dass die Waffe die eigene Ehre ist, dass man auf sie aufpassen muss und sie nicht fallenlassen darf. Die Waffe fällt nicht herunter, sie wird beschützt, wird immer gut in Schuss gehalten, sie wird niemals einem anderen in die Hände gegeben. Gibt man etwa seine Frau einem anderen, vertraut man sie etwa einem anderen an? Also gibt man auch seine Waffe nicht weg... «

»Unvertraut war mir die Waffe nicht. Weil es in den Dörfern bei uns einige gab, die diese G1 auch benutzten. Wir hatten sie schon in die Hand genommen. Sehr aufregend hat sich das nicht angefühlt. Wie eine Jagdflinte, nur dass die eine Kugel fasst und die G1 fünf... sie haben uns zum Schießplatz gebracht. Sie haben gesagt, dass der Beste, der Zweitbeste und der Drittbeste sich aussuchen könnten, wohin sie abkommandiert würden. Ich bin Dritter geworden, aber einige Tage später gab es noch eine Schießübung.

Da habe ich mich verheddert und nicht getroffen. Ob nun wegen der Auf-
regung oder aus sonst einem Grund, habe ich nicht kapiert. Ich lag ja auf
dem Boden, und der Mann hat sich auf meinen Hintern gestellt und gesagt:
>Los, vorwärts!< Zur Strafe… mit dieser kleinen Strafe habe ich aber auch
das überstanden.« (28)

»Ich hatte schon mal geschossen. Als Trabzoner… aber die G3 ist schon
eine andere Waffe. Zum einen hat sie ein ganz anderes Gewicht… wie ein
Revolver, ein Automatikrevolver, gar nicht wie die Gewehre, die wir bei uns
benutzen. Und der Umstand, dass sie der Armee gehören, dass sie schon
zwei Kriege mitgemacht haben, gibt einem noch einmal ein ganz anderes
Gefühl. Als ob man eine gewisse Verantwortung übernommen hat. Das
macht so ein merkwürdiges Gefühl.« (23)

»Wenn man seine Waffe verliert, wird der Wehrdienst überhaupt kein Ende
haben. Du musst unbedingt gut darauf aufpassen… « (3)

ABBRÜHEN AUF GROSSER FLAMME

Die Männer, die sich verpflichtet fühlen, schwere Lasten zu tragen,
Holz zu hacken, körperliche Arbeit auf sich zu nehmen, Flüchtende
einzufangen, »Finger, die ihre Ehre antasten wollen, zu brechen« und
wenn nötig, auch Rache zu nehmen, sind zuweilen stark motiviert und
versuchen, den erlebten Schwierigkeiten einen Sinn zu verleihen:

»Beim Singen von Märschen und beim Marschieren bekam man eine rich-
tige Gänsehaut. (…) Als ob man geradewegs in den Tod ging. Man war
aufrecht und hart wie ein Baum, als ob einem nicht einmal eine Kugel et-
was ausmachen würde.« (26)

Trotz dieser aufregenden Atmosphäre kann es manchmal sein, dass
man an die eigenen körperlichen Grenzen stößt. Die Übungen, die
zum Ziel haben, die Männer in jeder Situation und unter allen

Umständen auf den Beinen zu halten, fallen ihnen den Schilderungen zufolge sehr schwer:

»Man muss sich jeden Tag rasieren. (…) Aber wie denn bitte? Die Wasserhähne waren doch eingefroren. (…) Im zivilen Leben hatte ich mich nie selbst rasiert, sondern bin immer zum Barbier gegangen. Nicht weil ich es nicht konnte, aber ich habe es eben nicht gemacht. Bei der Armee war das Wasser zugefroren. Wir haben uns gesagt: >Das ist eben der Wehrdienst. Wir rasieren uns also trocken.< Schließlich war alles vereist. (…) Es gab auch Tage, an dem das Rasieren ganz einfach war. (…) Wir haben das Eis zerbrochen, die Feldflasche geschüttelt und in zehn Minuten war es geschmolzen… Dann sagt der Typ: >Noch zehn Sekunden!<… wer in zehn Sekunden nicht rasiert, aus der Toilette raus und im Bett war, kriegte eine Tracht Prügel. Jeder hatte dafür höchstens eine Minute Zeit. Es verging kein Tag, an dem ich mich nicht geschnitten hätte… (…) Meine Nase war immer eiskalt, meine Ohren waren immer voller Grind. So war das… « (26)

»Da hat man noch nie im Leben Sport gemacht, und die zwangen einen, Sport zu machen. Und dann war es auch noch heiß, und man schwitzte wie verrückt. Nicht einen Tropfen zu trinken gab es… der Wasserhahn war gleich gegenüber… und es gab nur fünf Minuten Pause. Es gab genau einen einzigen Wasserhahn. 200 Leute tranken Wasser. (…) Was sollte man da machen? Wie viel man auch trank… wenn die Zeit um war und man nicht wieder in der Reihe stand, musste man entweder auf dem Boden kriechen oder man fing sich zwei Ohrfeigen ein. Und deren Ohrfeigen waren auch nicht wie die Ohrfeigen hier. Wenn die zugeschlagen haben, haben sie es richtig gemacht.« (8)

»Er sagt: >Fünf Minuten.< Innerhalb von fünf Minuten muss man sich ausziehen und in den Waschraum rennen, dabei kann man die Schnürsenkel seiner Stiefel gar nicht so schnell aufmachen, man hat sich ja gerade erst daran gewöhnt… aber du musst sie aufkriegen. Du musst dein Hemd ordentlich zusammenfalten und weglegen, und dein Portemonnaie aushändigen. (…) Das alles in fünf Minuten… man freut sich sowieso, wenn man in

den Waschraum geht, endlich kann man sich waschen, sich duschen. Nun
ja, als fünf Minuten um waren, haben sie ihre Patronengürtel gelöst und ich
schwöre, sie haben vielleicht drauflos gedroschen… zack zack… ein heillo-
ses Durcheinander brach aus… alle, die von dem Patronengürtel getroffen
wurden, rannten nach draußen. Die rannten raus. >Ihr Mistkerle, seid ihr
hier vielleicht bei euch zu Hause? Ist das hier etwa ein Hotel? Nach euch
wollen auch noch andere Soldaten duschen. Raus!< Na ja, dann sind alle
raus gelaufen.« (42)

Trotz dieser Beschwerden hört man auch den Hinweis, dass Disziplin
und Bestrafung nötig seien, da man ansonsten mit Männern, die nicht
an Sauberkeit und Ordnung gewöhnt sind, nicht unter hygienischen
Bedingungen zusammenleben könne. Demzufolge ist es innerhalb
kürzester Zeit möglich, diese Bedingungen herzustellen, wenn man
die Männer diszipliniert, die in ihren Familien von Putzarbeiten ferngehalten wurden. Gewaltsame Erziehungsmethoden sollen also vor allem dazu dienen, bestimmte Gewohnheiten schnell auszuschalten:

»Du würdest verstehen, was ich meine, wenn du nur einen Tag in dem
Schlafsaal der Kaserne verbringen würdest. Eine Situation, die man ein-
fach nicht dem Zufall überlassen kann. Wenn man nicht aufpasst, können
innerhalb weniger Tage richtig schwere Krankheiten auftreten…« (43)

Selbst wenn es unter dem Vorwand einer gewissen Logik geschieht,
können die sämtlich von Konkurrenzdruck, Spott, Erniedrigung,
Schimpfen, Prügeln und anderen gewalttätigen Mitteln geprägten zwischenmenschlichen Beziehungen bei einem jungen Mann körperliche
und seelische Schäden hervorrufen:

»Zwischen denen, die die sportlichen Übungen schafften und denjenigen,
die es nicht konnten, gab es schon eine Rivalität. Zum einen wurden die, die
es nicht konnten, ausgelacht. Man verspottete sie… oder sie wurden mit
den anderen verglichen… das hing von dem gegenwärtigen seelischen Zu-
stand ab. Sie wurden erniedrigt, beleidigt.« (28)

»Wenn ich sagte: ›Ich habe mir den Fuß verrenkt, ich kann nicht mitmachen‹, wurde ich ausgelacht. Manche hatten Schmerzen, manche hatten sich etwas verrenkt. Vielen Kameraden brannten die Lippen und die Ohren. (...) Einer hat sich während der Ausbildung vor 60 Leuten mit einem Rasiermesser in die Haut geschnitten ... « (5)

Werden die Soldaten, die durch tadellose Kleidung, Lebensstil, Regeln, verschiedene Kurse, Tests und Veranstaltungen in Form gepresst werden, mit der Zeit also zum Mann gebrüht? Es wird zwar deutlich, dass in dieser systematisch durchgeplanten Zeit eine Verhärtung, eine Verknöcherung stattfindet und der Teig sich der starren Form anpasst. Aber werden die Männer zu einer fertigen Skulptur?

Es ist unausweichlich, dass diese durchlässigen Individuen, die in eine Form gepresst werden, mit der sie sich nur unter Zwang identifizieren, verschiedene Hohlräume und Wunden aufweisen.[3] Ein Individuum mit Gewalt zu formen bedeutet gleichzeitig, seiner Persönlichkeit das Gefühl der Unzulänglichkeit, der Unsicherheit und des Zorns einzuimpfen.

---

3 »Ohne Schwierigkeiten, Stress und ohne eine Reihe von Ritualen erfolgreich durchlebt zu haben, wird die Männlichkeit der Männer nicht anerkannt. ›Echte‹ Männlichkeit wird den Männern als ein ›Preis‹ präsentiert, den man nur über Mühen und am Ende erniedrigender Prüfungen zu gewinnen in der Lage ist.« Aus: *Männlichkeit unterdrückt am meisten den Mann* von Tayfun Atay

7. Kapitel:

Kriechend zum Mann werden

*»Derjenige, dessen Ehre kein einziges Mal verletzt wurde,
kann es nie zum Helden bringen.«*

Georges Bernanos

Obwohl es offiziell verboten ist und bei Zuwiderhandlung sanktioniert wird, waren fast alle Männer, mit denen wir gesprochen haben, während ihrer Militärzeit Prügeln, Beleidigungen und verschiedenen anderen Gewaltmethoden ausgesetzt. Es wird behauptet, dass die rohe Gewalt in den letzten zehn Jahren abgenommen habe, und stattdessen Disziplinarstrafen bzw. Kontrollen zugenommen hätten, weswegen Prügel nicht mehr die Regel seien. Manche erzählen, beim Militär nie verprügelt worden zu sein. Aber auch sie bestreiten nicht, dass die Gefahr, verprügelt zu werden, auch für sie durchaus bestand. Selbst wenn man Gewaltanwendung nicht am eigenen Körper erlebt, ist ihre ständig drohende Möglichkeit bereits eine Gewalterfahrung. Vielleicht erhält man aus diesem Grund oft den Ratschlag: »Glaube keinem, der sagt, er hätte bei der Armee keine Prügel oder keine Beleidigungen eingesteckt.« Die Einschätzung, dass »die Anwesenheit vieler verschiedener Menschentypen zwangsläufig Prügel nötig mache« zeigt, dass Männer trotz der Sanktionen untereinander nicht auf Prügel verzichten:

»Er erzählt, dass er etwas so und so gemacht habe, dass er so und so Auto gefahren sei, dass er sich diesem und jenem widersetzt habe. Aber das stimmt natürlich nicht…. der Typ hat dort garantiert einiges an Prügeln einstecken müssen…« (2)

»Es gibt niemanden, der sagt: >Ich habe keine Prügel eingesteckt.< Man sollte das mal untersuchen, unter einer Million Leuten würde es garantiert nur einen geben.« (1)

»Sie fragten ja sowieso: >Gibt es jemanden, der noch keine Prügel bekommen hat?< Einer hob die Hand. >Na, dann komm mal her…< Diejenigen, die noch nicht verprügelt worden waren, wurden verprügelt…« (8)

»Ich spreche als Soldat. Ein Soldat, der sechs Monate vor mir mit dem Wehrdienst begonnen hat, darf mich doch nicht misshandeln. Aber in der Rekruteneinheit kam so etwas vor. Ich musste Gleichaltrige mit >Herr Kommandant< ansprechen. Das ist mir zum Beispiel ziemlich schwer gefallen, das muss ich schon so sagen. Ich habe meinen Wehrdienst in Manisa Kırkağaç gemacht. Ich war der 8. Einheit zugeteilt, ein Junge von 20 Jahren, hatte von nichts eine Ahnung. Im Unterricht habe ich mich einigermaßen gut angestellt, aber manchmal habe ich vor lauter Aufregung Fehler gemacht. Dort hat so ein, Entschuldigung, so ein Schuft von 20 Jahren mich gezwungen, ihn mit >Herr Kommandant< anzureden, er hat mich geohrfeigt und mich gegen das Knie getreten. Manisa ist berühmt für seine grünen Oliven; in Manisa Kırkağaç gab es in unserem Sektor Olivenbäume. Der Mann bestrafte mich, der Soldat, er war 20 Jahre alt, es war wirklich unglaublich. Ich hätte ihn mit einem Faustschlag umhauen können. Und dieser Typ sagte mir, dass ich mich bei einem Olivenbaum entschuldigen sollte.

Zum Beispiel fragte er mich nach solchen Sachen wie die Reichweite des G3, jetzt nur mal als Beispiel. >Wie lang ist das Gewehr, wie viele Schüsse kann es in einer Minute, in einer Sekunde abfeuern?< Wenn ich das zum Beispiel nicht beantworten konnte, sagte er: >Leg dich hin, geh in Deckung. Steh auf, komm her, stell dich in Habachtstellung vor diesem Olivenbaum auf.< Ich musste mich hunderte Male, na, ich will nicht übertreiben, aber bestimmt 20 Mal – ich habe 80 Tage lang gedient – ich musste mich 20 Mal bei einem Olivenbaum entschuldigen! Ich sagte zu dem Baum: >Herr

Kommandant, ich habe einen Fehler gemacht, grüner Olivenbaum, entschuldige, darf ich sieben grüne Oliven abpflücken und essen?‹ Ich drehe mich wieder zu dem Soldaten um und er sagt zu mir – natürlich musste ich ihn wieder mit ›Herr Kommandant‹ anreden – er sagt zu mir: ›Und Mistkerl, was hat dir der Baum gesagt?‹ Ich habe zu dem Soldaten gesagt: ›Aber Herr Kommandant, ein Baum spricht doch nicht?‹ ›Doch, tut er, los iss.‹ Ich habe manchmal sieben, fünf oder zehn grüne Oliven gepflückt und gegessen, so bitter wie sie waren. Aber mir ging schon der Gedanke durch den Kopf, ihm nachts, wenn er schläft, den Schädel mit dem Gewehrkolben einzuschlagen.

Bei der Armee gibt es sehr strenge Regeln. Jemand, der genauso alt war wie ich quälte mich, weil er sich selbst für ranghöher hielt … das hat was mit der Erziehung zu tun, mit der eigenen Mentalität. Wenn ich in 80 Tagen jeden Tag drei Oliven gegessen habe, drei mal acht, das macht 24 …, das macht 240 Oliven insgesamt. 240 Oliven ergeben sicher ein oder zwei Kilo. Ich weiß nicht, wie viel ein Kilo Oliven im Moment kostet, aber sicher um die drei Millionen Lira. Ich habe für fünf Millionen Lira Oliven gegessen. Das ist ja etwas Essbares, man legt sie ein, man salzt sie und isst sie auf. Meines Erachtens wird also sogar der Baum misshandelt.

Ich habe heute zu Hause grüne Oliven zum Frühstück gegessen. Ich denke nicht jedes Mal daran, aber als ich mit meiner Frau am Tisch saß, sagte ich zu ihr: ›Selda, schau. Bei der Armee habe ich halbreife, nein, sogar unreife grüne Oliven gegessen.‹ Meine Frau sagte zu mir: ›Gab es denn bei der Armee nichts zu essen, dass ihr unreife Oliven essen musstet?‹ ›Sie haben uns gezwungen, sie zu essen.‹ Ich rede meine Frau mit ›Cousine‹ an, weil sie die Tochter meiner Tante ist. ›Cousine‹, habe ich gesagt, ›sie haben uns bei der Armee gezwungen, diese Oliven zu essen …‹ Das ist der Erziehungsstil, den sie bei den so genannten *Mehmetçikler* anwenden … so einen Wehrdienst habe ich gemacht.« (26)

Auch wenn sich viele Männer über die Prügel beklagen, lehnt sich doch niemand dagegen auf – sie gelten als eine traditionelle Erziehungsmethode. Männer, denen meist schon seit ihrer Kindheit durch Gewaltanwendung Respekt beigebracht wurde, sehen Prügel und Beleidigungen aus verschiedenen Gründen als legitim an. Wenn sie jedoch aus ihrem eigenen sozialen Umfeld herausgerissen werden, in dem sie sich durch verschiedene Strategien gegen Gewalt zu schützen gelernt haben, kann es passieren, dass sie der Gewalt auf einmal schutz- und hilflos ausgeliefert sind. Wenn sie in der neuen, ungewohnten Umgebung mit ihren kurz geschnittenen Haaren, ihren uniformen Kleidern und mit ihren sich selbst fremden Gesichtern durchnummeriert werden, unterwerfen sie sich einer bis dahin fremden Hierarchie und einer oft willkürlichen Autorität. Trotz des Umstandes, dass ihre Persönlichkeit zu Macht-Dominanz-Heldentum angestachelt wird, begegnen sie der Gewalt schutzlos:

»*Der Unteroffizier, dem wir unterstellt waren, hat gesagt: >Ihr wiederholt alles, was ich sage.< Und er fing an: >Ich bin ein Hornochse.< Ich habe mich selbst angewidert...* « (21)

»*Es gab einen Hauptmann, den sie >Foreman< nannten. Wie der Boxer Foreman... wenn der einem eine rein gehauen hatte, war man ausgeschaltet. Das haben sie dort den neuen Soldaten erzählt, das machte allen Angst. Der war noch von der alten Schule. (...) Jeden Morgen voller Angst, voller Schrecken in die Ausbildung...* « (33)

»*Sie haben uns zur Disziplinierung der Schützeneinheit geschickt. Dort haben wir wirklich zehn Tage lang Prügel bezogen, kannst du das glauben? Es gab dort so einen Feldwebel, der hatte immer so einen Balken in der Hand, keine Rute oder so, einen richtigen Balken. Meine Kameraden werden schon etwas angestellt haben, sie haben sicher gelärmt und so... ich mache bei so was normalerweise nie mit, solche Jungenscherze und solches Rumgetobe sind sonst eigentlich nicht mein Ding. Aber trotzdem bezieht man die Prügel mit allen anderen zusammen, da kann man gar nichts ma-*

chen... wir mussten es für die Schützen mit ausbaden. Wir waren Infan-
teristen, und die waren Schützen. (...) Zehn Tage lang haben wir Prügel
bezogen... « (28)

»Der Major hat einen ganz schlimm verprügelt. Ich habe mich nicht eingemischt, weil ich nicht sicher war, ob er mich dann nicht auch anfasst... « (5)

»Wir sind schon abgehauen, wenn wir den Kompaniechef auch nur von
Weitem gesehen haben. Wenn der einen verprügelte, konnte man zehn Tage
lang keinen Finger mehr rühren. Der hat einem vielleicht was verpasst, so
zack zack... der hat unglaublich drauf losgeprügelt.« (35)

»Ich bewundere diesen einen Kommandanten von der Spezialeinheit heute noch, seine Größe, seine Haltung, wie ein Karatekämpfer, ja, wie diese
Bodybuilder in den Rambofilmen, ganz genau so war der. Er sagte: >Jungs,
ich bin wirklich ein reizbarer Mensch, legt euch ja nicht mit mir an, schlaft
nicht ein, wenn ihr Wache steht und macht keine Faxen.< Er hat die Leute immer schlimm verprügelt. Ich habe gefühlt, dass er danach immer ein
schlechtes Gewissen hatte.« (26)

In den Erzählungen wird deutlich, dass Gewalt nicht nur in den Beziehungen zwischen Vorgesetzten und Untergebenen vorkommt, sondern generell an der Tagesordnung ist. Während manchmal schon
eine kleine Meinungsverschiedenheit in einer bewaffneten Auseinandersetzung enden kann, können bloße Scherze unter Umständen auch
tödlich enden. Diese Art von Gewalt wird mit »fehlender Bildung«
oder »Geisteskrankheit« kommentiert:

»Während einer Versammlung hat ein Soldat einen anderen vor unseren
Augen erstochen. Die sind da wirklich sehr ungebildet... neunzig Prozent
von denen sind wirklich so... « (23)

Mit den Gewaltinstrumenten, die Mehmetçikler manchmal wie Spiel-
zeuge in den Händen halten, können sie ein Menschenleben mit nur

einer Handbewegung auslöschen. Dies geschieht nicht immer nur aufgrund von Zorn oder eines Streits. Den Schilderungen zufolge laufen die Männer sogar Gefahr, sich nur durch eine kleine Unachtsamkeit gegenseitig zu töten:

>>Eines Tages hat ein Junge einen anderen beim Wachestehen erschossen. Mit dem Gewehr... (...) Sie haben dort Bier getrunken. Die Bierdosen standen noch dort herum. Der Junge ist über den Zaun gesprungen und abgehauen. Er hat sogar seine Waffe dort stehen lassen. (...) Drei Tage vergingen... sie haben den Jungen dorthin gebracht. (...) Er hat geweint. Das war alles zu viel gewesen für ihn. Als sie sich die Hände gaben, hat er die Waffe nachgeladen und dann das Magazin herausgenommen. Dabei muss man zuerst das Magazin herausnehmen und danach nachladen. Sie haben herumgespielt. Er hat die Waffe am Lauf festgehalten und aus Spaß den Abzug durchgedrückt... << (31)

In den Schlafsälen der Kasernen, in denen wie auch auf der Straße, in den Schulen oder zu Hause Geschichten von Prügeleien erzählt werden und wo Schimpfworte den Boden jeder Erzählung bilden, lernen *Mehmetçikler* voneinander auch neue Beleidigungen und Kraftausdrücke. Das Schimpfwort, das in maskulinen Kreisen als unverzichtbares Stilmittel gilt, erfindet sich in diesem Umfeld auch selbst neu:

>>Dort habe ich innerhalb weniger Tage Slang und Schimpfwörter gelernt, die ich in meinem ganzen Leben nicht gehört hatte. Es gab da ganz interessante Ausdrücke, wie: >Du stehst da wie ein Schmetterling, der sich auf dem Ding eines Pferdes niedergelassen hat< oder >Wie hältst du das denn in der Hand, du hast auf dem Gebiet wohl einige Erfahrungen gesammelt?< (...) Essen, Trinken und sexuelle Themen waren an der Tagesordnung.<< (5)

>>Es gab einen Feldwebel, dessen Spitzname war >Feldwebel Vieh<. Warum Vieh? Vor jedem Wort kam das, >Vieh<.... >Komm her, du Vieh<, >Hau ab, du Vieh<... << (11)

»Ich habe meinem Freund immer Briefe geschrieben. Voller Schimpfwörter. In den Briefen waren wir ja unter uns. Was habe ich da geflucht! Abgekürzt, so mit Auslassungspunkten. Ein paar Buchstaben habe ich reingeschrieben, damit er das Wort schneller fand...« (14)

»Ich habe mir ein Spiel ausgedacht. Ich fragte mich, ob man auch nur einen Satz sprechen konnte, ohne darin zu fluchen. Meistens fingen die Sätze schon mit Flüchen an. >Verfickt noch mal, was weiß ich< oder so. Menschen wurden mit Geschlechtsorganen verglichen. >Soldat mit Pimmelkopf< und so... so wurde man angeredet... für diejenigen, deren Wehrdienst gemütlich verlief, wurde oft gesagt, dass sie >ein paar Eier mehr hatten< oder dass >ihre Eier auf dem Boden schleiften<. Wenn man zehn Tage mehr Ausgang verbraucht hatte, als man zur Verfügung hatte, wurde gesagt: >Junge, du hast ein zehn Tage langes Rohr, wo willst du das denn reinstecken<?« (7)

Manchmal versuchen die Kommandanten, Prügel zu verhindern. In dieser Situation, in der das Väterliche besonders hervortritt, wird demjenigen mit Gewalt begegnet, der das Prügelverbot bricht. Es wird behauptet, dass eine systematische Anwendung von Gewalt abgeschafft wurde, aber wie auch in anderen Männergemeinschaften wie etwa auf der Straße, im Internat oder in Sportmannschaften sind Prügel und Flüche auch bei der Armee »normale« Kommunikationsmittel:

»Prügel waren verboten. Trotzdem gab es sie. (...) Der Unteroffizier des Fuhrparks hatte einen Soldaten verprügelt, was einem Leutnant zu Ohren kam, der wiederum dem Unteroffizier die Bastonade verabreichte. Er hat ihm mit dem Maschinengewehr auf die Füße geschlagen. (...) Der Unteroffizier konnte tagelang nicht gehen.« (25)

»Beschimpfungen waren verboten, unser Regimentschef hatte gesagt: >Ihr werdet meine Jungs auf keinen Fall beschimpfen oder verprügeln.< Aber Prügel gab es trotzdem.« (15)

»Es gab ein Prügelverbot. Aus Angst vor dem Bataillonschef konnten sie die Soldaten nicht schlagen. Trotzdem gab es jede Menge Prügelei...« (7)

111

Selahattin Ç., der seinen Wehrdienst nach dem Ende des Zypernkrieges in Ankara zu Ende gebracht hat, weigert sich, den »Beschimpfungsbefehl« auszuführen und wird deswegen selbst das Ziel von Gewalt. Später aber wird er vom Kompaniechef verteidigt. Die Strafe, die der Kommandant wegen der ausgeübten Gewalt verhängt, ist wieder eine gewalttätige:

»*Der Junge musste sich gegenüber der Kompanie aufstellen. >Ihr werdet diesen Mann bespucken! Ihr werdet ihn beschimpfen!< Sie haben uns in einer Reihe aufgestellt und sagten: >Ihr werdet ihn der Reihe nach bespucken, ihn beleidigen, ihn einen Hurensohn nennen.< Dann war ich an der Reihe, ich habe gespuckt, aber ich habe ihn nicht beschimpft. Der Vorgesetzte ist an die Decke gegangen: >Was fällt dir ein, warum beschimpfst du ihn nicht?< Das hat ihm natürlich nicht gefallen. Er hat mich sofort zur Seite genommen. (...) >Herr Kommandant, ich kann niemanden beschimpfen, wo ich herkomme, gehört es sich nicht, jemanden zu beschimpfen<, habe ich gesagt. >Du Esel, du blöder<, sagte er und trat mich gegen das Knie... mein Knie ist angeschwollen. (...) Am Morgen konnte ich nicht laufen. Einer meiner Kameraden hat mich gestützt. Er hat auch meine Tasche getragen und so haben wir uns fortbewegt. (...) Der Kompaniechef hat das mitbekommen. Er kam zu mir. >Was ist passiert?<, hat er gefragt. >Warum ist das passiert?< Ich habe gesagt: >Herr Kommandant, das ist so und so passiert... < Und: >Herr Kommandant, sind wir hierher gekommen, um unseren Wehrdienst abzuleisten oder um unsere Mütter zu beschimpfen?< Er sagt zu mir: >Du wirst Mutter und Weib beschimpfen!< Und ich: >Das kann ich nicht.< Der Kompaniechef hat mich umarmt und geküsst. >In Ordnung<, hat er gesagt. Ob er jetzt angerufen hat oder einen Kurier geschickt hat, weiß ich nicht. Der Soldat hat den diensthabenden Offizier gerufen. Er hat sich vor ihn gestellt. Er sagte: >Warum hast du diesen Mann verprügelt?< Und: >Wenn jemand etwas angestellt hat, dann waren das vielleicht ein oder zwei Leute, das ist doch nicht die Schuld der gesamten Kompanie. Schau doch mal, was du mit diesem Jungen angerichtet hast... < Ja, da stand der nun, da war nichts mehr mit Weib und Mutter. Er hat ihm eine runtergehauen. Dann musste er sich von uns allen entschuldigen... danach hat er gesagt: >Jetzt* *geh und lasse dir von allen verzeihen, gib allen einen Kuss.< Er ist gekommen und hat sich von allen verzeihen lassen. Ich habe gesagt: >Ich verzeihe ihm nicht. Er ist zu weit gegangen. Ich werde ihm auch im Jenseits nicht verzeihen.< Da kam auch der Kompaniechef. Er sagte: >Ob du den dort überhaupt antriffst<. Das habe ich wirklich gesagt.«* (44)

»Ein 20-Jähriger Heißsporn. Wenn jemand Anstalten macht, einen anderen zu verprügeln, kracht ein Donner. Vielleicht zieht er ein Messer und zack, hat man es im Bauch. Jetzt, wo er eine Waffe in der Hand hat, geht es eben einfach nicht. In so einer Verfassung ist er. Ich weiß nicht, aber ich muss sagen… in meinen Jahren am Gymnasium… das war einer der Gründe dafür, dass ich so zeitig geheiratet habe. Ich war der… ich war der Raufbold in der Schule. Ich war der Raufbold in unserem Viertel. In der Schule nicht, aber wenn mich jemand schief ansah, habe ich ihm trotzdem ordentlich den Kopf gewaschen. So war ich drauf. Aber beim Militär kommt einer, der einen beleidigt und beschimpft, und man kann nichts dagegen sagen. Da bist du natürlich in einem unnormalen Gemütszustand. Aber was ist der Grund dafür? Es gibt Soldaten, die seit sechs Jahren beim Militär sind. Seit sechs Jahren! Man fragt so einen: >Alter, warum denn?< Der hat eben zwei ranghöhere Soldaten verprügelt… oder er hat irgendetwas anderes angestellt, sein Wehrdienst nimmt also gar kein Ende. Du siehst ja… Was sie so sagen? Natürlich kommen auch schlechte Ausdrücke vor… aber du hast keine andere Wahl. Du musst allem zustimmen. In so einer Verfassung ist man da. Es gibt etwas, das werde ich nie vergessen. Das solltest du vielleicht wissen. Während meiner Militärzeit war ich vielleicht aufgrund meines reifen Alters nicht besonders aggressiv, aber in Meydancık, einmal auch in Bayburt hat mir ein ranghöherer Soldat eine runter gehauen. In Bayburt gab es nicht nur Prügel, der hat auch noch geflucht, er hat ungezogene Sachen gesagt, Dinge über meine Mutter und meine Frau… solche Schimpfwörter waren das. Er hat sowohl meine Frau beleidigt, als auch meine Mutter. Das war ein Leutnant. Er war auch noch jünger als ich. Und er war nach

mir zur Einheit gestoßen. Und er war als Ersatz für den Bataillonskommandanten gekommen. Das war eine Aufgabe, die jemand in
seinem Alter und von seinem Rang nicht machen konnte. Und ich
hatte ihm immer viel geholfen. >Wie soll ich das denn machen mit
den Beurlaubungen, wie soll das alles gehen? Sorgen wir dafür, dass
keiner weggeht.< Ich hätte in der Zeit eigentlich beurlaubt werden
sollen, aber weil es so viel zu tun gab, hatte er mich gebeten, den Urlaub aufzuschieben. >Was soll ich denn nur machen, wenn du weg
bist?< Es war eine ungerechte Ohrfeige und eine ungerechtfertigte
Beleidigung gewesen. Ich habe mich in dem Moment nicht mit den
anderen Soldaten auf eine Stufe gestellt, aber ich habe die Aufgabe,
die er mir gegeben hatte und die ich gar nicht hätte machen müssen,
abgebrochen und bin nach draußen gelaufen. Er ist mir natürlich
nicht hinterher gekommen. Ich hatte wirklich den Teufel im Nacken,
ich wollte ihm an die Kehle gehen. Dort gab es einen Unterleutnant,
der für lange Zeit bei der Armee war. Ich habe mich gesetzt und er
kam zu mir. Ich habe vor Wut richtig gezittert. Er hat sich zu mir gesetzt und gefragt: >Was ist denn los, Üzeyir?< Ich habe gesagt: >Ich
bringe ihn um. Ich bin richtig sauer... ich bringe ihn um.< Er hat
gesagt: >Ach komm, Üzeyir< und hat mich natürlich beruhigt. Er
hat gesagt: >Gott hat ihn doch schon zum Soldaten gemacht... ver-
giss es, der hat seine Strafe doch schon bekommen.< Später habe
ich gehört, dass er in Tunceli die Soldaten sehr hart rangenommen
hat, so dass diese planten, einen Tumult zu inszenieren und ihn dabei umzubringen.« (45)

DAS AM BODEN KRIECHENDE EGO

Manche Beleidigungen sind schwer zu ertragen.

»Unser Oberstleutnant war ein Psychopath. Er fluchte. Er sagte: >Ich wer-de Beton in die Fotzen eurer Mütter füllen<, und, Entschuldigung, >Niemand darf ficken, ich ficke<.« (3)

Auch wenn diese Worte aus dem Mund eines Kommandanten stammen, so greifen sie doch das Ego eines Mannes an, bei dessen Erziehung der Begriff der Ehre eine zentrale Rolle gespielt hat. Für ihn sind seine »Werte«, wie zum Beispiel seine Mutter, seine Schwester und seine Frau, unantastbar und er glaubt, im Notfall für sie in den Tod gehen zu müssen. Auf Beleidigungen sexueller Natur dieser Werte darf er beim Militär trotzdem nicht reagieren, selbst wenn er sich schämt oder wütend wird.

»Er sprach von der Mutter, aber auch von der Ehefrau, das war für die Verheirateten sehr schwer zu ertragen.« (40)

Trotz dieser Unerträglichkeit reagiert der Großteil der *Mehmetçikler* nicht auf die Gewalt seitens der unanfechtbaren Autorität. Während sie glauben, in gemeinsamen Prügelstrafen eine Logik zu erkennen, so ist es kränkend, wenn sie vor der Gruppe alleiniges Ziel von Beschimpfungen und Prügel werden:

»Natürlich gab es Beschimpfungen. >Hurensohn.< Das sind sowieso die Worte, die einen am meisten verletzen. >Ich werde die Fotzen eurer Mütter mit Beton auffüllen.< Solche Ausdrücke machten einen rasend. Entweder sagt man nichts oder... « (8)

»Es gab da einen Kameraden. Er hieß Metin. Der Junge konnte sich kaum nach rechts oder links umwenden, wusste nicht, wie er sein Barett richtig aufsetzen sollte. Wir haben es ihm 40 Mal gezeigt, aber da war nichts zu

machen. *Wegen ihm fing sich der Unteroffizier Tadel ein, also hat er wiederum den Metin verprügelt. Der Junge bezog wirklich jeden Tag Prügel.... eines Tages haben sie Metin gesucht, aber nicht finden können. Er war nicht im Unterricht, nicht beim gemeinsamen Antreten, am Ende haben sie ihn schlafend im Gebetsraum der Kompanie gefunden. Er hatte es seelisch nicht mehr verkraftet.«* (15)

»Der Unteroffizier hatte mir einen Zahn abgebrochen. (...) Dann hat er gesagt: >Hau ab und hol Zwiebeln.< In der Kantine gab es Zwiebeln. Alle holten sie von dort. Sie kamen angerannt, nahmen welche, und liefen wieder zurück, immer hin und her. Also habe ich Idiot sie auch von dort geholt. Er hat mich erwischt. Er hat gefragt: >Warum holst du sie von dort?< Keine Antwort. Er hat mich ganz schön vermöbelt. Meine Mütze ist mir vom Kopf gefallen... ich habe mich gebückt um sie aufzuheben, er hat mich in den Hintern getreten und ich habe mich kriechend entfernt... so war das eben...« (11)

»Eines Morgens bin ich im Waschraum zwei Unteroffizieren begegnet. Dem einen waren bei der Armee sämtliche Haare ausgefallen. Deswegen war der Junge ziemlich am Ende. Er war um die 20 oder 25 Jahre alt... der andere hat mir sein Handtuch über die Schulter gelegt und gesagt: >Gib das keinem.< Der andere hat gesagt: >Gib her.< Ich habe gesagt: >Herr Kommandant, der Herr Kommandant hat gesagt, dass ich es niemandem geben soll.< Er hat das Handtuch genommen und mir eine gelangt. Kannst du dir vorstellen, dass der andere sofort gesagt hat: >Warum hast du es ihm gegeben?< und mir auch noch zwei Ohrfeigen gegeben hat? Aber du kannst nichts machen. Die Ohrfeigen, die man einsteckt, sind einem eine Lehre.« (28)

Außer von Beschimpfungen und Prügeln ist auch noch von anderen Strafmethoden die Rede. In vielen Männerrunden kommt zum Beispiel das Grüßen von Steinen und Bäumen zur Sprache. Während manche lachend davon erzählen, geben andere zu, sich durch diese Strafe, die als ein Klassiker der Wehrdienstgeschichten gilt, erniedrigt gefühlt zu haben:

»Man musste allen Bäumen, bis hinauf zum Gipfel des Hügels, Meldung erstatten. Und man machte das natürlich, man hatte gar keine andere Wahl... (...) Wenn man mich fragt, ist das eine kränkende Strafe. Ohrfeigen sind besser...« (15)

»Man musste zum Beispiel zu dem Baum sagen: >Ich habe einen Fehler gemacht. B...S aus Gaziantep. Zu Befehl, Herr Kommandant.< Das verursachte ein schlechtes Gefühl, man fühlte sich wertlos. (...) Sie lachten über einen. Das war auch schwer zu ertragen. Ob man wollte oder nicht, aber das war schwer zu ertragen.« (3)

»Wenn es Abend wurde, haben wir darüber Witze gemacht. >Du hast dem Baum Meldung erstattet...!< >Na und, du hast dem Stein Meldung erstattet...!< >Bei mir war es wenigstens was stehendes, bei dir aber was liegendes<.« (14)

In den Erinnerungen an die Armeezeit ist am häufigsten von Geschichten die Rede, in denen es um »das Kriechen auf dem Boden« geht.

Das Kriechen ist eine soldatische Fähigkeit, die für den Kriegsdienst notwendig ist. Soldaten müssen in der Lage sein, eine gewisse Entfernung kriechend zurückzulegen, um sich vor den Blicken der Feinde oder vor feindlichem Feuerbeschuss zu schützen. Auf den ersten Blick erscheint die Vermittlung dieses Wissens den Männern, die zu Soldaten ausgebildet werden, deshalb nicht als erniedrigend. Aber viele Männer schildern, dass sie viel häufiger als zu Übungszwecken zur Strafe kriechen mussten:

»Wir mussten zur Strafe kriechen, auch im Regen und Schlamm.« (20)

Im gesellschaftlichen Bewusstsein ist das Kriechen am Boden die erniedrigendste Körperhaltung. Um die leidvolle Lage eines Menschen zu illustrieren, spricht man davon, dass er »am Boden ist« oder »vor sich hin kriecht«. Auch wenn »Kriech« oder »Küsse meine Füße« als erniedrigende Ausdrücke einer Bestrafung bekannt sind und sie in zwischenmenschlichen Beziehungen durchaus ausgesprochen werden, kommen sie doch sehr selten zur praktischen Anwendung. Doch die Erfahrung des Kriechens beim Militär ist eine besonders erniedrigende:

»*Der Kompaniechef ließ mich vor der Kompanie antreten und sagte: >Zieh dich aus!< Nur die Unterhose blieb an. Er hat mich über die Kieselsteine kriechen lassen. Danach musste ich auch noch auf dem Rücken kriechen. Ich habe überall geblutet...* « (35)

»*Es war sehr demütigend... >Legt euch auf den Boden, fangt am Eingang an und kriecht bis zur anderen Seite.< Sie waren genauso alt wie wir. Einer hatte ein bisschen früher angefangen... er hat uns kriechen lassen...* « (7)

In den Schilderungen kommen die verschiedensten Definitionen des Kriechens ans Licht. Zum einen bezieht sich der Begriff auf die im Alltag gebräuchliche Beschreibung einer sehr misslichen Lage, zum anderen bringt er absolute Erniedrigung zum Ausdruck und schließlich beschreibt er auch das Individuum, das einer Autorität Gehorsam leistet. Es scheint, als ob die Zeit der »Mannwerdung« oder des »Abbrühens« in jedem Sinne des Wortes »kriechend« vergeht.

VERSCHIEDENE TAKTIKEN DER VERTEIDIGUNG

Um gegen die Gewalt der physisch Stärkeren oder der durch ihre Position Überlegenen zu bestehen, entwickeln *Mehmetçikler* verschiedene Strategien. Eine dieser Strategien kann sein, der Gewalt den Anstrich der Zwangsläufigkeit zu geben. Die Männer bringen denjenigen, der sie schlägt und beschimpft, mit dem Vater, dem Lehrer oder einer ähnlichen männlichen Figur in Verbindung und versuchen so, der Gewalt, die sie als Methode ohnehin für legitim halten, den Anschein der Selbstverständlichkeit zu geben. Auf diese Weise schaffen sie es, sich die Gewalt über verschiedene Gründe zu erklären, betonen teilweise sogar ihre eigenen Fehler. Dieses Vorgehen tröstet sie zumindest teilweise und hilft ihnen, die Gewalt, der sie ausgesetzt sind, zu rechtfertigen:

>>*Wenn man mit dem Kommandanten nicht gut auskam, wenn die Kommunikation schlecht war, fiel ihm jede einzelne Bewegung auf. Das führte zu Spannungen und bei einigen zu fehlerhaftem Verhalten. Aber es gab auch solche, die sich geändert haben.*<< (5)

>>*Es ist angenehmer als zu Hause bei den Eltern. Niemand geht einem auf die Nerven. Wenn man alles genauso macht, wie man soll, kann man alles erreichen. Man kann ein noch so schlechter Mensch sein, keiner tut einem was.*<< (14)

Mustafa K. kann zwar den Schmerz der Ohrfeige, die er erhalten hat, nicht vergessen, aber er schämt sich immer noch für die >>Schuld<<, die er bei sich selbst zu finden glaubt:

>>*Alles, woran ich mich noch erinnern kann, ist das, was nach der Vereidigung passiert ist…. das ist 14 Jahre her. Das ist keine kurze Zeit. Die Hälfte meines Lebens… das vergisst man schließlich nicht… nach dem Schwur bin ich zur Kantine gelaufen. Ich habe den Unterleutnant nicht gegrüßt, und er hat sich geräuspert. Ich habe mich umgedreht und gesagt: >Ja?< Er hat gesagt: >Hast du nicht etwas vergessen?< Da habe ich gerade den Fahnenschwur geleistet und dann grüße ich nicht einmal… Überlege nur mal, ich hatte gerade eine Stunde davor geschworen. Und was hat es dir gebracht? Nichts, überhaupt nichts …* << (14)

Es hat den Anschein, als wäre das Finden einer rechtfertigenden Begründung die beliebteste Taktik der Männer, sich über die Gewalt hinwegzutrösten:

>>*Um die Ordnung herzustellen, um mehr zu üben, um uns in der Ausbildung zu Erfolg anzuspornen, haben sie uns eben ein paar Ohrfeigen verpasst…* << (20)

»Wir hatten so einen einfältigen Kameraden. (...) Der Junge hatte sein Gewehr verloren. (...) Wir haben es bis zum Abend gesucht. Später wurde es von einer anderen Einheit gefunden. Unser Kommandant ist zu ihnen gegangen, um das Gewehr zu holen. Mit größter Wahrscheinlichkeit haben sie irgendetwas zu ihm gesagt, jedenfalls ist er wutschnaubend zurückgekommen. Es ist nicht übertrieben, wenn ich sage, dass uns die Unteroffiziere ordentlich durchgeprügelt haben. Den Fehler eines Einzelnen müssen alle zusammen ausbaden. Wir sind am Boden gekrochen und haben uns Schläge eingefangen. Sie haben uns rennen lassen. Den Jungen haben sie auch bis zur Erschöpfung verprügelt. (...) Sie wollten ihn bestrafen, damit er das nicht noch einmal macht. Das könnten sie sich dabei gedacht haben, nehme ich an. Diese Erinnerung geht mir nicht aus dem Kopf.« (13)

»Der Kommandant mochte mich sehr. Ab und zu ging ich zu ihm und wir unterhielten uns. Einmal hat er mir etwas gebeichtet. Er sagte: >Du schaust zu, wie ich manchmal jemanden verprügele. Eigentlich ist das nicht meine Art, aber ich muss das machen. Das macht mich selber traurig. (...) Du hast ja selbst gesehen, was passiert, wenn die Einheit keine starke Führung hat. Du kannst dir die Probleme gar nicht vorstellen, die entstehen, wenn die Soldaten keine Angst vor dir haben... <.« (31)

Die gefundenen Begründungen rechtfertigen nicht nur die Gewalt, der die Männer ausgesetzt sind, sondern auch die, die sie selbst anwenden. So zum Beispiel fällt ihnen gar keine andere Methode als Gewalt ein, wie man innerhalb kürzester Zeit in einer größeren Gruppe von Männern für Sauberkeit, Ordnung und Disziplin sorgen könnte. In diesem Umfeld, in dem jede Art gewaltloser Methode als ineffektiv, wohingegen Gewaltanwendung als legitim angesehen wird, findet das auf gesellschaftlicher Ebene gestärkte Gewaltpotential seine Bestätigung:

»Bei der Militärpolizei gab es einen Kurzzeitsoldaten (im Moment 6 Monate, Anm. d. Üb.). Unsere Stuben lagen sich gegenüber. Das war ein gut gebauter Junge, der Bodybuilding gemacht hat. Er war sehr freundlich und kam mit allen gut aus. Er hatte einen Badi. Der war das ganze Gegenteil

von ihm, der war eher zart gebaut. Er war Musiker. Es ging ihm dort see-
lisch nicht gut. Der Junge hat sich um ihn gekümmert, und dann ging es ihm
besser. Aber ein Freund, der Schwierigkeiten mit der Militärpolizei hatte,
sagte: >Der war der schlimmste von denen allen, der hat mich am schlech-
testen behandelt.< Ich konnte es nicht glauben. Das war ein freundlicher
Junge, der sich immer um alle kümmerte. Später habe ich das auch noch
von anderen gehört. Es stimmte, der war wirklich so. Wie kann jemand nur
so verrohen?« (7)

Gewalt anzuwenden wird auch als Mittel gesehen, sich der Umgebung
anzupassen. Aber so wie auch Staaten Kriege normalerweise ablehnen und die eigenen Kriege als »Ausnahmezustand«[1] zu erklären suchen, so sehen sich auch die Männer, die Gewalt anwenden, in einer
Ausnahmesituation. Während sie das Verhalten anderer missbilligen,
sehen sie sich im Recht und distanzieren sich dabei von den »grausamen« Männern, die nur aus Lust und Laune prügeln. Der Philosoph
und Staatsrechtler Carl Schmitt beschreibt einen Souverän als »diejenige Person, die über den Ausnahmezustand entscheidet«.[2] Und in
der Tat wirkt der Machtkampf unter Männern wie eine Konfrontation
verschiedener »Ausnahmezustände«:

»Ich war der Zugführer. Wenn der Hauptmann nicht anwesend war, über-
nahm ich das Kommando. (...) Wenn ich es bedenke, hätte ich bei der
Armee keine Schwierigkeiten gehabt, wenn ich geblieben wäre. Ich hatte
mich eingewöhnt. Ich will offen sein – auch ich habe Soldaten geschlagen.
Warum habe ich sie geschlagen? Ich habe ja schon gesagt, dass viele dort
kaum eine Ausbildung hatten. Es gab lauter Psychopathen... manche ha-
ben sich mit Rasierklingen die Haut aufgeschnitten. Manche sagten zu mir:
>Wer zur Hölle bist du denn, auf dich höre ich wohl?< Was machst du denn
mit so einem? Solche Psychopathen gab es da. Eines Tages bin ich eben

---

1   Aus: *Ausnahmezustand* des Philosophen und Essayisten Giorgio Agamben
2   Aus: *Ausnahmezustand* von Giorgio Agamben

ausgerastet…. mitten in der Nacht hat einer sein G3 genommen und damit wild in der Gegend herum geschossen. Na ja, ich habe dem Bataillonskommandanten Bescheid gegeben, und er hat dem Ganzen ein Ende gesetzt. Einmal ist ein Soldat während meiner Wache desertiert, ich hätte fast einen Riesenärger bekommen. Es gab wirklich lauter Verrückte. Es gab da einen Jungen, vielleicht hatte er psychologische Probleme, aber er hat mich immer so komisch angeschaut. Als ob er mich umbringen wollte… wie diese Typen, die immer auf einen Punkt starren, als hätten sie den Verstand verloren, mit so blutunterlaufenen Augen. So einer war das… er hat auch nie auf mich gehört. Ich habe ihn also mit ins Büro genommen, um mit ihm ein ernsthaftes Gespräch zu führen. Ihm war das offensichtlich völlig egal. Er hat sich überhaupt nicht darum geschert. Also habe ich ihm eine runtergehauen. Nur deswegen… natürlich gab es auch solche, die aus Spaß geprügelt haben. Die mit schlechter Laune von zu Hause kamen, und drauflos geprügelt haben. Solche Typen gibt es natürlich auch.« (23)

In patriarchalischen Sozialbeziehungen ist es üblich, die eigene Hilflosigkeit gegenüber Gewalt auf andere zu lenken. Das Kind wartet darauf, Vater, erwachsen und stark, und der Lehrling darauf, Meister zu werden. Bei der Armee folgt die Hegemonie einer Reihenfolge, jeder darf eine Weile auf dem Thron sitzen:

»Man sagt doch, dass man in dieser Welt ein guter Mensch sein soll, damit man ins Paradies kommt… im Gefreitenregiment kann es einem auch gut gehen. (…) Stress und Anspannung lassen nach… der seelische Zustand ändert sich.«

Diejenigen, die neu zur Armee stoßen, unterstehen nicht nur den Offizieren, sondern auch den »Zivilen«, die vor ihnen gekommen sind. Es ist bekannt, dass neue Schüler in Internaten nicht nur der Schulleitung und den Lehrern, sondern auch den Schülern aus den höheren Klassen unterstehen. Deniz Kandiyoti schreibt, dass die Spannung in den sozialen Beziehungen und die in jungen Jahren erlebte Machtlosigkeit noch einmal durchlebt werden, indem man sie auf andere projiziert. Das gleiche gilt laut Kandiyoti auch für die Armee.[3] Ganz ähnlich werden bei der Armee den Neuen, die auch »Vögel« genannt werden, sämtliche Arbeiten aufgebürdet. Diejenigen, die schon länger dabei sind, sind in klarer Vorteilsposition:

»Im Rekrutenregiment haben diejenigen, die als letztes gekommen sind, die meisten Probleme. Die früheren Einheiten nennen sie die »Vögel«. Interessant... sie sind was besseres, nur weil sie vier Monate eher zur Armee gekommen waren. (...) Der Vogel erreicht nach vier Monaten das Dienstalter auch und kommandiert die Neuen herum.« (25)

»Die in den älteren Einheiten erhalten Respekt. Die haben ein gewisses Dienstalter und so. Die Putzarbeiten verrichteten die in den neueren Einheiten. Im Gefängnis gibt es doch auch den Zellenchef und seine Helfer. Genau die gleiche Reihenfolge gibt es dort auch.« (12)

»Die zeitliche Rangfolge ist ziemlich wichtig. Rekruten können natürlich nicht machen, was sie wollen, sie können nicht einmal einfach mal drauflos reden. Die Chefs sind die, die am längsten da sind. (...) Aber es ist ganz schön schwer... Dort gibt es alle möglichen Leute, Psychopathen, kranke Typen ... Es ist wirklich sehr schwer... sie unterdrücken einen. Sie lassen den Rekruten die Drecksarbeit machen. (...) Das ist unausweichlich... wenn zum Beispiel Zigarettenkippen aufgelesen werden sollten, gab ich diese Arbeit keinem, der schon fünfzehn Monate da war, sondern einem Neuen. Zum Essenholen nahm ich keinen mit, der schon fünfzehn Monate da war. Das war schon immer so und wird auch so bleiben.« (23)

3 »Dies kann den Männern dabei helfen, sowohl die Erfahrungen der eigenen Machtlosigkeit besser zu ertragen, als auch, sie zu überwinden. Welcher Art die Machtlosigkeitserfahrung der frühen Kindheit auch sein mag, sie entsteht in einer Reihe hierarchischer, nur aus Männern bestehenden Institutionen immer wieder aufs Neue; die am weitesten verbreitete Erfahrung dieser Art ist der Wehrdienst, den all Männer aus erster Hand erlebt haben. Alle Männer haben aufgrund des Wehrdienstes die Erfahrung gemacht, einer absoluten und willkürlichen Autorität hilflos ausgesetzt zu sein; beim Militär wird jeder Mann durch die Launen eines anderen Mannes kontrolliert und falls er sich nicht fügt, drohen ihm öffentliche Erniedrigung und körperliche Züchtigung.« (Kandiyoti 1997, S. 194)

»Meiner Meinung nach ist das mit der zeitlichen Rangfolge besser. Da machst du in den ersten drei Monaten alles, was an Arbeit anfällt. Wenn die Angehörigen des unteren Rangs kommen, wird alles ein bisschen entspannter. Bis dahin macht man immer das gleiche, man arbeitet in der Kantine, schält Kartoffeln – das ist sowieso die Hölle.« (8)

Die in Vorgesetzte und Untergebene gegliederte militärische Rangfolge erinnert an ein hierarchisches System, das durch ein Geflecht gesellschaftlicher Machtbeziehungen geformt wird. Der junge Mann, der der Hegemonie der Männlichkeit unterliegt, gibt diese Beziehungsform an Schwächere weiter und versucht so, seine eigene hegemonische Herrschaft aufzubauen und zu behaupten:

»Der Vorgesetzte tadelt den Untergebenen und macht ihn fertig. Der wiederum geht und macht das gleiche mit einem, der unter ihm steht. Wenn aber sein Vorgesetzter auftaucht, ist er wieder ganz kleinlaut. Alle Beziehungen untereinander sind so zermürbend! (...) Zwischen Vorgesetzten und Untergebenen habe ich überhaupt nie irgendeinen sinnvollen Dialog erlebt. Immer nur Erniedrigung, Anspannung... « (31)

Natürlicherweise werden bei dieser Rangfolge immer die bestraft, die ganz unten stehen:

»Eines Tages hat der wachhabende Unteroffizier den Gefreiten und das Rekrutenregiment das komplette Ausbildungsprogramm durchlaufen lassen. (...) Wir schrien, und weil der Gefreite leiser schrie als wir, ließ der Unteroffizier ihn auf dem Boden kriechen. Dann war die Ausbildung zu Ende... und sofort nahm uns der Gefreite zur Seite und sagte: ›Warum habt ihr lauter geschrien als ich?‹ und er ließ uns wiederum auf dem Boden kriechen. Am Ende mussten wir es also ausbaden... « (35)

Jede Position, die innerhalb der Hierarchie erobert werden kann, wird soweit wie möglich ausgenutzt. Machtpositionen werden nicht nur in offiziellen Funktionen, sondern auch in allen anderen sozialen Beziehungen genutzt:

»Der Gefreite… ich war zwar gebildeter als er, aber er benutzte seinen Titel als Unterdrückungsmechanismus. Wenn wir am Tisch saßen und uns unterhielten, setzte er sich dazu und obwohl er von dem Gesprächsthema gar keine Ahnung hat, hatte er das letzte Wort. Er wusste es immer besser. Um am nächsten Tag nicht in Schwierigkeiten zu geraten, sagte man: >Stimmt, Herr Kommandant< … « (2)

»Bei uns gab es den Obergefreiten Şeref. (…) Er war 25 Jahre alt. Er war die absolut allerhöchste Instanz. Wenn kein Offizier und kein Unteroffizier anwesend waren, wurde er wegen allem gefragt. Mit ihm war nicht gut Kirschen essen.« (10)

»Ich war der Hauptgefreite in der Kaserne… man hatte mir also Autorität verliehen. Ich will ehrlich sein, ich sagte zu den anderen: >Aufgepasst. Hängt euch jeden Abend eure Waffe um, tut eure Pflicht. Und du da, du İzmirer, lass dich ja nicht blicken.< Dann habe ich die Tür hinter mir zugezogen und bin gegangen. Später haben sie hinter meinem Rücken viel über mich gesprochen.« (46)

Der Mann, der sich in das System integriert, wird vielleicht weniger Schwierigkeiten haben, aber das bedeutet nicht, dass er sich sicher fühlt. Er empfindet lediglich den Stolz, dass ihm Macht anvertraut wurde und dass er seine Autorität einfordern kann:

»Die in der Militärpolizei sind genau solche normalen Soldaten wie wir. Aber sie treten auf, als wären sie Gott. Man nennt sie >Wächter<. Diejenigen, die von der Militärpolizei erwischt wurden, stellten sich in einer Reihe auf. Wenn einer auf die Toilette musste, fragte er mit gesenktem Kopf: >Herr Wächter, darf ich etwas sagen?< Wenn der Militärpolizist das erlaubte, ging derjenige zu ihm und machte Meldung. Dann sagte er: >Ich muss auf die Toilette.< Der Polizist antwortete: >Nein, geh zurück an deinen Platz<.« (7)

Derjenige, der in der Hierarchie aufrückt, und wenn auch nur für eine kurze Zeit, ruft den ihm unterstehenden Männern gegenüber sein

»Königreich« aus. Mustafa K., der Trabzon, wo er geboren ist und die Grundschule abgeschlossen hat, bis zu seinem Wehrdienst nie verlassen hatte, sagt, dass diejenigen, die ihre Arbeit ordentlich erledigen, wie »Könige« leben können. Diejenigen, die nicht so denken, versucht er zu »ordentlichen Menschen« zu machen. Der Misserfolg anderer stärkt seinen eigenen Erfolg:

»Da wollten welche Selbstmord begehen. Man hat mir gesagt: >Die beiden hat man dir anvertraut. Wenn ihnen etwas passiert, bist du verantwortlich.< Sogar wenn sie auf die Toilette gegangen sind, bin ich mitgekommen. Wenn sie sich schlafen gelegt haben, habe ich ihre Füße mit der Kette an das metallene Bettgestell gebunden. Ich habe ihnen das Essen gebracht. Eines Tages haben sie gesagt: >Nimm uns mit ins Kino.< Also habe ich sie mit ins Militärkino genommen....Der Film war zu Ende. (…) Sie haben gesagt: >Setzen wir uns doch irgendwohin.< Ich habe gesagt: >Lasst uns gehen, es ist Essenszeit.< Da fängt der eine an, zu schimpfen und zu fluchen, dummes Zeug zu reden über Gott, Religion und Glauben. Also habe ich sie mit nach oben genommen, und weißt du, wie ich sie verdroschen habe? Ich habe richtig zugeschlagen... dann habe ich sie festgekettet und bin gegangen. (…) Das war ihnen eine Lehre. Die meisten können den Wehrdienst nicht machen. Die machen sich lächerlich. Wenn du den Wehrdienst ordentlich und wie ein Mann hinter dich bringst, wirst du auch wie ein König leben... «
(14)

Die Männer entwickeln neben der Taktik, die Gewalt gegen andere zu richten, noch weitere Verteidigungsstrategien. In der Mehrzahl sind diejenigen, die sich sagen: »Gezählte Tage gehen schnell vorbei« und die völlig in das Erlebte eintauchen, die sich an die Umgebung anpassen. In der Regel entwickelt sich kein offener Widerstand, aber in den Schilderungen wird klar, dass sich hinter den Kulissen Praktiken entwickeln, die die offizielle Ordnung zumindest stören. Die Soldaten erzählen sich untereinander Geschichten, die auf die »Männlichkeit« des Kommandanten zielen, auf dessen Angriffe sie ja nicht reagieren und mit dem sie sich nicht streiten können:

»Der Grund dafür, dass der keine Soldaten mochte, ist der: Es gab da ei-
nen Wachposten, wir haben ihn natürlich nie gesehen… Dieser Posten
ist mit seiner Frau durchgebrannt. Weil er ein Wachposten war, gab es da
anscheinend eine gewisse Vertraulichkeit, wenn er bei dem zu Hause war…
natürlich haben wir das auch nur von Mund zu Mund erfahren.« (28)

In dieser von Mund zu Mund weitergebenen Geschichte beleidigt der
aus dem Kreis einfacher Soldaten stammende »Held« einen Mann in
der erniedrigendsten Form: er vergreift sich an dessen Frau, an dessen
»Ehre«, an dem wichtigsten ihm »anvertrauten Gut«. Auf diese Weise haben die regulären Soldaten das Gefühl, den Kommandanten im
Männlichkeitswettkampf ausgestochen zu haben. Nach jeder Ohrfeige und nach jeder Beleidigung, die sie einstecken müssen, erzählen sie
sich diese Geschichte von Neuem. Das Wissen, dass jemand aus ihren
eigenen Reihen die Frau des Kommandanten, also dessen wichtigste
Männlichkeitsstütze, erbeutet hat, machen Prügel und Beschimpfungen erträglicher. Diese Geschichte kann auch als ein Beispiel für Scotts
Analyse gelesen werden, derzufolge sich einem Souverän unterworfe-
ne Gruppen hinter dem Rücken des Herrschenden geheime Szenari-
en ausdenken, um von den eigenen Sorgen abzulenken.[4] Hinter dem
offiziellen Verhalten, das in einer Gewaltherrschaft an den Tag gelegt
wird, entsteht außerdem eine versteckte Sprechweise,[5] die man vor
den Machthabern nicht laut werden lässt. Die Geschichte des Kommandanten, dessen Frau mit einem regulären Soldaten durchgebrannt
ist, wird nie im offiziellen Umfeld, sondern immer hinter den Kulissen
erzählt.

Dort erlebt man noch weitere Praktiken, die die herrschenden
Normen verletzen. Manche schildern, wie sie über bestimmte Umwe-
ge der Gewalt der Machthaber ausweichen, wie sie es schaffen, nicht

---

4   Vergleich: *Domination and the Art of Resistance* von J. C. Scott
5   *»Das geheime Szenarium wird unter unterschiedlichen Herrschaftseinschränkungen für*
ein anderes Publikum als das öffentliche entwickelt.« Aus: *Domination and the Art of*
Resistance von J. C. Scott

aufzufallen, wie sie sich mit vorgehaltenen Masken schützen, lügen und Prügeln entgehen, indem sie Vorgesetzten behilflich sind oder gute Beziehungen zu ihnen aufbauen. Andere schließlich schaffen dies über die Anpassung an die herrschenden Regeln.

Ali Z. ist einer von 58 Männern, die ihre Erfahrungen im Rahmen eines Interviews mit uns teilten. Seine Geschichte ist, genau wie die anderen, gleichzeitig typisch und einzigartig. Ali aus Erzincan, der im Alter von 18 Jahren geheiratet und bereits Kinder hat, eröffnete mit seinem Vater einen Imbiss, den er jetzt in Istanbul weiterführt. Aufgrund seiner zahlreichen Verpflichtungen ging Ali relativ spät zur Armee. Dort war er heftigen Prügeln und Beleidigungen ausgesetzt, denen er ab und zu mit der Ausrede, das Gebet verrichten zu wollen, entging. Einerseits fand er die Gewalt zwar legitim, andererseits hegte er jedoch gegen manche Leute aufgrund dieser Gewaltausübung einen gewissen Zorn. Einer dieser Personen ist der Hauptgefreite, der ihn vor allen anderen mit einem Stock verprügelt hat. Ali empfindet diesen Groll, der sich gegenüber dem Hauptgefreiten aufgrund dieser Prügel angestaut hat, noch heute: »*Das ist das einzige, was ich bereue... ich hätte ihm dort eine reinhauen sollen. Ich hätte ihn zu Boden werfen sollen und...* «

Viele Male probte er das geplante fiktive Gespräch und den imaginären Faustschlag. Aber er konnte diesen Plan nicht in die Tat umsetzen. Er konnte es einfach nicht. Auf diese Art wird Alis Rachegeschichte zur Geschichte des »richtigen Drehs«. Zuerst analysierte er die Machtbeziehungen der Männer untereinander. Er erfasste, wer sich aufgrund des Ranges, der gleichen Heimatstadt oder ähnlicher politischer Ansichten nahestand. Dann näherte er sich der Person, die die meiste Macht hatte und bat ihn, ihm die Arbeit des Pasteten-Verkäufers zu übertragen: »*Eines Tages bin ich zu ihm gegangen und habe gesagt: ›Wenn es möglich ist, lass mich der Dings sein, ich habe Erfahrung im Einzelhandel‹.*«

Nachdem der Kaufmann Ali, der 20 Jahre Imbisserfahrung hat, sich die Zustimmung des Stubenältesten geholt hat, ging er zu dem verhassten Hauptgefreiten: »*Er sagte: ›Du wirst also Pastete verkaufen? Ich will die Hälfte vom Gewinn. In Ordnung?‹ ›In Ordnung‹.*« Daraufhin suchte er sich einen »einfältigen« Gehilfen und verdoppelte den

Pastetenverkauf. Aber er gab dem Hauptgefreiten nur den Betrag von hundert verkauften Pasteten. Daraufhin erfuhr der Lebensstandard des jungen Soldaten eine bedeutende Veränderung: »*Ich hatte die Taschen voller Geld. Ich aß und trank am gleichen Ort wie die Offiziere.*«

Der junge Mann, der »den richtigen Dreh herausgekriegte« baute eine Weile später eine Beziehung zum Hauptmann und anstelle des Hauptgefreiten gab er ihm die Hälfte des verdienten Geldes. Über die Unterstützung durch einen mächtigeren Mann rächt er sich also auch an dem Hauptgefreiten. Ali bewunderte den Hauptmann sehr und nahm ihn sich zum Vorbild. Ali war zwar ständig Schlägen und Beschimpfungen des Hauptmanns ausgesetzt, aber das störte ihn nicht. Er gibt an, dass Gewalt zu diesem Hauptmann passte:

»*Unser Hauptgefreiter aus Adana hat ständig Allah und den Propheten verflucht… das war für uns auch sehr schwer zu ertragen. Niemand hat das Recht, über Allah und den Propheten zu schimpfen. (…) Aber wenn unser Hauptmann fluchte, war das gar nicht schwer zu ertragen. Er hatte eben so ein Temperament. (…) Wir mochten ihn, auch wenn er uns beschimpfte… er hatte sogar am Zypernkrieg teilgenommen. Dort hatte er seine Nerven ruiniert…*«

Während Ali dem Hauptgefreiten gegenüber auch heute noch Groll empfindet, entwickelte er eine von Gewalttätigkeit durchsetzte Abhängigkeitsbeziehung zu seinem Hauptmann, von dem er sagt, dass er sogar »dessen Prügel mochte«:

»*Der Hauptmann war ein bisschen verrückt. Nachts um drei sagte er: >Antreten!< (…) Angeblich war er wegen etwas sauer. Zu mir sagte er: >Ich ficke deine Mutter, du Süßwarenverkäufer, was suchst du denn hier? Hast du alles verkauft?< Ich sagte ihm, dass ich noch drei Stück hatte. >Mistkerl, du hast noch Simit übrig und schläfst hier?< Wem sollte ich die denn mitten in der Nacht verkaufen? Aber ich habe mich trotzdem zwischen die Tannen gesetzt, so zwei, drei Stunden. Dann habe ich gesehen, dass das Licht in der Kantine erloschen war und habe mich schlafen gelegt.*«

Der junge Mann, der während seiner gesamten Armeezeit keine Freundschaften schloss und dies mit dem »ständigem Gerenne« und seiner »Besonnenheit« begründet, kam dadurch zurecht, dass er ausschließlich Beziehungen zu den einflussreichsten Männern entwickelte und diese ausgiebig ausnutzte. Alis Geschichte subsumiert die Machtkämpfe und das Kräfteringen im gesellschaftlichen Zusammenleben im Allgemeinen. Die notdürftige Männlichkeit, die ständig erniedrigt und beschnitten wird und deren Ehre sehr zerbrechlich ist, kann sich über verschiedene Zugehörigkeiten neu konstituieren. Wie man anhand dieser und der anderen Geschichten sehen kann, ist es möglich, durch die unterschiedlichsten Verhandlungen innerhalb der Machtkämpfe »den richtigen Dreh herauszukriegen«. Trotz der entstehenden Rachegefühle, für die ein Mann beim Militär keine Genugtuung erfährt, hat er sich die Regeln des Machtspieles doch schon seit dem Leben in der Familie angeeignet. Er schafft es auf diese Weise, sich einen Platz in der Welt männlicher Machtgefüge zu erkämpfen und versucht, diesen Platz ständig zu verteidigen. Ausdrücke wie »vernünftig sein« oder »ein tadelloser Mann sein« bringen wahrscheinlich diese Fähigkeit zum Ausdruck.

Über diesen »vernünftigen« Weg schaffen es manche, sich einfacher an die herrschenden Hierarchien anzupassen und sich das Leben dadurch zu erleichtern. Der Glaube, Gehorsam könne schützen, verhärtet. Es gibt auch diejenigen, die aus dem Wehrdienst ernsthafte Lehren über ihre Geschlechtsgenossen und das Leben ziehen:

»Mein Verhältnis zu den Vorgesetzten war gut, es war richtig gut. Das hing natürlich von einem selber ab. (...) Wenn man seine Pflicht tat, ordentlich übte und sich an das Umfeld angepasst hatte, waren auch die Vorgesetzten wohl oder übel zufrieden.« (20)

»Ich habe meine Stellung beim Generalstab ausgenutzt. Ich sagte immer: >Mein Kommandant hat gesagt<... und der Kommandant, von dem da die Rede war, war ja nicht irgendeiner. Was auch immer ich sagte, alle mussten mir glauben...« (34)

»Wenn man mit einem Ranghöheren befreundet war, konnten dir die anderen gar nichts. Das war unmöglich. Wenn du Hauptgefreiter warst und ich war dein Freund, konnten auch die anderen Hauptgefreiten nichts zu mir sagen. Weil die anderen auch jemanden schützten dem du dann wiederum nichts sagen konntest.« (28)

ES GIBT AUCH HELDEN

Mehmetçikler, die aus unterschiedlichen sozialen Milieus stammen, erhalten durch die Armee einen gemeinsamen Nenner und definieren sich über diese Einheit. Manche Männer werden von einer Mehrheit als »Vorbild« akzeptiert. Andererseits schildern einige, dass sie sich in ihren persönlichen Beziehungen an »schlechten« Vorbildern orientieren, um nicht so zu werden, wie sie. Dabei zeigen sich gesellschaftliche Klischees:

»Bei der Armee muss man die kleinen Giftzwerge am meisten fürchten.« (14)

»Ich habe mir die schlimmsten Leute als Beispiel genommen, um selbst besser zu sein. Ich beobachtete genau, auf welche Weise sie schlecht wurden. Es war, als ob diese bösen Menschen meine Lehrer wären.« (19)

»Wenn man selbst schlecht ist, behandeln einen die anderen auch schlecht. Ich habe bei der Armee tausend Leute kennen gelernt. Darunter waren vielleicht achtzig Nieten, aber achthundert waren absolut in Ordnung. Das waren Leute, denen man die Hand küssen würde. Sie halfen sich gegenseitig, unterstützten sich. (...) Ob es keine Menschen gab, die ich nicht mochte? Doch, die gab es. (...) Es gab finstere Kerle, die nie geputzt haben. Denen muss man die Waffe an den Kopf halten und sie zum Putzen zwingen. So was darf es doch nicht geben... « (28)

Akademiker erzählen, dass sie Unterschiede zwischen sich und den anderen feststellten und zudem von den Offizieren anders behandelt wurden, was sich wiederum auf ihre sozialen Beziehungen auswirkte. Aber sie schildern auch, dass sie gerade deshalb »zur Zielscheibe« für Unteroffiziere und Soldaten der unteren Ränge wurden. Andererseits ist es so, dass viele Männer am ehesten Offiziere in den höchsten Hierarchiepositionen akzeptieren, während sie den größten Widerwillen gegen Unteroffiziere, Hauptgefreite und Obergefreite empfinden, deren Rang sich nicht wesentlich von ihrem eigenen unterscheidet. Diesen Widerwillen bringen sie mit der Grausamkeit und Grobheit dieser Ranginhaber in Verbindung:

»Beim Militär sind die untersten Einheiten die grausamsten. Nur weil sich einer Rangabzeichen auf die Ärmel näht, ist er auf einmal Kommandant... « (38)

»Vor dem Hauptgefreiten muss man Angst haben. Die anderen tun dir alle nichts. Die anderen flößten einem Vertrauen ein, das waren Respektspersonen. Ob nun der Unterleutnant, der Oberleutnant, der Oberstleutnant oder der Major, diese Männer wussten, was Vaterliebe heißt... « (8)

Diejenigen hingegen, die ihren Wehrdienst als Hauptgefreiter ableisteten, erzählen von den Schwierigkeiten, die sie wegen ihrer beschränkten Autorität und des Gefühls, zwischen allen Stühlen zu sitzen, hatten:

»Es ist gleichzeitig gut und schlecht, Hauptgefreiter zu sein... durch die Verantwortung ist man über die anderen erhaben. Man braucht nicht wie die einfachen Soldaten vor der Waffenkammer und überall sonst Wache zu stehen. Die Schwierigkeiten: Wenn eine Aufgabe zu erledigen ist und du dich dem Soldaten gegenüber nicht durchsetzen kannst, kommt der Kommandant und sagt: ›Du hast versagt... ‹.« (18)

In diesem sozialen Milieu gelangen manche Männer zu allgemeinem Ansehen, sofern ihre Vorgehensweise mit den gesellschaftlichen Werturteilen und Normen übereinstimmt. In der grundsätzlichen Verschiedenartigkeit aller Beteiligten suchen sich Männer neue Vorbilder oder verfeinern Vorbildmodelle, die sie sich bereits angeeignet hatten. Bei der Identifizierung dieser Modelle, so wie die Soziologin Connell es ausdrückt, »*wird die Heroisierung als hegemonisch empfundener Männer zur Selbstverständlichkeit*«.[6] Über welche Besonderheiten verfügen Männer, die gemocht, lieb gewonnen, zum Helden stilisiert und als Onkel- oder Vaterfigur akzeptiert werden? Welche Eigenarten sorgen dafür, dass sich viele einem einzigen Mann freiwillig unterordnen?

In den folgende Schilderungen sind wichtige Hinweise zur Beantwortung dieser Fragen zu finden:

»*Mein Kommandant gleicht meinem Vater. Er sagt: >Macht das so und so.< So redet mein Vater auch.*«

»*Mein Lieblingskommandant mochte mich wirklich gern. Er redete einen mit >Mistkerl< an. Wenn er nun meinen Namen benutzen würde, wenn er >mein Junge<, >mein Sohn< sagen würde? Manchmal ist >Mistkerl< doch das beste, was er sagen kann.*« (33)

»*Ich habe unseren Kommandanten wie einen Verwandten empfunden. Er war ein sehr guter Mensch. Wenn er uns angeschrien hatte, hat er hinterher haltlos geweint. Weil er gut zu mir war, war ich ihm wirklich zugetan...*« (13)

»*Es gab da einen Offizier. Er mochte die Soldaten. Er hat sie nicht mit einem soldatischen Auge betrachtet. Er hat in ihnen kein Wesen gesehen, das zwischen ein Barett und ein Paar Stiefel gequetscht worden war.*« (21)

»*Unser Kommandant soll früher sehr nachgiebig gewesen sein. Später ist er härter geworden, weil er meinte, dass er die Soldaten mit seiner Freundlichkeit zu sehr verwöhnt hatte. Er musste sich zwingen nicht zu lachen, und sah immer sehr angespannt aus.*« (32)

6   Aus: *Gender & Power: Society, the Person and Sexual Politics* von R. W. Connell

»Mein Lieblingskommandant war der Regimentschef. Ich stellte ihn mir im zivilen Leben immer als Tarık Akan (türkischer Schauspieler, Anm. d. Üb) vor. Er war sehr groß und sah sehr gut aus. Ich mochte ihn sehr.« (8)

»Es gab da so einen Hauptmann. Der war gleichzeitig sehr aufrichtig und unglaublich gewissenlos. Er hatte sich im Leben noch nie den Schnurrbart gestutzt. Er hatte einen Schnurrbart. (...) Er erfuhr, dass sich jemand aus unserer Einheit aus dem Staub gemacht hatte, und als ihn die Militärpolizei nicht gefunden hat, sagte er zu ihnen: >Setzt euch in die Kantine.< Dann gab er zwei von ihnen die Anweisung: >Holt mir aus dem Holzlager zwei robuste Holzscheite.< Er hat sie wirklich grün und blau geschlagen. Er war sehr grausam, aber er verrichtete jeden Morgen sein Gebet in der Moschee.« (19)

»Ich fand, dass unser Hauptmann ein sehr guter Mensch war. (...) Er war sehr ehrlich. Er war ein Menschenfreund. Er hatte keine Komplexe, war nicht irgendwie gestört, er war in Ordnung. (...) Gut, vielleicht hat er uns Bastonaden aufgebrummt und er war es auch, der den Stock geschwungen hat. (...) Er hat sich wohl gesagt: >Denen werde ich mal eine Lektion erteilen.< Er hatte sicher einen Grund dafür. Ich habe von diesem Menschen ansonsten keine Schlechtigkeiten erlebt.« (1)

»Es gab da den Unteroffizier Önder. Das war ein ganz feiner Mensch. Er hatte an der Front gedient. Er verstand etwas davon. Er sagte immer: >Es ist nicht so einfach wie alle sagen.< Und: >Ihr habt noch nie gekämpft. Glaube ist stark, aber ein Gewehrlauf ist heiß. Ihr könnt nicht wissen, was man fühlt, wenn jemand eine Waffe auf euch richtet.< Aber er war nie überheblich. Er war ein sehr natürlicher Mensch. Manchmal war er sehr ernsthaft und manchmal sehr ausgeglichen. Er liebte das Militär. Solche Offiziere braucht man...« (30)

»Wir hatten Kameraden, die in der Ausbildung und beim Sport alle Blicke auf sich zogen. Die mochte man, ob man wollte oder nicht. Man mochte sie, weil sie erfolgreich waren.« (20)

»Jeder hatte große Angst vor ihm und respektierte ihn. Er war für alle der große Bruder. Er hat im Osten (in den kurdischen Gebieten der Türkei, Anm. d. Üb.) einiges durchgemacht, in den Bergen hat er unter den verschiedensten Bedingungen alles Mögliche erlebt. Wahrscheinlich hatten sie ihm die Kantine unseres Regiments anvertraut, damit er sich ausruhen konnte. Er selbst wollte das gar nicht. Er hatte gesagt: >Lasst mich kämpfen.< Aber sie schickten ihn wohl weg, um ihn zu schützen… Er war ein sehr ruhiger, ernster Mann. Er sprach wenig. Er fluchte oder schrie nie. Als ich dort war, hat er nur zwei Leute verprügelt. Aber wie er sie verdroschen hat… er hat die beiden wirklich fertig gemacht. Danach sagte er zu uns: >Kümmert euch um sie, legt ihnen Wundverbände an.< Wenn wir Probleme hatten, war er immer an unserer Seite. Jeder ist mal in den Genuss seiner Fürsorge gekommen. Wenn jemand sein Entlassungspapier bekam, brachte er ihn bis zum Tor… Er liebte seine Suppe heiß. Aber sie musste wirklich richtig heiß sein…. morgens brachte man ihm immer seine Suppe zuerst, vor den anderen Kommandanten. Alle zerrissen sich förmlich vor Eifer, damit er seine Suppe so schnell wie möglich bekam. Er akzeptierte das nicht. >Bringt sie mir nicht zuerst<, sagte er immer. Das war das einzige Mal, dass keiner auf ihn hörte… «

»Unser Brigadekommandant war ein sehr aufrichtiger Mensch. Stellen Sie sich vor, er lebte sogar in einem Zelt. >Wenn mich schon jemand umbringt, dann soll es ein Soldat sein<, pflegte er zu sagen. Er war so etwas von liebenswürdig… wer würde so einen Menschen denn umbringen? Er nannte alle Soldaten >mein Sohn<. Er hatte nicht einmal Geleitschutz.« (19)

Den Schilderungen zufolge sind die Männer, deren Überlegenheit anerkannt wird und die bewundert werden, weder »weich« noch »passiv«. Die meisten von ihnen wenden Gewalt an. Von manchen werden Gewalt und Beschimpfungen geradezu erwartet. Vor allem wird Gewalt als eine generell rechtmäßige Methode akzeptiert. Auch wenn Männer manche Vorgehensweisen und Verfahren negativ bewerten, billigen sie doch die Legitimation »gerechter Gewalt«. Besonders innerhalb von Hierarchien, ob nun offizielle und inoffizielle, gehorchen

Männer widerstandslos einem Machthaber, den sie als über ihnen stehend akzeptieren, da sie seit ihrer Kindheit an diesen Mechanismus gewöhnt sind. Generell wird Gewalt, die darauf abzielt, Vormachtsstellungen zu sichern, als legitim angesehen. In der türkischen Gesellschaft werden gebräuchliche Klischees wie »Wenn ich zuschlage, schlage ich richtig zu« auch in diesem Kontext angewendet.

Dann gibt es noch die Antihelden. Selahattin B. aus Diyarbakır erzählt:

»Zum Beispiel hatte ich da einen Unterleutnant. Er war Armenier. Agop… ein großartiger Mensch. Zum Beispiel kam er zur Kantine. Er wollte etwas holen, wofür die Soldaten Schlange standen. Damit man nicht sah, dass er Unterleutnant war, nahm er sein Barett ab und stellte sich zusammen mit den anderen Soldaten an! Aber wenn ein Leutnant nicht hart ist, gehorcht ihm auch keiner. Sie kündigten immer schon einen Tag früher an, wenn Agop Wachdienst haben würde. Damit wir am nächsten Tag gar nicht erst zur Kantine gehen würden… aber er selbst war ein großer Humanist. (…) Zum Beispiel, wir machten Sport oder die Soldaten rückten irgendwohin zum Manöver aus und einer fiel hin, nahm Agop dessen Tasche und Waffe, so etwas tat er. So eine großartige menschliche Seite hatte er. Dann gab es da noch einen anderen Unterleutnant. Er kam aus Sinop. Obwohl er Unterleutnant war – selbst wenn der unser Blut getrunken hätte, wäre er nicht satt geworden.« (38)

In einem hegemonisch orientierten Modell ist bis auf wenige Ausnahmen eine Rangordnung unbedingt notwendig, insbesondere in einem sozialen Netz, in dem Hierarchiebeziehungen sehr deutlich hervortreten. Manchmal können jedoch Erfolge, vergangene Erlebnisse, »in der Ferne« vollbrachte Heldentaten oder einfach das Auftreten eine Art Respekt einflößen, der die gegebene Rangordnung sprengt. Fast jedes Mal wird diese Sprengkraft mit einer in der Vergangenheit erlebten Gewalterfahrung und damit auch dem eigenen Gewaltvermögen in Verbindung gebracht. Die Gewaltausübung eines Mannes, dem diese Eigenschaften zugeschrieben werden, gilt als zwangsläufig und wird verteidigt. Erfahren Männer seitens dieser Vorbilder Schläge und Beschimpfungen, oder sogar Folterungen, geben sie an, diese mit ihren Vätern zu identifizieren, also ihre Gewalt als normal anzusehen. Es geht dann nicht darum, ob Gewalt angewendet wird oder nicht, sondern ob der andere »angemessen reagiert«, er »ehrlich«, »ein Humanist«, »sensibel« ist.

Die Schilderungen der Männer legen den Schluss nahe, dass ein Mann, dessen Vormachtstellung akzeptiert werden soll, vor allem *stark*, *hart* und *erfolgreich* wirken muss, aber gleichzeitig auch aufrichtig und besonnen zu sein hat. Seine Figur und das Maß an »gutem Aussehen« müssen stimmen. Wenn nötig, soll er Gewalt anwenden, aber diejenigen, die ihm unterstehen, lieben und beschützen. Er muss also gleichzeitig »prügeln« und »lieben« können. Diese »Tugenden« spiegeln die Eigenschaften jener Vorbilder, die den Männern ihren Weg weisen.

GESCHICHTEN VOM WIDERSTAND

Man kennt das Sprichwort: »Jeder braut sein eigenes Süppchen.« Innerhalb von Machtspielen ist es weit verbreitet, mithilfe verschiedener Strategien zurechtzukommen, mit anderen Worten »clever zu sein«. Aber man kann sein Süppchen auch auf andere Weise brauen. In den Erinnerungen der Männer an ihre Wehrdienstzeit finden sich verschiedene Widerstandsgeschichten, auch wenn sie eher die Ausnahme bilden. Manche verweigern auf unterschiedliche Art den Gehorsam, in vollem Bewusstsein, dafür bestraft zu werden, manche wenden rohe Gewalt an, um sich aufzulehnen und wieder andere greifen auf juristische Mittel zurück. Dieser Widerstand, der lang unterdrückter Wut ein Ventil verschaffen soll, ist eine Mut machende Erfahrung, die auch das weitere Leben der Männer beeinflusst und über Erzählungen gern mit anderen geteilt wird:

»Der Unteroffizier war ein sehr cholerischer Mensch. So einen Typen kann es eigentlich gar nicht geben. Er hat uns direkt in die Pfanne gehauen. (...)

Was auch immer dieser nervende Unteroffizier wieder gemacht hatte, einer unserer Freunde hatte anscheinend endgültig die Nase voll. Er hat ihm sein Bajonettmesser an die Kehle gehalten und gesagt: >Ich ficke dich.< Genau das hat er gesagt. Der Major war auch anwesend. Aber niemand hat sich eingemischt. >Wenn du noch einmal versuchst, einen von uns fertigzumachen, dann lasse ich dich nicht laufen, dann verzeihe ich dir nicht noch einmal<, hat er gesagt. Der Unteroffizier war mucksmäuschenstill. Wir hatten danach nie wieder Probleme mit ihm.« (23)

»Der Kompaniechef war zwar klein, er sah klein aus, aber später haben wir ihn erst richtig kennen gelernt, das war so ein reizbarer Typ. Später hat mich der wachhabende Kamerad zu ihm mitgenommen. Dann stand ich dort in Habachtstellung. (…) In dem Moment hat er mir eine gelangt, aber wirklich urplötzlich… Das war die erste Ohrfeige. Ich habe natürlich nichts gesagt. Was sollte ich auch sagen? Wenn er zuschlagen will, kann er zuschlagen, ganz nach Lust und Laune… danach hat er gesagt: >Du kannst gehen.< Ich bin also gegangen und habe mich umgezogen. (…) Unser Kompaniechef war unverheiratet. Er verbrachte die Nächte bis zum frühen Morgen in seinem Büro, und dort schlief er auch. Er pflegte gegen zehn oder elf Uhr morgens aufzustehen. Ob ihm nun ein Koch oder ein Teekellner (*çaycı*) das Frühstück brachte, er jagte immer alle mit dem Stock wieder davon. Er hatte ja auch mich geohrfeigt. Die Neuen schüchterte er zuerst einmal ein. In der ganzen Kaserne gab es keinen, der nicht vor dem Kompaniechef Angst gehabt hätte. Na ja, ich bin ja ziemlich groß und ich weiß auch, wie man sich benimmt.

Als ich Wache stand, kam er und fragte mich: >Warum hast du vorhin deinen Wachposten verlassen?< Ich antwortete: >Ich habe die Wachposten geweckt.< Was glaubst du, wie der mich auf einmal gegen das Schienbein getreten hat? Ich war völlig verdattert. Im Ernst, ich hätte beinahe mein Gewehr von der Schulter genommen und ihm damit eins übergezogen. Ich machte ein paar Schritte auf ihn zu und er ist auf einmal in sein Zimmer verschwunden und hat von innen abgeschlossen. Und ich habe dort im Korridor gebrüllt:

›Dafür bin ich nicht hierher gekommen! Ich bin hergekommen, um meinem Vaterland zu dienen. Um meiner Verpflichtung gegenüber meinem Vaterland nachzukommen. Niemand kann hier einfach so auftreten, wie es ihm gefällt!‹

Er kam nicht raus. So nach dem Motto ›Mit welchem Recht führen Sie sich hier so auf?‹ widersetzte ich mich. Durch meinen Aufstand war die ganze Stube wach geworden, und sie schauten mir von der Tür aus zu. Ich habe den blöden Wachposten einfach verlassen. Die Wache war mir jetzt auch völlig egal.

Dieser Moment war ausschlaggebend... wenn er nicht abgehauen wäre, hätten wir uns bestimmt geschlagen. Ich hätte ihn auf jeden Fall geschlagen. Ich meine, wenn man bei der Armee einen schlimmen Fehler macht, dann können sie einen ruhig bestrafen. Aber so war es ja nicht. Die Wachposten muss ich wecken. Ich gehe, um sie zu wecken und komme zurück...

Am nächsten Tag habe ich das alles mit einer Schreibmaschine aufgeschrieben, unterschrieben und an die Brigadekommandatur in Adapazarı geschickt. Und was soll ich sagen, nach genau zehn Tagen ist der Brigadekommandant tatsächlich bei uns aufgetaucht... und der Typ wusste genau, was ihm blüht. Er hat sich in seinen Jeep gesetzt und ist weggefahren, glaubst du das? Der Brigadekommandant ist persönlich zu uns in die Stube gekommen, hat uns versammelt und gefragt, was los sei. Ich habe einfach gesagt: ›Herr Kommandant, es ist genau so, wie ich es in dem Brief beschrieben habe.‹ Ich habe ihm auch mein Bein gezeigt. Ich sagte: ›Das ist nicht allein mein Problem, wenn ihm zum Beispiel der Koch Essen bringt, macht er das und das, und wenn man ihm Tee bringt, macht er dies und jenes.‹ Alle haben selbst berichtet...

Er hatte jedoch früher einmal Gehirnhautentzündung oder irgend so etwas gehabt. Ob es nun daran lag, oder ob er einfach launisch war... und dann hatte er ja auch nicht geheiratet. Seine Art war es, immer Angst einzujagen, so war er drauf. Aber das will ich noch erzählen: Ein Hauptmann kam mich besuchen, nachdem ich entlassen wurde. Weil die mich mochten. Er erzählte... irgendein

Lehrer hatte einen Baum beschnitten und die Äste waren auf die Stromleitung gefallen. Und weil die Äste die Leitungen beschädigt hatten, war der ganze Bezirk Karasu und alle Dörfer darin über Neujahr ohne Strom. Er hat den Lehrer vorladen lassen und ihn im Revier windelweich geprügelt, er hat ihn richtig fertiggemacht. Der Lehrer hat ihn daraufhin verklagt, und es gab noch andere Prozesse gegen ihn, und schließlich haben sie ihn vom Dienst suspendiert. Nachdem ich dem Brigadekommandanten alles erzählt hatte, hat er ihn wohl in die Mangel genommen oder so, jedenfalls hat er nie wieder jemanden auf diese Weise behandelt. Und alle hatten angefangen, sich aufzulehnen. Der Telefonist lehnte sich auf, der Fahrer auch, der Teekellner machte nicht mehr mit, die in der Kantine rebellierten. Nach meiner Tat also (…) Dann wurden wir wieder an die Arbeit geschickt. Mit der Zeit habe ich alle möglichen Aufgaben im Revier und die des Kompaniechefs übernommen. Obwohl ich nur ein Gefreiter war. Es gab da einen Hauptgefreiten. Das war ein Freund von mir, den ich sehr mochte. Er war aus Istanbul. Ich möchte auf keinen Fall damit angeben, aber ich war es auch, der ihn an die Kandare nahm. Wenn es irgend möglich war, versuchte ich, mit allen in der Kaserne, egal welchen Ranges sie waren, ob nun Unteroffizier oder einfacher Soldat, eine gute Kommunikation aufzubauen. Als ich entlassen wurde, schrieb mir der Feldwebel: >So einer wie du ist nicht noch einmal gekommen.< Wenn einem das jemand nachsagt, ist es natürlich schöner, und es hat auch eine besondere Bedeutung. Jetzt habe ich mich ja irgendwie selbst gelobt … «
(17)

»Der Unteroffizier war so ein laufender Meter… er kam in der Nacht und machte Terror, weil jemand ihn nicht gegrüßt hatte. Er ließ uns antreten. Er rief den Mann zu sich. Du kannst dir gar nicht vorstellen, wie er ihn verprügelte, nur weil er ihn nicht gegrüßt hatte. Wir waren stinkwütend. Wir waren kurz davor, uns auf ihn zu stürzen, haben eine Krise gekriegt. Das *hatte auch was mit unserer Jugend zu tun. Wir waren feurig. Einer unserer Freunde, Mehmet, ich werde ihn nie vergessen, er hatte niemanden, aber ihm machte das nichts aus, er war mutig. Während der Unteroffizier den Soldaten durchprügelte, und wir zitternd zuguckten, hat unser geliebter Mehmet sein Gewehr geladen, hat die Sicherung gelöst und sich auf ihn gestürzt. Die Hälfte von uns auf den Unteroffizier, die andere auf Mehmet... wir haben den Unteroffizier vor Mehmet in Sicherheit gebracht. Gott ist mein Zeuge – wie gern der Unteroffizier Mehmet hinterher gehabt hat, du machst dir gar keine Vorstellung davon! Der Junge ist richtig berühmt geworden. Der Unteroffizier kam und ging. Ob Mehmet vielleicht Sorgen habe? Mehmet dies und Mehmet das... Mehmet ist richtig populär geworden...* « (22)

Die Reaktion des Unteroffiziers auf Mehmets Verhalten kann mehrere psychologische Gründe haben. Im Allgemeinen lässt sich aus diesem Vorfall jedoch Folgendes schließen: Wenn in einem Umfeld, in dem normalerweise schon der kleinste Ungehorsam bestraft wird und Disziplin herrscht, Revolten von einzelnen nicht nur nicht bestraft, sondern im Gegenteil honoriert werden, Erfolg haben und Anlass zu Veränderungen sind, erniedrigt das die übrigen Soldaten umso mehr. Es zerstört ihr Selbstbewusstsein. Wenn die Wut, die sie selbst herunterschlucken, von einem anderen in einen Aufstand umgewandelt wird, fühlen sich die restlichen Männer in ihrer aufgereizten Männlichkeit nur noch eingeengter. Denn die Ausnahme bestätigt nicht die Regel, und die Regeln – obwohl andersherum gedacht – werden mithilfe von Ausnahmegeschichten noch gestärkt. Der Unteroffizier nennt den Soldaten, der ihn töten wollte, »mein Mehmet«. Aus der Erzählung wird klar, dass die anderen Männer diese Reaktion so bewerten: »Ich beachte dich, weil du mutig und tapfer bist... Du bist ein Mann. Die anderen nicht... «. Sie wiederum erklären sich Mehmets Mut über den Umstand, dass er keine Familie hat und versuchen sich so zu beruhigen. In wieweit diese Art Vorwand in diesem Umfeld, das von dem Mythos ununterbrochener Tapferkeit und Heldenhaftigkeit beherrscht ist, eine Beruhigung darstellt, steht zur Diskussion.

Die von den Hierarchien bestimmte »Gerechtigkeit« sucht sich im Falle der Störungen in den Beziehungen ihren eigenen Weg. Dieser Zustand, der in Ausnahmesituationen vorkommt, hat nicht zur Folge, dass die Hierarchien aufgelöst werden, sondern sie bekräftigen sie. Außerdem saniert sie das System, begrenzt individuelles, eigenmächtiges Verhalten und sorgt für die Erneuerung des Disziplinarsystems. In den Schilderungen – auch wenn sie zum Teil erfunden sein sollten – wird zum Ausdruck gebracht, dass eine Reihe von Revolten aus diesem Grund vonseiten der Offiziere als legitim angesehen und hinterher einfach verschleiert werden:

»*Dem Soldaten, der den Unteroffizier mit dem Messer bedroht hat, ist nichts passiert. Das Vorkommnis wurde verdeckt. Normalerweise hätte etwas passieren müssen, aber die Sache wurde verschleiert, weil alle wussten, dass der Unteroffizier Mist gebaut hatte.*« (23)

Durch den Wunsch nach Gerechtigkeit kann es auch vorkommen, dass die Erinnerungen an eine solche Verschleierung übertrieben oder teilweise fiktiv sind. In der Regel ziehen die Männer jedoch aus den bei einer Revolte erlebten Gewaltformen Lehren für sich selbst:

»*So war das eben. Man muss sich ihn so vornehmen, dass man nicht selbst zum Opfer wird. Wenn man eine Ohrfeige austeilt, hat man sich eines Disziplinarvergehens schuldig gemacht. Aber wenn jemanden mit dem Bajonett verletzt, ist das zwar ein schlimmeres Verbrechen, aber das Licht, das dieses Vergehen auf einen wirft, hat noch größere Vorteile...* « (25)

Im gesellschaftlichen Leben machen Männer ähnliche Erfahrungen und sie erteilen sich untereinander entsprechende Ratschläge. Wie auch im obigen Beispiel lernen sie mit der Zeit, welche Art der Revolte geringeren Schaden anrichtet und von größerem Erfolg gekrönt ist.

Damit kommt das »Sprichwort«: »Flucht macht neun Zehntel des Mutes aus«, trotz der der Männlichkeit zugeordneten Charaktereigenschaften wie »Entschlossenheit« und dem Willen »für die Ehre alles aufs Spiel setzen« in den geschilderten Heldengeschichten zu seinem Recht.

WUT ALS SOUVENIR DES WEHRDIENSTES

»Der intensivste Hass ist jener, der seinen Ursprung in der Angst findet, der verstummen lässt, der die Wut in konstruktive Rachsucht verwandelt und uns dazu bringt, das Hassobjekt in der Vorstellung zu vernichten. Er ist wie die konspirativen Racherituale, bei denen die Unterdrückten ihrer Wut freien Lauf ließen.«

Georges Eliot, Daniel Deronda

Trotz dieser Geschichten von Aufstand und Revolte ist es während des Wehrdienstes kaum möglich, Rache zu nehmen, sich selbst zu verteidigen oder Widerstandsformen auszuarbeiten. Gewalt steht man meist hilflos gegenüber. Dies wiederum hinterlässt manchmal Spuren von Zorn in der Persönlichkeit eines Mannes. Selbst einige wenige Beispiele aus den geführten Interviews schildern das Ausmaß dieses Grolls zur Genüge:

»Man kann ihm keine Antwort geben, man kann nichts sagen, das schlägt sich aufs Gemüt. Man sagt sich: >Ich bin nicht das Ziel dieser Beleidigungen.< Aber am Ende musst du sie auch einstecken. Du bist ja dort...« (7)

»Diese Leute werden die Wirkung dieser Prügel nie wieder vergessen.« (5)

»Sie haben uns in einer U-Form antreten lassen. (...) Einer schlug zu, dann kam der nächste... was haben manche da geschrien und geheult! Dann sind sie zu einem gekommen, das war so ein Dicker, der ist umgekippt. Also haben sie ihn weggebracht, und mit den anderen angefangen...

ich habe die Zähne zusammengebissen, und mich zusammengerissen, zack, dann waren sie an mir vorbei. Aber was habe ich geflucht... später habe ich zu den anderen Jungs gesagt: >Wir sind 120 Leute und haben von sechsen Prügel eingesteckt. Ihr solltet euch was schämen. Heult nicht, wir haben es wirklich nicht besser verdient<.« (46)

»Ich fragte mich, ob er mich mit jemandem verwechselte, ob ich vielleicht jemandem glich, den er auf dem Kieker hatte. (...) Unverheiratet war er auch. Sonst hätte ich mir gesagt, dass er mich nur ärgert, weil er sich mit seiner Frau gestritten hat. (...) Er fand garantiert immer einen Vorwand. (...) Ich wurde natürlich immer wütender, wenn er sich so verhielt.« (13)

»Ich habe mir oft Prügel eingefangen. Nicht von den Offizieren oder Unteroffizieren, sondern von den Haupt- und Obergefreiten... es gab da einen aus Muş... jetzt ist mein Wehrdienst vorbei. Aber eins schwöre ich dir, wenn ich dem heute begegnen würde, ich würde ihn verprügeln. In mir ist immer noch Schmerz.« (8)

»Er war kleiner und jünger als ich. Ich habe dort geheult. Ich wollte nicht einmal raus zum Wacheschieben. Wenn ich nicht gegangen wäre, hätten sie mich fertiggemacht. >Ach, verfickt noch mal'<, habe ich gesagt. Ich habe innerlich geflucht.« (39)

»Glaub mir, einmal habe ich sogar geheult. (...) Da gehe ich zur Armee, um meiner Vaterlandspflicht nachzukommen, und dann muss ich mir dort Prügel und Beleidigungen gefallen lassen. Ob man nun will oder nicht, aber deswegen können einem schon die Tränen kommen.« (20)

»Als ich das gesagt habe, antwortete der Offizier vom Dienst: >Da hast du ja eine schöne Scheiße angerichtet.< Dieser Ausdruck! >Herr Kommandant, wir sind hier nicht beim Dings.< Natürlich kann man das nur denken, nicht laut sagen. In dieser Nacht war ich ganz schön fertig. Ich habe sogar Herpesbläschen an der Lippe bekommen. Dann ist auch noch meine Frau zu Besuch gekommen. Natürlich will man da gut aussehen, nicht nur,

dass du keine Haare mehr hast, auch diesen Herpes. (...) Das habe ich
immer noch nicht vergessen. Das ist wirklich eine schlimme Erinnerung für
mich... « (32)

Ali S. aus Adana, der von sich sagt, dass er sich im zivilen Leben zu
verteidigen wisse und dass er ein guter Faustkämpfer sei, musste sich
beim Militär fügen und Schläge auf die ausgestreckten Hände einstecken. Obendrein noch als Teamverantwortlicher... eines dieser Erlebnisse war, dass einer der regulären Soldaten, für die Ali als Teamchef
verantwortlich war, braune Unterhosen trug, woraufhin der Brigadekommandant dem Unteroffizier ins Gesicht spuckte. Der Unteroffizier
wiederum ließ seine Wut am Teamchef aus. Ali leidet immer noch unter diesem Vorkommnis:

»*Sie nannten mich den Japaner. Ich war ein dunkler Typ, und sehr ta-*
lentiert. Ich machte Karate und Taekwondo, hatte es bis über den grünen
Gürtel geschafft. Im Fußball war ich super... und ich übersprang mühelos
alle Hürden bei den Übungen. Er sagte zu mir: >Mistkerl, du verfickter Ja-
paner.< (...) Ich habe meine geöffneten Hände hingehalten und erst rechts,
dann links Schläge mit dem Bajonett gefangen. Und wie der zugeschlagen
hat! (...) Um von Siirt nach Mardin zu gelangen, fuhren wir auf Flößen.
(...) Wenn ich hätte schwimmen können, hätte ich diesen Unteroffizier in
den Fluss geworfen... so sehr hasste ich ihn. Aber ich habe wirklich richtig
Prügel eingefangen, ich leide heute noch.« (26)

Untergebene, die sich nicht gegen Männer, die Gewalt gegen sie ausüben, wehren können, finden indirekte Wege sich zu rächen. Zum Beispiel lassen sie ihren Zorn an Männern aus, die schwächer sind. Mit
den Worten von Abdulkadir K. aus Diyarbakır:

»*Alle lernen, die anderen zu unterdrücken, indem sie selbst unterdrückt*
werden.« (47)

»*Im Rekrutenregiment hatten wir es uns geschworen. Ich sagte mir: >Im*

Gefreitenregiment werde ich auch Prügel austeilen.< (...) Der Junge hatte
von nichts eine Ahnung, ich erklärte es ihm, wieder nichts... Ich habe dem
Idioten Ohrfeigen gegeben. Dabei ist ihm ein Zahn abgebrochen. Ich sag-
te zu ihm: >Geh und spüle dir den Mund aus.< Einer meiner Stubenka-
meraden, er war aus Maraş, kam und sagte: >Ist es nicht schade um den
Jungen?< Ich erwiderte: >Dem ficke ich die Mutter und das Weib, was soll
denn daran schade sein?< Im Rekrutenregiment hatten wir uns es eben vor-
genommen, mich kann jetzt keiner halten... « (46)

Nicht immer findet die innerlich angestaute Wut ein Ventil. Die
Männlichkeit, die man versucht, unter Schlägen auf tragische Weise
aufrechtzuerhalten, kann in einem explodieren:

»Er hieß Emrah. Er kam aus Erzurum. (...) Er lachte immer. Er war ein
gutaussehender Junge. Ein Junge, der sehr gesellig war, einer, der viel fragte.
In der Gesellschaft ist es doch auch so, dass man Kindern, die zu viele Fra-
gen stellen, das Wort verbietet. So war es auch bei ihm, die Höhergestellten
sagten immer: >Halt die Klappe, du redest zu viel.< Er war 18 Jahre alt...
aber er hatte ein falsches Alter angegeben. Er war verlobt. Er rief ständig
seine Familie an. Seine jüngeren Geschwister und so... ich spielte Tischten-
nis. Zuerst sah er nur zu. Später wollte er selber spielen... ich brachte es ihm
bei, wie man den Schläger hält, wie man zuschlägt und so... (...) Beim
Abendessen machte er mir ein Zeichen mit den Augenbrauen. Er sprach
auch in einem hübschen Dialekt. Er sagte immer: >Ich hole die Schläger,
und du kannst dann gleich nachkommen.< Er war ein gläubiger Junge.
Wenn das Wort >Allah< in einem Satz vorkam, bekam er immer ein ganz
rotes Gesicht. Eines Tages sagte ich zu ihm: >Ich glaube nicht an das, an
was du glaubst.< Er war wie versteinert. Er hat eine ganze Weile gar nicht
mehr mit mir gesprochen. Später hat er angefangen, distanziert mit mir zu
kommunizieren. Ich habe mich ihm genähert und habe versucht, es ihm in
Ruhe zu erklären. Aber es funktionierte nicht, weil er wirklich sehr gläubig
war. Er akzeptierte es einfach nicht. >Du bist verwirrt<, sagte er zu mir.
(...) Auf diese Weise ging unsere Beziehung weiter. Wir standen zusam-
men Wache und unterhielten uns. Er hatte viele Probleme. Einer aus den

höheren Rängen hat ihn verprügelt. Jemand, der zu weit oben war, als dass man hätte etwas dagegen machen können. Die Leute sind zwar dazwischen gegangen, aber der hat sich gar nichts sagen lassen. So nach dem Motto: >Ich habe einen höheren Dienstgrad.< Emrah war nach diesem Vorfall sehr niedergeschlagen… .

Dann bekam er Streit in der Kantine, mit Hasan, der das Essen austeilte. Es ging darum, ob er zu viel oder zu wenig bekommen hatte. Hasan hat ihm eine runtergehauen. Das traf Emrah tief. Die ersten Prügel hatte er akzeptieren können, weil sie von einem Ranghöheren kamen, aber Hasan war jemand, den niemand leiden konnte. Emrah hat dort erst einmal nichts gemacht. Später ist eines Nachts ein riesiger Lärm ausgebrochen. Während Hasan auf dem Bett saß, hat ihm Emrah das Knie ins Gesicht gerammt. Hasans Gesicht war schlimm zugerichtet, seine Nase war gebrochen. Emrah wurde bestraft. Er lief die ganze Zeit aschfahl durch die Gegend. Niemand redete mehr mit Emrah. Weil er jemanden geschlagen hatte, der auf dem Bett saß… ich fragte ihn ab und zu nach seinem Befinden. Er sagte immer: >Es geht mir bald besser.< Dann bekam ich meinen Entlassungsbescheid. Ich habe es zwei Monate später erfahren. Emrah hatte Selbstmord begangen. Er hatte mit einem der Langzeitsoldaten einen Streit gehabt. (…) Er hat sich die Waffe an die Schläfe gehalten und abgedrückt.«

Der Philosoph und Soziologe Max Scheler definiert das Gefühl des Ressentiments als »den quälenden Konflikt zwischen Wunsch und Ohnmacht«[7]. In der Regel wird das von Scheler beschriebene Zornesgefühl durch den Druck, unter dem die verschiedenen Männlichkeitsmechanismen durch Verunsicherung, Überwachung, das Gefühl von Machtlosigkeit, Angst, Sorgen und Einschüchterung stehen, noch vergrößert. Die Unterdrückung des in den Schilderungen oft zutage tretenden Wunsches nach Rache spielt eine wichtige Rolle beim Entstehen dieses Zornesgefühls, ganz besonders bei denjenigen, die unter einer Gewaltherrschaft leben. Da Gewalt vonseiten der als stärker akzeptierten Männer als rational und legitim angesehen wird, ruft sie bei

---

7   Aus: *Das Ressentiment im Aufbau der Moralen* von Max Scheler

den Männern keinen Zorn hervor; und manche trösten sich mit der eigenen Unzulänglichkeit oder der unabdingbaren Disziplin bei der Armee, sodass sie sich vom Rachegefühl befreien. Während des Wehrdienstes richtet sich das meist unterdrückte Rachegefühl gegen Soldaten der unteren Ränge oder gegen Zivilisten, die wie man selbst ihren Wehrdienst verrichten. Während einige ihre Rache über physische Gewalt oder über den juristischen Weg verwirklichen, suchen sich andere die Unterstützung mächtigerer Männer. Diejenigen, deren Kraft dazu nicht ausreicht, verletzen sich selbst, wie in dem Selbstmordbeispiel gezeigt. Das Bild, das durch die verschiedenen Schilderungen entsteht, zeigt jedoch, dass viele Männer ihren Wunsch nach Rache auch heute noch nicht überwunden haben.

Max Scheler argumentiert, dass Zorn als eine mentale Selbstvergiftung erlebt wird:

> »Die Unterdrückung des Wunsches nach Rache führt zu Ressentiments
> - das ist ein Prozess, der durch die Unterdrückung des Rachetraums, ja
> schließlich des Rachegefühls intensiviert wird. Diese Unterdrückung verteilt, verändert oder verschiebt nicht nur das Originalobjekt, sie beeinflusst
> gleichzeitig das Gefühl. Wenn die hierdurch entstandene Gefühlslage nicht
> imstande ist, sich nach außen zu richten, aktiviert sie sich im Inneren. Diese von den ursprünglichen Ursachen losgelösten Gefühlslagen regen sich bei
> der kürzesten Ohnmacht des Bewusstseins.«

> *Max Scheler, Das Ressentiment im Aufbau der Moralen*

Die oft geschilderte Praxis, »die von oben eingefangene Ohrfeige nach unten weiterzureichen« nährt sich mit großer Wahrscheinlichkeit aus diesem Hintergrund. Die Welt der Männer ist aus lauter Individuen zusammengesetzt, denen im gemeinschaftlichen Leben, und

---

8 Aus: *Das Ressentiment im Aufbau der Moralen* von Max Scheler

besonders in ihren Familien, ohne Unterlass weisgemacht wird, dass sie »die Besten« sind. Im gesellschaftlichen Leben orientieren sie sich an Modellen, die sich um den Mythos der Männlichkeit ranken, sie bauen ihre Fähigkeit zu Gewalt aus und werden andauernd gezwungen, ihre Männlichkeit unter Beweis zu stellen. In dieser Männerwelt kollidieren die Träume von Herrschaft, Heldentum und Tapferkeit mit dem wirklichen Leben. Die Männer, die zu einem ständigen Ringen um die Macht aufgehetzt werden, sind im gesellschaftlichen Leben nicht immer in der Lage, auf jede erhaltene Ohrfeige eine entsprechende Antwort zu geben. Wenn eingesteckte Schläge oder sogar so alltägliche Ereignisse wie der Umstand, einen Deckel nicht öffnen zu können als Machtlosigkeit definiert werden, fühlen sich Männer, die sich in Gewalt fügen müssen, mit großer Wahrscheinlichkeit zerrissen. Wie George Eliot unterstreicht, lässt die »Maske«, die man gegenüber der Macht aufzusetzen gezwungen ist und die Anspannung, die durch diese Täuschung hervorgerufen wird, einen Druck entstehen, der nicht unendlich lange unter Kontrolle gehalten werden kann. Während die durch das Zornesgefühl entstandene extreme Überempfindlichkeit und der damit verbundene Stolz anwachsen, wird die Männlichkeit, die es nicht schafft, sich von der eigenen Behelfmäßigkeit zu befreien, zu einem Zündstoff, der jederzeit hochgehen kann.

8. Kapitel:

Von Mann zu Mann

»Jene, die diese Weltanschauung besitzen, können die Teile, die diese An-
schauung bilden, nicht voneinander unterscheiden; sie sind nicht immer in
der Lage, die Zusammenhänge zwischen den verschiedenen Verhaltens-
modellen zu durchschauen. Das führt dazu, dass sie nicht richtig erkennen,
auf welche Weise die Verhaltensmodelle, die ihrer Ansicht nach verändert
werden sollten, welchen Abschnitt ihres Lebens beeinflussen würden.«

Aus dem Vorwort von Nükhet Sirman zur türkischen Ausgabe von
»Le Harem et les Cousins« von Germaine Tillion

Welcher Art sind die sozialen Kontakte, die *Mehmetçikler* aufbauen,
während sie alle im gleichen Topf »abbrühen«?

Zuerst einmal knüpfen sie Kontakte, die ihnen entsprechen – abhängig vom eigenen sozialen Milieu, den politischen und kulturellen
Interessen und den persönlichen Vorlieben. Manche erzählen, dass
sie kontaktfreudig, manche, dass sie einsam waren, andere sagen, dass
sie mit Menschen sehr geschickt umgegangen seien und wieder andere, dass sie sehr gute Freunde gefunden hätten. Für viele Männer ist
die Begegnung mit den unterschiedlichen kulturellen Hintergründen,
»anderen« Welten und »Stilen«, die ihre Wege bis dahin nicht ge-
kreuzt hatten, eine aufregende Neuerung. Vor allem diejenigen, die bis
dahin kaum soziale Kontakte hatten, erleben in der Armee die Aufregung neuer Entdeckungen:

»Ich kam aus einer Gegend der Türkei, andere kamen aus Çankırı, aus
Istanbul… es hat mich sehr beeindruckt, Leute aus so vielen verschiedenen
Regionen zu sehen… was sie sagten, ihre Dialekte…« (4)

»Eher ungebildete und sehr gebildete Menschen – sie alle treffen beim Militär aufeinander. Klugscheißer, Rüpel, Moralisten und gescheite Leute – es gab sehr viele unterschiedliche Menschentypen.« (15)

»Ich erzählte aus meinem Leben und die anderen aus ihrem... geschickte Leute zeigten ihre Fertigkeiten und die, die eine schöne Stimme hatten, sangen. Solche Sachen...« (39)

»Es gab so ein lächerliches Spiel. Auf einem Tisch wurde mit Streichhölzern gespielt. Es wurde um Tee gespielt, so vergingen Stunden. Die Zeit verging mit Briefeschreiben. Damals gab es nicht viele, die lesen und schreiben konnten. Manche konnten ihre Briefe nicht lesen. Da entwickelten sich bestimmte Solidaritäten. Man schrieb einen Brief für einen Kameraden. Man schrieb Briefe an sich selbst...« (25)

»Es gab fröhliche Jungs. Sehr fröhliche Jungs... sind rannten ständig hin und her, und ihre Augen glänzten vor Freude... ich fragte sie immer: >Vermisst ihr eure Familien denn gar nicht, fällt euch der Wehrdienst nicht schwer?< Meistens waren das Leute vom Land. Aus der Schwarzmeerregion oder aus dem Osten... sie antworteten immer: >Das ist ein ganz neues Umfeld... alles ist ganz neu und so sauber... alles ist so schön...<.« (31)

Für manche verschwammen die ständigen Gespräche zu einem einzigen, gleichförmigen Brei. Aus diesem Grund wurden sie unerträglich:

»Man kann nirgendwohin fliehen. Sogar wenn man auf die Toilette geht, kann man sich nicht zurückziehen. Ins Bett zu gehen und sich die Decke über den Kopf zu ziehen... das war die beste Art, allem zu entkommen. Aber wenn man sehr einzelgängerisch war, behandelten einen die anderen in der Regel schlecht. Man ließ einander einfach nicht in Ruhe...«

»Da gibt es also eine Gruppe, mit der du gezwungen bist, zusammen zu sein. Alles Männer... die Themen, über die geredet wird, sind nach und nach immer wieder die gleichen. Es gibt ja diesen Armeejargon, bei dem *es sich immer um Mädchen dreht... alle erzählen aus ihrem Leben, aber auch diese Geschichten fangen an, sich zu ähneln. Alles ist monoton... man fängt an sich zu sagen: >Jetzt wird er gleich das und das sagen< und dann sagt der das wirklich... auch die Witze sind die gleichen.«* (31)

Diese Vereinheitlichung kann auch als Ergebnis des gemeinsamen »Abbrühens«, des gemeinsamen Verhärtens und des gemeinsamen Geschliffenwerdens verstanden werden. Aber in den sich zunehmend ähnelnden Unterhaltungen werden auch verstärkt andere Erfahrungen miteinander geteilt. *Mehmetçikler*, die hinter den Kulissen und außerhalb des Rampenlichts zusammenkommen, kritisieren auch das »Theaterstück«, das sie zusammen aufführen:

»Man trinkt Tee, geht zusammen in den Schlafraum. Bevor man schläft, unterhält man sich mit den Kameraden. Worüber sprechen Soldaten? Fußballspiele, Fußball... man spricht darüber, dass man die Familie vermisst. Und wenn an dem Tag etwas Positives oder etwas Negatives passiert ist, kommentiert man auch das.« (32)

Mehmetçikler begehen gemeinsam Vergehen, mit denen sie die Regeln der Autorität brechen. Besonders verbreitet ist es, Alkohol in die Kaserne zu schmuggeln und gemeinsam zu trinken:

»Während der Streife gingen wir immer spazieren. Ob die Wachposten auch Wache hielten. Wir waren hinter etwas anderem her. Wir tranken. Jede Nacht... verließen wir die Kaserne. Wir trugen ja eine Armbinde. (Die Militärpolizeistreife trägt rote Armbinden, Anm. d. Üb.) Wir haben die Wachposten kontrolliert. Die Dörfer waren ja voll mit kleinen Läden und so... wir gingen dorthin und tranken.« (12)

Beim üblicherweise einmal wöchentlich stattfindenden »Ausgang« stürzen *Mehmetçikler*, als würden sie aus dem Gefängnis entlassen, alle zusammen nach draußen. Sehr wenige Soldaten machen aus unterschiedlichen Gründen keinen Gebrauch von ihrer Ausgangserlaubnis und verbringen die Zeit in der Kaserne. Diejenigen, die ihren Ausgang nutzen, haben dennoch Schwierigkeiten, die Kaserne hinter sich zu lassen. Die je nach Ort und Rang obligatorische Soldatenuniform schränkt die Bewegungsfreiheit ein:

»Im Gefreitenregiment bekamen wir einmal alle vierzehn Tage Ausgang. Man durfte nicht als Zivilist rausgehen. Heutzutage geht man als Zivilist raus. Wir gingen damals in Uniform raus, als Dings sozusagen… als Einheit… natürlich gab es auch bestimmte Routen. Diese Routen durften wir nicht verlassen…« (48)

Auch wenn *Mehmetçikler* in ziviler Kleidung ausgehen, erkennen doch alle, in der Regel schon an Haarschnitt und Körperhaltung, dass sie »Soldaten« sind. Deswegen kann nie die Rede davon sein, dass sie ganz »nach draußen« gehen und die Kaserne wirklich verlassen. Vielleicht ist das der Grund dafür, dass sie innerhalb und außerhalb der Kaserne im Grunde ähnliche Dinge unternehmen. In manchen Städten wird sogar festgelegt, wohin man beim Ausgang zu gehen hat:

»Es gab Listen, auf denen stand, wohin man gehen durfte. Aber man vermied diese Orte meistens und suchte sich welche raus, die nicht auf der Liste standen. Eigentlich ging niemand je an die Plätze, an die man gehen sollte…« (2)

»Ich bin zusammen mit einem Freund in die Stadt gegangen. Das haben wir bereut. In der Stadt durfte man dieses nicht essen und jenes nicht machen… am Ende haben wir eine Melone gekauft, so ein unreifes Ding, und dann haben wir einfach keinen Ort gefunden, an dem wir sie hätten essen können. Wir haben kein einziges Lokal gefunden. Soll ich ihn jetzt den Melonenplatz der Stadt nennen oder den Gaunerplatz, es war ein schmutziger Platz, wir haben die Melone mehr schlecht als recht mit einem Stein oder einem Stock aufgeschnitten. So war das dort… Soldaten durften die Hauptstraßen nicht betreten. Soldaten durften beim Gehen keine Sonnenblumenkerne essen. Sie durften nicht rauchen… wir konnten nicht viel unternehmen, und so ist auch der Tag rumgegangen.« (33)

An die Liste, die ausgegeben wird, wird sich nicht immer gehalten. Es werden auch viele Geschichten erzählt, in denen von Verwirrung und »ziellosem Herumlaufen« die Rede ist:

»Ich bin zum Beispiel immer nach Ankara gefahren und dort ziellos herumgelaufen... ich ging einfach immer nach Ankara und lief dort herum. Etwas anderes habe ich nicht gemacht.« (23)

Aber es wird auch geschildert, dass man Orte aufsucht und Kontakte knüpft, die laut Liste verboten sind. Manche brechen die Regeln allein, aber in der Regel gibt es dabei einen Wunsch nach sozialer Solidarität:

»Ich ging immer aus und suchte mir eine Kneipe, dort habe ich ausgespannt. Abends bin ich wieder zu meiner Einheit zurückgekehrt. Mich interessierte also niemand... « (12)

»Morgens gingen alle in Gruppen hinaus. Wir gingen meist in ein Teehaus oder eine Konditorei und genehmigten uns ein gutes Frühstück. Danach gingen wir in ein Kaffeehaus oder eine Cafeteria und spielten dort fünf oder sechs Stunden lang Karten.« (39)

»Weil es ein sehr kleiner Ort war, fanden wir nichts, wo wir hätten hingehen können. Der ›Verrückte Kazım‹ verkaufte Bier. Wir sagten, wir würden in die Moschee gehen und gingen dann immer zu Kazım Ağa. (...) Kazım Ağa füllte die Biergläser. Wenn es eine Razzia gab, versteckte er das Bier. (...) Mit Mädchen war dort nichts, weil es so ein kleiner Ort war. Aber Freunde, die ihren Wehrdienst in Städten wie Istanbul ableisteten, erzählten immer Geschichten. Wenn wir Ausgang hatten, machten wir ausgiebige Spaziergänge. Wir ließen uns Lieder auf Kassetten aufnehmen, versteckten Wodka in der Garage des Regiments, setzten uns mit Freunden hin und tranken. Das ist alles... « (8)

»Wir tranken Tee und gingen in eine Konditorei. Weißt du, was es dort hieß, in eine Konditorei zu gehen? Als ob man hier ins Hilton geht... « (26)

»Wir gingen nach draußen, gingen spazieren, entspannten uns. Das war es auch schon. Manche tranken Alkohol und solche Sachen. Sogar ich trank mit. Bier und so… « (18)

Selten gelingt es manchen Männer tatsächlich, auszubüchsen. Das ist dann ein unvergessliches Erlebnis:

»Wir sind zu einer Dorfhochzeit abgehauen… ungefähr zehn Soldaten, alle in blauen Trainingsanzügen, wir sind nicht durchs Haupttor gegangen, sondern hinten raus. Durch den Wald sind wir zu der Dorfhochzeit gegangen. Das haben wir wirklich nie vergessen können… gegen Abend, als wir zurückkamen, hat man uns erwischt. Wir haben eine Strafe aufgebrummt gekriegt… « (2)

DIE »SOLIDARITÄT« HAT TAUSENDUNDEIN GESICHT

Während *Mehmetçikler* auf der einen Seite durch Drill und Erziehung ihre »Männlichkeitskapazitäten« strapazieren, entwickelt sich parallel eine ganz eigene Gruppendynamik. Diese Dynamik kann durchaus Widerstand hervorbringen. Die Männer, die gemeinsam »kriechen«, gemeinsam geheime Szenarien aushecken, gemeinsam stiften gehen, gemeinsam trinken und hinter den Kulissen gemeinsam die herrschenden Regeln brechen, schaffen unter sich eine eigene, außerhalb des institutionellen Rechts liegende Rechtssprechung. Diese sich innerhalb der vorgegebenen Grenzen entwickelnde Gemeinschaftlichkeit macht verschiedene geheime Strategien möglich. So zum Beispiel können sich die gegenseitig erteilten Ratschläge außerhalb des offiziellen Konsens bewegen:

»Die Leute, die vor uns mit dem Wehrdienst angefangen hatten, brachten uns gewisse Regeln bei: >Das müsst ihr so und so machen, das und das dürft ihr nicht machen.< Solche Sachen. Sie erklärten, wie man sich vor der Arbeit drücken konnte… « (31)

Gespräche über die Möglichkeiten der Arbeitsvermeidung und das Weitergeben von Informationen über gewisse Kommandanten können als eine Art inoffizielle Solidarität gelten. In dieser Solidarität entstehen manche Freundschaften aufgrund »gemeinsam durchgestandener Schwierigkeiten«:

»Durch Schwierigkeiten werden Freunde doch auch enger zusammengeschweißt... Dort ist es genauso. Schlechtes Essen, das Duschen mit kaltem Wasser, solche Probleme bringen die Leute enger zusammen.« (32)

»Dort werden auch feste Freundschaften geschlossen. Die einzige Freiheit, die du hast, sind die kurzen Gespräche mit deinen Freunden... es herrscht eine Atmosphäre, als würde man sich schon ewig kennen. Man ist von der Stadt abgeschnitten, das Umfeld ist anders, man fühlt sich anders... diese Atmosphäre versuchst du mithilfe deiner Freunde dort zu überstehen. Einer redet zum Beispiel über seine Mutter und gerät richtig in Fahrt. An einem anderen Ort würde man vielleicht gar nicht zuhören, aber dort hört man zu.« (2)

»Es gab überhaupt keine Reibereien. Auch ein Araber ist ein Mensch, und so ist das auch mit Kurden, Türken, Tscherkessen oder Alewiten... schließlich waren wir ja alle gekommen, um unsere Vaterlandspflicht zu tun und haben dort wie eine große Familie zusammengelebt. (...) Natürlich, wenn es um Heimat ging, da gab es dann schon gewisse Sympathien und Unterstützung. Aber das lief auch immer ganz ohne Streit ab.« (20)

Solidarität dieser Art wird mit der Einschätzung in Verbindung gebracht, dass die Männer in dem einigermaßen problematischen Armeemilieu nicht allein zurechtkommen würden:

»Schließlich kann das niemand ganz alleine durchstehen. Jeder kam mit jedem ins Gespräch. Man entschied selbst, mit wem man sich zusammentat.« (25)

»Das läuft so: Nehmen wir an, du bist mein Kumpel. Es sind Auf-
räum- und Wartungsarbeiten dran. Setz du dich dort hin und mache
Pause... die anderen räumen auf. Dann soll um den Ausbildungs-
platz herum aufgeräumt werden, du weißt ja, in allen Kasernen gibt
es die doch überall... dort soll aufgeräumt werden, Unkraut jäten,
Gras mähen und so weiter. Beispiel: Ich gehe dort Unkraut jäten,
und der, der aus der gleichen Stadt kommt, setzt sich auf die andere
Seite. Er trinkt Tee, isst Obst, unterhält sich. (...)
Das Essen wird im Außenraum vor der Kantine ausgeteilt. In der
Kantine sitzen die Gefreiten vorn, und die Rekruten hinten. Er saß
damals im hinteren Bereich. Saucen, Gemüse und Fleisch waren
meist schon alle, wenn die hinteren Reihen drankamen, es blieben
nur die trockenen Beilagen. Immer nur die Beilagen. Auch das ist
die Rekrutenzeit. Er kann ja nichts sagen oder unternehmen. Er
kann sich auch nicht nach vorne setzen. Da habe ich zum Beispiel
auch etwas gesagt. Ich habe gesagt: >Mein Freund, fang doch bei
der Essensausgabe hinten an.< Ich habe zu dem Obergefreiten vom
Dienst gesagt: >Du fängst von hinten an.< >Warum?< Ich habe
gesagt: >Das Fleisch, die Saucen und das Gemüse werden von
hinten nach vorne verteilt.< >Das geht doch nicht, vorne sitzen die
Gefreiten.< >Die anderen werden eines Tages auch mal Gefreite
sein.< >Das kann ich nicht machen.< Er hat auch nicht nachgegeben.
Wir fingen an, uns zu streiten. Wie dem auch sei, schließlich hat er
den Hauptgefreiten gerufen. Der hat gesagt: >Was machst du denn
da, warum gibt es Streit?< Ich mochte ihn sehr. Es gab dort keinen
Unteroffizier, keinen Unterleutnant und so etwas. Man sprach
direkt mit den Hauptgefreiten... die Aufgaben, die normalerweise
ein Unteroffizier oder ein Unterleutnant erledigt, machten die
Hauptgefreiten. Er sagte zu mir: >Warum streitet ihr euch, was ist
passiert?< Ich habe gesagt: >Herr Kommandant, die Lage ist so und
so und dann ist es zum Streit gekommen.< Und ich habe gesagt: >Ich
wollte, dass er das so und so macht.< Er drehte sich zu mir und sagte:
>Aber das geht doch nicht.< Ich sagte: >Doch, Herr Kommandant,
das geht. Bis heute war es so und so, aber dann ist das und das
passiert...< Schließlich kamen die anderen zum Essen. Alle setzten
sich. Er ging hinein. Er rief natürlich: >Achtung!< Alle standen auf.

Er sagte: ›Setzt euch.‹ Er schaute sich um, er wusste ja, wer Gefreiter, und wer Rekrut war. Er sah uns ja alle jeden Tag, Auge in Auge… er sagte also: ›Jeder kann sich hinsetzen, wo er will. Die, die vorne sitzen, können sich hinten hinsetzen und umgekehrt.‹ Danach war es dann so, dass keiner, nur weil er Rekrut war, nicht neben einem Gefreiten sitzen durfte. Man konnte neben einem Gefreiten oder neben einem Rekruten sitzen. Alles war geregelt. Warum denn auch nicht? Man ist dorthin gekommen, man atmet die gleiche Luft, man isst das gleiche Essen. Man bekommt die gleiche Ausbildung. Was werden wir also machen? Warum sollst du das Gute essen, und ich das Schlechte? Ich werde das essen, was du isst. Wenn geteilt werden muss, dann teilen wir. Und so geht das auch weiter… « (48)

»*Nach einer Weile musst du mit den Freunden wie eine Familie sein. Aus dem einfachen Grund, weil du alles mit ihnen teilst: Tag und Nacht, was du isst und was du trinkst …* « (37)

»*Wenn jemand krank war, waren es eher die, die zur gleichen Zeit mit dem Wehrdienst angefangen hatten, die Leute, die aus der gleichen Stadt kamen oder enge Vertraute, die gegenseitig ihre Wache übernahmen. Bei den Läufen motivierten sie sich gegenseitig.* « (7)

Auf der anderen Seite demonstriert die gezeigte Solidarität auch eine Form von Männlichkeit. Wie Deniz Kandiyoti betont, lehnen Männer, um ihren gesellschaftlichen Status nicht zu verlieren, ein Hilfegesuch nicht ab.[1] Es stärkt einen Mann, einem anderen zu helfen. Aus diesem Grund übt man Solidarität sowohl um schwierige Situationen zu lösen als auch zur Stärkung des eigenen Standes:

»*Auf diese Weise… sieht man auch die schönen Seiten des Wehrdienstes. Wir haben diese Seiten zusammen mit unseren Freunden erlebt. Wir*

1   Kandiyoti 1997, S.194

haben uns ihre Sorgen angehört. Mit manchen sind wir zusammen Essen gegangen. Wir haben immer versucht zu helfen, soweit es uns möglich war.« (17)

Viele Männer erinnern sich an ihre Armeefreundschaften, aber wie auch nach dem Ende der Universität und anderer zeitlich begrenzter Gemeinschaften werden die Freundschaften in der Regel nicht fortgeführt.

»18 Monate lang ist man befreundet, und dann trennt man sich eines Tages wieder. Das macht einen traurig.« (3)

So wie Burhan S. aus Antep sagt, fällt es schwer, von Freunden zu scheiden, an die einen das Schicksal über einen längeren Zeitraum gebunden hat und nicht immer ist es möglich, diese Freunde wiederzusehen. Fast die Hälfte der befragten Männer hat mit keinem ihrer engen Freunde aus der Armeezeit noch einmal Kontakt gehabt. Manche haben sich unter unterschiedlichen Umständen wiedergesehen, da sie in derselben Region leben. Ein paar wenige Freundschaften werden mithilfe des Telefons, des Internets oder über Besuche fortgeführt. In der Regel ist jedoch von einem Bruch die Rede. Mustafa K. aus Trabzon, der seinen Wehrdienst 1990 abgeleistet hat, macht die Sorge um den täglichen Unterhalt und Armut für diesen Bruch verantwortlich:

»Die Kontakte sind abgebrochen. Die Verbindungen sind abgerissen. Alle müssen ja zuerst einmal zusehen, wie sie über die Runden kommen. Wenn ich die nötigen Ressourcen hätte, würde ich sie alle besuchen, aber mit welchem Geld soll ich denn bitte nach Adana fahren?« (14)

Auch die anderen sprechen von der großen räumlichen Distanz, materiellen Schwierigkeiten und zu flüchtigen Kontakten. Die Männer erleben den Wehrdienst als einen vom wirklichen Leben abgesonderten Übergangsbereich. Auf eine gewisse Art wird die Wirklichkeit des dort Erlebten in Frage gestellt, sobald dieser Bereich durchschritten wurde:

»Weil alles nur vorübergehend war, waren unsere Unterhaltungen auch immer nur flüchtig. Eine richtige Verbindung gab es nicht.« (18)

Abgesehen von der Flüchtigkeit entzieht auch die hierarchisch gegliederte Lebenswelt des Militärs echten zwischenmenschlichen Beziehungen den Boden:

»Es gab keine Beziehungen. Das hat man einfach nicht hingekriegt. Mit einem Obergefreiten oder einem Hauptgefreiten war das völlig unmöglich. (…) Deinen Vorgesetzten darfst du ja nicht fragen: >Wie geht es dir?< Beim Essen saßen die immer im vorderen Teil. Sie aßen das beste Essen, und hinten bekam man nur noch wässrige Soße… (…) Sogar die normalen Soldaten führten einen noch am Strick hinter sich her, wenn man in der Rekruteneinheit war. Solche Vorrechte hatten die.« (28)

Soziale Kontakte unter Männern entwickeln sich also im Verhältnis zu den Hierarchiebeziehungen. Wie in verschiedenen anderen Bereichen auch, werden die Männer hier noch einmal davon in Kenntnis gesetzt, dass sie untereinander nicht ohne weiteres in Wettbewerb treten können. Diese Erfahrung machen sie zum Beispiel, wenn sie mit anderen, die ihnen nicht gleichgestellt sind, Fußball spielen. Männer, die lernen, dass man beim Militär sogar beim Fußball, wo sie normalerweise den »freien Wettbewerb« gewöhnt sind, auf den Rang des Mitspielers achten muss, erhalten so gleichzeitig ein beeindruckendes Training für ihr zukünftiges Leben. So werden sie auf ihre Arbeitsplätze, Parteien und alle anderen hierarchischen Organisationen vorbereitet, innerhalb derer jeder gemäß der eigenen »Schranken« handeln darf:

»Wie soll man jemanden besiegen, wenn Ranghöhere dabei sind? Die benutzen ihren Rang… einmal haben wir Fußball gespielt. Der Brigadekommandant spielte auch mit. Ich bin am Kompaniechef vorbeigelaufen und er hat mir von hinten ein Bein gestellt, also habe ich ihm vor Wut auch ein Bein gestellt. Man vergisst, dass man ja Soldat ist… man trägt auch keine Uniform, sondern ein Trikot. Wir spielten ja Fußball. Der Typ zeigt mir die *rote Karte. Weil ich einen Kommandanten getreten hatte. Ich sagte: >Aber Herr Kommandant. Beim Fußballspielen vergaß ich eben, das ich Soldat bin<.«* (14)

Die beiden Politologen Onur und Koyuncu (Universität Ankara) definieren – in Anlehnung an die Feststellungen des Ethnologen und Soziologen Pierre Bourdieu – in ihren Schriften »Das unsichtbare Gesicht der hegemonischen Männlichkeit« rein maskuline Gruppierungen, wie etwa die Armee, Fußballmannschaften, Internate, Fußballfanclubs, mafiöse Organisationen und militärische Vereinigungen als »homosoziale Gemeinschaften«. Sie stellen die These auf, dass diese Gemeinschaften die Funktion erfüllen, eine maskuline Vorherrschaft zu kräftigen, die wiederum Männergemeinschaften gegen mögliche Krisen absichert, Männlichkeit konstruiert und somit die Geschlechterdifferenz erst ins Leben ruft. Zudem zeigen sie, dass in den homosozialen Beziehungen der Männer untereinander auch eine Selbstversicherung angelegt ist, die die männliche Vormachtstellung ständig erneuert.[2] In maskulinen Milieus, in denen Männlichkeit ohne Unterlass geprüft, unter Beweis gestellt, verwundet, erneut geprüft und mit der eigenen Unzulänglichkeit konfrontiert wird, nehmen Druck und Anspannung kein Ende. Entsprechend der Entwicklung in Internaten oder Gefängnissen werden Hierarchien auch in diesem Raum über Wettbewerbsspiele neu ausgebaut. In den gleichgeschlechtlichen sozialen Beziehungen verschwimmt Solidarität mit Rivalität. Manchmal kommt es zu einer schicksalshaften Vereinigung, manchmal kämpft man um Dominanz. Das in den Schilderungen am häufigsten auftretende Beispiel dafür ist *devrecilik*, also der Umstand, zur gleichen Zeit mit dem Wehrdienst begonnen zu haben. Diejenigen, die ihren Wehrdienst zur gleichen Zeit antreten, nennen sich untereinander *devrem* oder *tertip*. Die sich nach dem Anfangszeitpunkt des Dienstes richten-

---

2 »Der Krieg, der ein Beispiel für die homosoziale Struktur sowie für >Männlichkeitsspiele< bildet, führt zur Solidarität unter Männern und zum Ausschluss der Frauen. Die Gewalt, die in dieser Atmosphäre entsteht, verstärkt und legitimiert die Männlichkeit.« Aus: *Onur und Koyuncu*, 2004

den Gruppierungen halten als eigenständiges, einer eigenen Dynamik gehorchendes soziales Ganzes gleichzeitig die Solidarität unter den *devreler* sowie die hierarchischen Strukturen aufrecht.

Zusätzlich schafft auch die Verpflichtungsdauer weiteren Boden für bestimmte Gruppenbildungen. Da aufgrund des Bildungsstandes die Wehrdienstdauer variieren kann, herrscht vor allem zwischen den »Kurzzeit-« und den »Langzeitsoldaten« scharfer Konkurrenzkampf, der auch klassenspezifische Hintergründe hat. Den Schilderungen zufolge entwickeln die Langzeitsoldaten verschiedene Methoden, um die Kurzzeitsoldaten, die als »Glückspilze« empfunden werden, zu erniedrigen:

»*Dort war es sehr schlammig, und einer der Kurzzeitsoldaten wickelte immer Plastiktüten um seine Paradestiefel, damit sie nicht schlammig wurden. Deswegen nannte man die Kurzzeitsoldaten ›Tüte‹. Das war eigentlich ein Ausdruck für die Frustration derer, die nicht studiert hatten… die Kurzzeitsoldaten ›Tüte‹ zu nennen sollte sie erniedrigen. (…) Zwischen mir und den Langzeitsoldaten, die zur gleichen Zeit angefangen hatten, war das Verhältnis gut. Aber das beste Verhältnis hatten wir zu denen, die nach uns angefangen hatten. Weil sie am schutzlosesten waren. (…) Sie sahen in uns ihre älteren Brüder. Sie sprachen uns mit ›mein Herr Hauptgefreiter‹ an. Das zeigte, welche Ehrerbietung sie uns entgegenbrachten. Aber die Langzeitsoldaten, die vor mir angefangen hatten, beachteten mich überhaupt nicht. Weil ich gerade erst angekommen und innerhalb von einem Monat zum Hauptgefreiten aufgestiegen war. Die waren schon ein Jahr da und hatten überhaupt keinen Rang. Das beeinflusst die Beziehungen natürlich.*« (7)

Gruppenbildungen resultieren jedoch nicht nur aus dem Spiel von Solidarität oder Konkurrenz. Verstanden als Widerstand gegen die *offizielle* Hierarchie ist die Neigung zu Gruppenbildungen, die auf *soziale* Hierarchien zurück greift, ebenfalls weit verbreitet. Trotz der Unterschiede in Vorgehen, Arbeitsweise und Leistung formen sich Gruppierungen am häufigsten über die Parameter kultureller Gemeinsamkeiten und der Herkunft aus gleichen Städten oder Provinzen. In der

Regel geben sich Alewiten, Kurden, Araber und Lasen deutlich als solche zu erkennen. Außerdem wird die eigene Herkunftsregion immer wieder betont, was wiederum die Grundlage für das Entstehen eigener Gruppendynamiken schafft. Die Geschichte Muhammed H.'s aus Antep ist nur ein Beispiel dafür:

»Weißt du, was mich am meisten beeindruckt hat? Ich war richtig stolz auf mich… es gab da einen, der aus meiner Gegend kam. Er kam aus Ardırın, und er hat mir den Rücken gestärkt. Es stellte sich heraus, dass das ein richtig feiner Kerl war. Er war riesig und wo er zuschlug, wuchs kein Gras mehr. Er hat mich erst später unter seine Fittiche genommen, dann aber auch richtig. Eines Tages saßen wir herum und rauchten. Dann kamen diese Typen und wir standen natürlich auf. Wir hätten die Kippen in die Tasche stecken oder auf den Boden werfen können. Er platzte mitten in unsere Gruppe. Das war das erste Mal, dass wir uns kennen lernten. Wir sollten alle zum Appell antreten. In der Hand hielt er Stift und Papier. Er schaute uns an und fragte: >Mistkerle, gibt es hier jemanden aus Maras?< Meine Kameraden und ich hoben die Hand. Es wurde gefragt, wo man genau herkam… ich sagte: >Aus Ardırın, aus Yüce<, >Kennst du den und den?<, >Ja, den kenne ich auch…< Es stellte sich heraus, dass unsere beiden Dörfer keine zehn Kilometer voneinander entfernt lagen. Er kam und strich mir mit der Hand über den Rücken. Er sagte: >Meine Seele, ab heute stehe ich hinter dir.< Als er das sagte, entspannte ich mich richtig. Es ging mir viel besser. Alle hatten Angst. Der Typ war beim Geleitschutz, deswegen ging ihm alles am Arsch vorbei. Seit ich dort vor Ort diesen Typen aus Maras kannte, war die Armee wie eine zweite Heimat…« (46)

Männer, die schon in ihren Familien gelernt haben, beim Anblick höhergestellter Personen aufzustehen, versuchen unter dem Druck der militärischen Rangfolge gesellschaftliche Hierarchien zu nutzen, um sich gegenseitig zu übertrumpfen. So berichtet zum Beispiel Ali S., dass er »dreckiger Alewit« genannt wurde. Murat T. aus Adana, der angibt, vor Lasen Angst gehabt zu haben, erzählt, dass man sich wiederum vor ihm fürchtete, weil er Araber ist. Seiner Meinung nach nutzten viele den Ruf, den ihre Heimatstädte hatten, um den anderen Angst einzujagen:

>>Wenn du aus Adana kommst, nennen sie dich >Fellache<. (arab. »Bauer«, wird für arabisch stämmige Türken aus Adana benutzt, Anm. d. Üb.). Sie wissen nicht einmal, was das heißt. Eigentlich haben sie Angst vor dir wie vor einem Ungläubigen. Sie sagen sich: >Wenn er Allah schon nicht anerkennt, dann erkennt er mich erst recht nicht an<. Wenn jemand aus Adana kommt, haben die anderen Angst vor ihm. (...) Manche nutzten das aus, sie betonten es richtig. (...) Das bedeutete wohl, dass diese Leute im zivilen Leben so oft erniedrigt worden waren, dass sie bei der Armee versuchten, sich wichtig zu machen. Nach dem Motto: >Fürchtet euch nur, ich bin aus Adana!< Und? Der da ist Lase. Aus Trabzon. Ich habe zum Beispiel Angst vor Lasen.« (15)

Außer zur gleichen Zeit mit dem Wehrdienst begonnen zu haben oder aus der gleichen Stadt zu sein, kann Solidarität auch daraus entstehen, dass man ein Etagenbett teilt:

>>Freundschaften entstanden normalerweise zwischen denen, die zur gleichen Zeit angefangen hatten oder die aus der gleichen Gegend kamen. Dann gab es noch die, die im Etagenbett über und unter einem schliefen, die wurden badi genannt. Man nannte sie badi. Wenn sie gut miteinander auskamen, wurden sie zu Freunden. Aber das eigentlich wichtige Kriterium war, zur gleichen Zeit angefangen zu haben. Und diese Kameraden zu verteidigen, ihnen bei einem Streit den Rücken zu stärken, war unheimlich wichtig. Auch denen, die aus der gleichen Gegend kamen... das war eben die Heimat. Man nannte diese Männer auch >meine Heimat<.« (7)

Selbst wenn diese Gruppierungen potentielle Verteidigungsmöglichkeiten gegen die offiziellen Regeln bieten, stärken sie aufgrund des dominanten Geflechts gesellschaftlicher Machtstrukturen im Grunde doch die gesellschaftliche Hegemonie, indem sie die Militarisierung vertiefen und *Mehmetçikler* schneller an ihr Umfeld gewöhnen.

Maskuline Freundschaftserfahrungen sind durch das wachsende Gespür für Bedrohungen, Verteidigung, Unterwerfung, Bündnis, Widerstand und Solidarität sowie dem Bemühen, sich Gehör zu verschaffen, geprägt. Alle unterliegen andauernd schweren Prüfungen.

9. *Kapitel:*

Ejakulierende »Männlichkeit«

In der Umgangssprache wird das männliche Geschlechtsorgan »die Wurzel« oder »der Stamm« des Mannes genannt. Die Bezeichnung »Wurzel« deckt sich mit der Definition von Sexualität, die aus den vorgegebenen Männlichkeitsmodellen resultiert. Ihre Sexualität ist die Hauptschlagader der Männlichkeit. Wenn diese Ader durchtrennt wird, bleibt nichts übrig. Wie im Märchen, in dem der Held seine Kraft durch seine Stiefel bezieht und sofort an Größe und Macht einbüßt, wenn er sie auszieht, erhält oder verliert auch der Mann »seine Männlichkeit« mit seinem Penis. Sexualität, die es aus Sicht des Mannes ohne Unterlass auszuüben, zu verteidigen, aber auch zu erobern gilt, ist ein weiterer Ort ständiger Prüfungen.

Ein Penis, der nicht erigieren kann oder zu schnell wieder erschlafft, wird als »impotent«, also als »machtlos« bezeichnet. Trotz ökonomischer, politischer oder sozialer Stärke – Omnipotenz – kann die Enthüllung seiner sexuellen »Machtlosigkeit« einen Mann im Ganzen »schwächen«. Aus diesem Grund nehmen manche Väter ihre Söhne ab einem gewissen Alter in ein Bordell mit, um »ihre Männlichkeit zu testen oder zu entwickeln«. Manche Väter wiederum greifen dafür auf andere Erfahrungsbereiche zurück. In der Türkei pflegte man früher über einen Mann, der zum ersten Mal ein Bordell besucht hatte, zu sagen er sei *milli*, wörtlich: national, geworden. Heutzutage müssen Männer wohl kaum mehr ein Bordell besuchen, um *milli* zu werden, aber sehr viele suchen Bordelle oder Orte auf, »an denen man Frauen finden kann« und erzählen dann ihre Geschichten über Frauen.

Diese Geschichten sind auch bei der Armee relevant. Hier sind sie sogar noch wichtiger, da die Betroffenen sich in einer ausschließlich maskulinen Gruppe befinden. Eine Männergemeinschaft, die sich über den Ausschluss der Frau konstituiert, definiert sich gewissermaßen auch über die Beziehungen, die zur Frau hergestellt werden. Wie bereits gezeigt, werden diese Beziehungen meist sexuell eingefärbt: Bei Bestrafung, in Gesprächen und Ausbildung werden ständig sexuelle Anspielungen und Symboliken verwendet.

Manche Männer kommen gerade beim Militär das erste Mal mit Sexualität in Berührung. In der Regel sind es diejenigen, die aus ländlichen Gegenden und eher eingeschränkten sozialen Umfeldern kommen und nun bei der Armee Gelegenheit finden, die Erfahrungen zu machen, die gesellschaftlich zwar von ihnen erwartet werden, ihnen bis jetzt aber verwehrt blieben. Sie lernen eine unbekannte Region kennen, treffen auf kontextuell fremde Männlichkeitsmodelle und eignen sich neue Hierarchieregeln einer Männergemeinschaft an. Sie lernen ihre eigenen Grenzen sowie die mit allen diesen Erfahrungen untrennbar in Verbindung stehende Sexualität kennen. Der junge Mann, der sein soziales Milieu zum ersten Mal verlässt, geht in der Regel, bevor er sich zum Dienst meldet, zuerst in ein Bordell oder einen Club, wo er mit Frauen Kontakt haben kann. Der Wehrdienst, in dem der Kontakt zu Frauen eingeschränkt oder sogar verboten wird, ist von der ständigen Suche nach Sexualität geprägt:

»*Es gingen ständig Pornoheftchen herum...*« (5)

»*Wenn sich die Kameraden nachts schlafen legten, haben wir rohes Eiweiß über ihnen ausgeschüttet und gesagt: ›Du Sau, du bist gekommen und hast eine Schweinerei gemacht...‹ Wir haben uns oft Scherze erlaubt, aber die anderen hielten das aus. Wir haben alle möglichen Witze gemacht. Wir haben Fäden an die Dinger der Jungs gebunden. Die meisten konnten nicht schlafen...*« (8)

»*Die Witze spielen sich immer unter der Gürtellinie ab...*« (8)

Die ohnehin ständig angestachelte männliche Sexualität wird im militärischen Milieu der Entbehrung und des Verbots aufgepeitscht. Aus diesem Grund werden Frauen im öffentlichen Raum Opfer plumper

Annäherungsversuche und verbaler Belästigung durch Soldaten, die Ausgang haben oder Wache stehen. Das Erblicken oder sogar das bloße sich Vorstellen einer Frau kann Grund für sexuelle Erregung sein:

»Dort, wo wir Sport gemacht haben, gab es eine Schule für Lehrer. Dort gab es auch Studentinnen. Schon der Gedanke, ihnen unterwegs zu begegnen, versetzte die Soldaten in Aufregung...« (25)

»Wir gingen in die Stadt um unseren Augen ein bisschen was Schönes zu gönnen. Um wenigstens einen Blick auf ein paar Frauen zu erhaschen, man verlor ja mit der Zeit das Gefühl für den Umgang mit anderen Menschen... man vergaß alles. Es gab dort auch keinerlei Möglichkeit für soziale Kontakte, die meisten Frauen dort waren verhüllt und trugen schwarze Schleier.« (26)

»Es gab dort eine breite Straße... Kinos gab es kaum. (...) Es gab meist Parks oder Cafeterias, Konditoreien oder Restaurants... solche Orte haben wir aufgesucht. (...) Die Möglichkeiten, mit Frauen zu schlafen, waren sehr begrenzt. Als wir in Adapazarı mit dem Wehrdienst anfingen, haben wir uns gegenseitig ausgeholfen. Aber in Aydın gaben sie uns keine Gelegenheit mehr abzuhauen.«

»Wenn uns langweilig war, setzten wir uns in eine Cafeteria. Die war in der Nähe eines Gymnasiums. Wir hatten ein paar weibliche Bekannte. Sie machten uns mit ihren Freundinnen bekannt und wir unterhielten uns.« (13)

»Es gab Kameraden, die am Telefon sexuelle Kontakte knüpften.« (30)

»Während man seine Runde machte, gingen am Zaun, auf der Seite der Stadt, immer Mädchen vorbei. Wir fragten sie nach ihren Adressen. Damit wir sonntags zusammen mit ihnen ins Kino gehen könnten... sie sagten: >Wir mögen keine Soldaten.< Aber ich bin ja auch ein Mensch. Ich antwortete: >Du magst uns vielleicht nicht, aber wir mögen euch schon<.« (11)

»ZIEH DICH AUS«-MÄNNER ...

In vornehmlich männlich besetzten Räumen ist der einfachste Weg, die mit Virilität und Potenz gleichgesetzten »Pflichten« erfüllen zu können, sexuelle Symbolik zu verwenden und so männliche Sexualität anzustacheln. Die sogenannten »Zieh dich aus«-Vorführungen bei der Armee sind dafür ein sprechendes Beispiel.

Für diese Vorführungen werden Striptease-Tänzerinnen zum Militär bestellt. Sie tanzen auf einer Bühne und ziehen sich vor den Männern aus, die ihnen wiederum dabei zusehen und sie mit den Rufen »Zieh dich aus, zieh dich aus« anfeuern. Die Frau tanzt und stellt ihren Körper zur Schau, während die Männer ihr dabei zusehen und Forderungen an sie stellen. Diese Art der Beziehung zwischen Männern und Frauen, die in einer patriarchalen Gesellschaft ohnehin weit verbreitet ist und die einer homosozialen, den Ausbau des Männlichkeitspotentials anstrebenden Gemeinschaft neues Leben einhaucht, hilft den Männern, sich neu zu positionieren, indem erlerntes Wissen und erlangte Fähigkeiten mit sexuellen Inhalten aufgeladen werden.

Der Umstand, dass diese Veranstaltungen im Rahmen einer »Moralausbildung« stattfinden, ist für sich genommen bereits vielsagend.

»Wir hatten bei der Armee von den ›Zieh dich aus‹-Veranstaltungen gehört, aber bei uns gab es so was nie. Wir warteten auch darauf, wollten wissen, was es damit auf sich hatte. Man sagte uns: ›Da zieht sich eine Frau langsam aus, bis sie splitterfasernackt ist, sie zeigt einem alles.‹ Nun gab es ja bei der Armee verheiratete und ledige Kameraden. Von diesem ›Zieh dich aus‹-Zeug wurden die Leute ja ganz erregt, das brachte doch alles durcheinander.« (26)

»Die Soldaten sahen manchmal drei Monate am Stück niemanden. Unter uns gab es ja Verheiratete, Verlobte. Tänzerinnen kamen ab und zu. Wenn sie kamen, drehten die Soldaten richtig durch. Es war eigentlich egal, ob sie sich auszogen oder nicht. Die Soldaten vergaßen sich ja schon, wenn sie auch nur irgendwo ein Stückchen nackte Haut sahen.« (39)

»Bei uns gab es dreimal eine ›Zieh dich aus‹-Veranstaltung. Erst trug die Frau Lieder vor, dann tanzte sie. Sie hatte zehn Badeanzüge übereinander an, und noch zehn BHs. Wir riefen: ›Zieh sich aus, zieh dich aus‹ ... sie zog ein Bikinihöschen aus. Dann zog sie einen Badeanzug aus. Wir riefen wieder: ›Zieh dich aus, zieh dich aus‹ ... das tat sie auch und zog noch ein Höschen aus. Und wieder: ›Zieh dich aus, zieh dich aus.‹ Noch eins und noch eins. Schließlich riefen wir: Wir haben gar nichts sehen können, weil du dich nicht richtig ausgezogen hast.« (8)

Manche Schilderungen scheinen die Grenzen der Wirklichkeit zu überspannen. Es fällt schwer, sich folgendes Bild in einem offiziellen Umfeld vorzustellen, aber die Erzählung spricht Bände:

»Die Frau hat getanzt. Sie hat ihre Unterwäsche ausgezogen ... am Ende hat sie sich auf den Rücken gelegt. Sie hat die Beine in der Luft gespreizt. (...) Die Kommandanten haben auch zugesehen. Sie saßen natürlich in den vorderen Reihen. Niemand hat sich auf die Frau gestürzt, das war ja unmöglich. Aber manche haben ejakuliert, natürlich, das ist ja völlig normal.« (11)

Die Männer erzählen, dass sie »Befriedigung« dabei empfanden, den Körper der Frau zu betrachten, die in den »Zieh dich aus«-Vorstellungen zum Sexualobjekt wird. Es ist nicht schwer, sich vorzustellen, auf welche Weise dieses Erlebnis der Befriedigung die Beziehungen beeinflusst, die Männer zu Frauen aufbauen werden:

»Die Leute waren erregt. Es gab ja Männer, die im Leben noch nichts gesehen hatten. Natürlich fühlten sie sich erregt, wie sollte es auch anders sein?« (18)

»Natürlich waren wir erregt. Manche sind gekommen und haben es überall verspritzt.« (46)

Von den 58 Personen, mit denen wir sprachen, haben 12 an solchen

Veranstaltungen teilgenommen, fünf haben weder daran teilgenommen, noch davon gehört und 41 haben zwar davon gehört, aber keine Gelegenheit gefunden, daran teilzunehmen oder trotz einer Teilnahmemöglichkeit darauf verzichtet. Diejenigen, die auf eigenen Wunsch nicht daran teilnahmen, sprachen sich aus politischen, kulturellen, religiösen und ethischen Gründen gegen diese Art der Erniedrigung einer Frau aus, auch wenn sie den diesen Veranstaltungen inne wohnenden Sexismus vielleicht nicht hinterfragten:

»Einmal gab es das auch bei uns. Natürlich sind viele unserer Freunde nicht hingegangen. Am Anfang warteten die Soldaten darauf. Man wollte das auch mal sehen und so… aber wenn man sich den Seelenzustand vorstellt und genau darüber nachdenkt, kann man einfach nicht hingehen…« (2)

Es gibt auch Armeeeinheiten, in denen solche Veranstaltungen nicht in dieser Weise ablaufen, sondern tatsächlich Künstler zum Zweck der Erbauung eingeladen werden. Zum Beispiel schildert Ali S. aus Adana, dass er weinte, als er in der Erwartung einer »Zieh dich aus«-Veranstaltung den Zuschauerraum betrat und sich dann mit einem künstlerischen Beitrag konfrontiert sah, der ihn an seine eigene Vergangenheit erinnerte:

»Man sagte uns, dass es bei uns eine >Zieh dich aus<-Veranstaltung geben würde. (…) Wir sind in den Zuschauerraum gegangen. Unser Kompaniechef betrat die Bühne. Er sagte: >Hier liegt ein Missverständnis vor, bei uns gibt es kein >Zieh dich aus<. Wir haben Musiker aus Adana kommen lassen, und ich warne Sie davor, sich hier daneben zu benehmen. Es handelt sich hier um ein verheiratetes Paar …<. Die Gruppe erschien, und es waren wirklich ein Mädchen und ein Junge aus meinem eigenen Viertel! Sie waren verheiratet. Zehra-Sabah, sie haben auch Kassetten rausgebracht. Als ich ihnen auf dieser Bühne zusah, wurde ich ganz emotional und habe geweint.« (26)

ZU EINER FRAU GEHEN

Die Männer schämen sich, offen von Bordellbesuchen zu sprechen. So wie bei den »Zieh dich aus«-Veranstaltungen auch, erzählen sie von den Bordellbesuchen nur aus der Sicht eines unbeteiligten Außenstehenden. Aus den Schilderungen geht jedoch offen hervor, dass das Bordell unter den ihren Wehrdienst ableistenden Männern eine übliche Station ist. Sie schlafen mit den Sexarbeiterinnen, die in manchen Gegenden auch *telekız* (callgirl) genannt werden. Diese Erfahrungen kommen in späteren Unterhaltungen wieder zur Sprache:

»Ich habe nie gehört, dass die anderen von Bordellen sprachen, aber sie erzählten, dass sie zu Frauen gingen. (…) Im Panzerregiment gab es einen Jungen, der eine Wunde an der Nase hatte. Er gab damit an, dass ihn eine Frau gebissen hatte… « (7)

»Wenn die Soldaten Ausgang hatten, gingen sie ins Bordell. Sie gingen immer samstags und sonntags. Ich weiß auch nicht genau.« (23)

»An der Grenze, also entlang des Zaunes gab es so ein paar Häuser. Dort gab es Frauen und all das, dort ging man hin, um seine sexuellen Bedürfnisse zu befriedigen.« (1)

»Vielleicht war es Glück oder Unglück, dass Prostituierte aus den Turkstaaten zu unserem Regiment kamen. Sie hatten entlang der Maschendrahtzäune für sehr wenig Geld Sex mit den Soldaten. Natürlich waren sexuell übertragbare Krankheiten dort ein Riesenproblem… Tripper, Syphilis, Ekzeme… Man konnte sagen, dass sich das auf die Anzahl der Soldaten auswirkte, die sich in der Krankenstation meldeten. Aber es war schon interessant… die Männer waren sexuell so ausgehungert, dass sie in Erwägung zogen, ohne Kondom mit so einer Frau zu schlafen, und dann auch noch durch einen Maschendrahtzaun hindurch, man riskierte ja obendrein, dass man sich daran verletzte. Die Frau drehte sich um und bückte sich. Der Mann stand auf der anderen Seite des Zauns und hatte in dieser Stellung Sex mit ihr.« (47)

»Die Mädchen riefen auf den Münztelefonen an. Was weiß ich, junge Mädchen eben... so zwischen siebzehn und achtzehn Jahren. (...) An den Wochenenden trafen sich die anderen mit ihnen, sie gingen mit ihnen spazieren und so. Mit manchen Mädchen haben sie auch geschlafen. Es gab da solche Hefte, das war sehr widerlich... Da stand dann der Name eines Mädchens und seine Telefonnummer... und ob es mit Männern schlief. Manchmal haben sie auch die Mädchen untereinander ausgetauscht...« (31)

»Während ich mit einem Kameraden Wache schob, hat sich einmal so eine Gelegenheit geboten. (...) Eine Dame kam in das Wachhäuschen, und die beiden hatten Sex. Dann rief er mich. (...) >Ich werde jemanden hereinschicken.< >Wen denn?< >Das wirst du dann schon sehen.< Im Dunkeln bin ich verpflichtet so was zu sagen wie: >Halt! Parole?< (...) Dann sah ich, dass es eine Dame war... bitte sehr, komm doch rein. Sie sagte: >Die beiden haben zusammen geschlafen, willst du auch mit mir schlafen?< Ich habe gesagt: >In Ordnung.< Einmal hat sich uns im Gefreitenregiment so eine Gelegenheit geboten...« (13)

Exemplarisch ist eine Bordellgeschichte, die davon handelt, dass die Soldaten zusammen mit ihrem Vorgesetzten in ein Bordell gehen. In dieser Geschichte, die mit großer Wahrscheinlichkeit fiktiv ist, wird der Vorgesetzte bestraft, der die »Lage« seiner Männer versteht und ihnen, indem er sie ins Bordell mitnimmt, einen »brüderlichen Dienst« erweist:

»Es gab da einen Hauptgefreiten, einer von denen, die eine enge Beziehung zu den Soldaten hatten. Zwölf Soldaten waren bei ihm. Und die bettelten ihn an und sagten: >Nimm uns mit ins Bordell<. Und der Mann nahm sie mit ins Bordell. Er bezahlte sogar für die, die selber kein Geld hatten. Natürlich wurden sie von der Gendarmerie erwischt. Sie haben alle eine Strafe bekommen.« (47)

Sadık K., der 1919 geboren wurde und seinen Wehrdienst bei der Gendarmerie in Urfa und Mardin verrichtet hat, wird auf einmal von schlimmen Zweifeln geplagt, als er im Bordell auf eine Frau aus seiner Stadt trifft. Er verhält sich als »ehrenhafter Mann« und gibt seiner Schilderung den Anstrich eines türkischen Films:

>*Er hat uns in ein Hurenhaus mitgenommen. Was haben wir dort für Weiber gesehen! Danach sind wir nach Maras gegangen. Dort sind wir ein paar Mal hingegangen. Auf unserem Rückweg sind wir noch einmal dort vorbeigegangen… und glaub mir, eine der Frauen sagte:* >Ich bin aus Manisa.< >Oh<, sagte ich. >Dann sind wir Landsleute. Woher denn genau?< (…) *Und so weiter und so fort. Die Sache wurde brenzlig. Ich sagte:* >Ich bin seit fünf Jahren in Menemen.< *Ich log. Sie war direkt aus Manisa.* >Wir sind Landsleute<, *sagte sie. Und ob du es glaubst oder nicht, ich habe sie immer noch nicht erkannt.* >Einer aus der Familie Alıkbas wollte mich heiraten… Gott soll ihn verfluchen, er hat mich vergewaltigt.< (…) *Dann fing sie an, bitterlich zu weinen…* >Ich werde nichts mit dir anstellen, das lässt mein Gewissen nicht zu<, *sagte ich. Habe ich auch wirklich nicht… und weißt du, was sie dann zu mir gesagt hat?* >Wir werden es tun<. >Na gut<, sagte ich. Ich konnte ihr Weinen einfach nicht aushalten. (…) Als ich das zweite Mal dorthin ging, war das Mädchen wieder da. Ich bin nicht zu ihr gegangen. Ich bin zu einer anderen gegangen, aber nicht zu ihr. Weil wir doch Landsleute waren… ich mag solche Sachen einfach nicht. Beim ersten Mal hat sie ja darauf bestanden…* « (29)

Die Männer, die voreinander mit ihren Sexgeschichten angeben, die sich von den »Zieh dich aus«-Veranstaltungen erregen lassen, ins Bordell gehen oder nicht, aber in allen Fällen keine Befriedigung erlangen, bringen die verschiedensten Gerüchte über ihre Vorgesetzten in Umlauf:

>*Unter den Soldaten kursierte das Gerücht, dass* >diese Frau mit jenem Kommandanten mitgegangen ist< … *wie viel da wirklich dran war, weiß ich natürlich nicht… Aber solche Gerüchte waren sehr verbreitet…* « (25)

Schließlich werden auch Geschichten von Tiervergewaltigungen erzählt. Selbst wenn diese Geschichten erfunden wären, so sagt es doch schon eine Menge aus, dass man sie sich ausdenkt. In ihren Schilderungen denunzieren sich die Männer zwar nicht gegenseitig, aber es kommt sehr wohl zum Streit. Trotz der manchmal auftretenden negativen Reaktionen erachten Männer die »sexuellen Bedürfnisse« ihrer Geschlechtsgenossen und den Versuch, diese »Bedürfnisse« zu befriedigen, als legitim und natürlich. In dieser Umgebung, in der Sexualität verboten ist und gleichzeitig von allen Seiten angestachelt wird, scheinen Männer zu einer pausenlosen Erektion genötigt zu werden.

Diese Erektion ist gleichzeitig der Vorbote einer weiteren Prüfung. Nimmt die Männlichkeitsprüfung denn überhaupt ein Ende?

10. Kapitel:

Kein Zutritt
für Weiblichkeit und »Schwuchtelkram«

Die in der gesellschaftlichen Geschlechterordnung angewandte patriarchale Ideologie normiert Körper, Geschlechterrollen, Lebensweisen,
sogar Gefühlswelten sowie sexuelle Beziehungen. Der Mann erhält über
eine als heterosexuell definierte Geschlechtlichkeit seine Identität.

Trotz der Veränderungen in den gesellschaftlichen Institutionen
und den daraus erwachsenden, neuen Auswahlmöglichkeiten lehrt
man den Mann, den späteren Vater und »echten Kerl«, während des
Wehrdienstes, sich zu verteidigen, zu kämpfen, standhaft zu sein, Verantwortung zu übernehmen, diszipliniert zu sein, zu gehorchen, und
innerhalb eines hierarchischen Systems zu leben und zu funktionieren.
Auf einer zweiten Ebene erwartet man von ihm jedoch heterosexuelle
geschlechtliche »Potenz«. Alle diese Fähigkeiten, die dem Mann mittels Disziplinarmechanismen angeeignet werden sollen, finden in Metaphern ihren Ausdruck, die sich auf die Positionierung des Mannes
gegenüber der Frau und auf grundsätzlich heterosexuelle Geschlechtlichkeit beziehen.

Tatsächlich wird ein Mann von der Wehrpflicht befreit, wenn bei
der Musterung seine Homosexualität nachgewiesen wird.[1] Dem Gesetz zufolge werden nur heterosexuelle Männer zum Militär zugelassen.[2]

---

1 Siehe die Untersuchung der Lambda Forschungskommission, eine türkische Vereinigung homo- und bisexueller Männer und Frauen sowie Transvestiten und
   Transsexueller: *Ne Yanlış Ne de Yalnızız. Bir Alan Araştırması: Eşcinsel ve Biseksüellerin Sorunlar* 2006 (Übs: *Wir sind weder falsch noch allein. Eine Felduntersuchung:
   Die Probleme der Homo- und Bisexuellen*); Lambda Istanbul Lehrmaterial für die
   Informationshotline, 2005
2 Eine Gesundheitsverordnung der Türkischen Streitkräfte, Art: 17-B/3 und 17-
   D/3

»Einer, der bei der Musterung gerade untersucht werden sollte, fing an, tuntig zu reden. Die anwesenden Kommandanten sagten: >Lasst den um Himmels Willen nicht zur Armee, der wird das Militär ja nur beschmutzen.< Das gab es auch in anderen Bezirken. Ich sagte: >Ach du Scheiße, wenn jetzt rauskommt, dass es auch aus meiner Region Schwuchteln gibt, blamieren wir uns ja vor allen Leuten...<« (46)

Zwei homosexuelle Männer, die wir im Rahmen unserer Forschungen interviewt haben, versteckten ihre sexuellen Neigungen während ihres Wehrdienstes. Sie erzählen, dass sie sich bei gemeinsamen Unterhaltungen, Witzen und Veranstaltungen sehr verstellen mussten. Die heterosexuellen Männer wiederum sprachen kaum über homosexuelle Kontakte. Einige unter ihnen erzählten, dass man Männer erwischt hätte, die im Bett oder auf den Toiletten versuchten, sexuelle Handlungen miteinander auszuführen und dass diese im Falle einer Aufdeckung hart bestraft worden seien:

»Man schlief da im Etagenbett und auf einmal hörte man so ein Knarren und Knarzen. (...) Wie auch immer das gehen soll, jedenfalls haben die beiden da miteinander rumgemacht, und wurden dabei erwischt. Es gab ein bisschen Aufruhr, alle fragten sich, was denn los war... ich erinnere mich nicht mehr genau daran, wo die beiden herkamen, aber sie wurden von ihrer Militäreinheit ausgeschlossen. Sie haben sie in eine andere Gegend versetzt, weg von uns. Als schlechtes Vorbild sozusagen.« (26)

Unter diesen Bedingungen können homosexuelle Männer ihren Wehrdienst nur ableisten, indem sie ihre sexuellen Neigungen und den damit zusammenhängenden Lebensstil verheimlichen. Da bis zum Ende des Jahres 2008 und dem Entstehungszeitpunkt dieses Buches der Nachweis der jeweiligen sexuellen Neigung noch sehr schwierig war[3], verlangt man von ihnen, während des Wehrdienstes ihre sexuellen Neigungen zu verheimlichen und keine sexuelle Nähe zu anderen

---

3 Analuntersuchung, Beweise wie zum Beispiel in Form einer Fotografie oder eines psychologisch-medizinischen Gutachtens

Männern aufzubauen. Aus diesem Grund muss der größte Teil homosexueller Männer, denen der Zugang zum Militär eigentlich verwehrt ist, ihren Wehrdienst ableisten, da sie ihre sexuellen Neigungen nicht beweisen können.

EINE TRANSSEXUELLE, DEREN LEBEN SICH BEI DER ARMEE GRUNDLEGEND ÄNDERTE: VON ŞEREF ZU SOFYA

Männern, die sich als Frau fühlen und die ein transsexuelles Leben führen möchten, ist der Wehrdienst verboten. Selbst wenn sie keine einzige Initiative zu sexuellen Handlungen ergreifen, werden sie sofort ausgegrenzt, wenn ihre »femininen Seiten« bemerkt werden.

In den vorherigen Kapiteln wurde in Anlehnung an Bourdieu argumentiert, dass die Armee eine homosoziale Gemeinschaft ist. Bedenkt man, dass das Militär die Männlichkeit verfestigt, was wiederum über den Ausschluss der Frau und aller als feminin betrachteter Symbole und Werte geschieht, erfolgt die Ausgrenzung Homo- und Transsexueller im völligen Einklang mit der institutionellen Machart des Militärs.

Sofya, die ihre Militärerfahrungen mit uns teilte, schildert, dass sie diese Ausgrenzung in äußerst schwerwiegender Form am eigenen Leib erfahren hat. Geboren 1961 in Ankara, lebt Sofya seit ungefähr zehn Jahren in der Ülkerstraße im Istanbuler Stadtviertel Cihangir. Da sie einen Mittelschulabschluss hat und Frauenkleider trägt, fand sie keine Arbeit und verdient ihren Lebensunterhalt seit langer Zeit mit Sexarbeit. Im Jahr 1981, als sie genau 20 Jahre alt war, ging sie zur Armee. Sie erzählt, dass sie sich ihrer sexuellen Neigungen und ihrer Geschlechtsidentität damals noch nicht bewusst war und sich selbst als pervers und abartig empfand. Ihre Familie sah im Wehrdienst eine Chance auf Rettung für »Şeref«, wie Sofya von ihnen genannt wurde. Sie hofften, dass ihre »femininen« Seiten beim Militär abgeschliffen und ihr Sohn endlich maskuliner werden würde. Bevor sie zum Militär ging, gab es eine ausgedehnte Phase der Vorbereitung. Bei Verwandten und Nachbarn wurden verschiedene Essen und Feiern organisiert. Bei allen diesen Versammlungen bekam Sofya neben verschiedenen Ratschlägen vor allem auch immer wieder zu hören, was ihre Familie und ihr näheres Umfeld von ihr erwarteten und was dabei die Rolle des Wehrdienstes sei:

»Hoffentlich findet er danach eine gute Arbeit. Hinterher wird er dann auch heiraten. Er wird beim Staat einen Fuß in der Tür haben. Wir bringen ihn schon unter die Haube.« (4)

Ihr Vater, der die eher zu Weiblichkeit neigende Sofya in der freudigen Erwartung, sie möge »mit ihrer Männlichkeit Frieden schließen« zur Armee schickte und bereits Pläne für ihre Zukunft schmiedete, sagte beim Abschied zu ihr: »*Pass gut auf dich auf.*« Sofyas Antwort ist deutlich: »*Ich weiß schon, wie ich mich schützen kann.*«

Wie wird sich Sofya, die sofort nach ihrer Rückkehr eine ordentliche Beamtenlaufbahn einschlagen möchte, schützen? Diejenigen, die sie »unter die Haube« bringen wollten, sahen sehr wohl, dass der junge Mann sich gegen die Männlichkeitsnormen auflehnte und völlig unvorbereitet zur Armee ging: »Sie sagten: ›Şeref soll erst mal jeden Morgen seine Linsensuppe essen und ein bisschen laufen, mal sehen, wie er das schafft.‹ Weil ich immer im Haus war, war ich eher verzärtelt, deswegen neckten sie mich damit.«

Sofya hatte aufgrund der Dinge, die ihr bereits zu Ohren gekommen waren, große Angst vor der Armee. Sie sah das Militär als eine Möglichkeit, die eigenen Bedürfnisse, die durch die Erwartungen und Wertvorstellungen der Familie schon unkenntlich geworden waren, zu vergessen, und so zu werden wie alle anderen auch. Aus diesem Grund meldete sie sich ohne jeden Aufschub, sofort als sie zwanzig Jahre alt wurde, zum Wehrdienst.

Während der Musterung fragt der zuständige Arzt Sofya, als er ihre Brust sieht: »*Möchtest du zur Armee gehen?*« Diese Frage musste von Sofya so verstanden werden: »*Möchtest du ein Mann sein? Hast du* dich entschieden, unter welcher Geschlechtsidentität du weiterleben willst? *Möchtest du weiterhin nach Weiblichkeit suchen, wie du es mit deinen Brüsten schon getan hast oder möchtest du von diesem Weg zurückkehren und in der Welt der Männer akzeptiert werden?*« Um endlich ein allgemein geduldetes Leben führen zu können, beantwortete sie diese Frage mit: »*Ja.*« Also verzichtete sie auf den Ausmusterungsbescheid, den sie ansonsten hätte bekommen können.

Da sie bis zum zwanzigsten Lebensjahr weder Ankara, noch den Kreis ihrer Familie jemals verlassen hatte, war sie sehr aufgeregt, als sie sich, begleitet von den Tränen und Liedern ihrer Familie und Verwandten, auf die Reise machte:

»*An dem Tag gingen mir lauter Lieder durch den Kopf. ›Bir anlık feryadım‹ (Ein Moment des Jammers), ›Bugün‹ (Heute), ›Yüreğimde Taş‹ (Stein auf meinem Herzen)… Ich hatte lauter Abschiedslieder im Kopf…* « (4)

In Isparta ist sie zum ersten Mal in ihrem Leben allein. Bevor sie sich bei ihrer Einheit zum Dienst meldet, geht sie in ein Kaffeehaus und denkt nach. Sie ist so fest entschlossen, an ihrer Entscheidung festzuhalten, dass sie den Blickabtausch im Spiegel mit einem Mann, der im Kaffeehaus ihr Interesse geweckt hat, abbricht, ohne ihren Tee ausgetrunken zu haben und sofort zur Kaserne geht.

Sofya, die ihren Wehrdienst beginnt wie alle anderen auch, die traurig ist, als man ihr die Haare abrasiert, sich auf einmal »*wie ein Roboter*« fühlt, als sie ihre Uniform anzieht und »*das macht, was alle anderen auch machen*« (4), fällt zu Beginn nicht weiter auf. Doch als sie sich aufgrund der Schwierigkeiten, die sie mit den neuen Lebensumständen und der Ausbildung hat, für ein Attest entscheidet, geht sie in ein Krankenhaus und zeigt einem Arzt ihre Brüste. Daraufhin verbringt sie einen Monat in der psychiatrischen Abteilung des Militärkrankenhauses Gülhane und »*verdient sich*« schließlich das Recht auf ein Attest. Im Krankenhaus hat Sofya »*eine gute Zeit*«. Sie lernt dort einen erfahrenen Homosexuellen kennen, von dem sie sehr beeindruckt ist und schafft es schließlich, ihre eigene Geschlechtsidentität klarer zu definieren. Kurz bevor sie das Attest erhalten soll, entscheidet sie sich spontan, das Dokument abzulehnen und stattdessen zur Armee zurückzukehren. Dort hat die Ruhe, die sie im Krankenhaus genossen hatte, sofort ein Ende. Aufgrund der Blicke, die ihr die anderen Männer, vor denen sie ihre Geschlechtsidentität verheimlicht, zuwerfen, beschleicht sie das ungute Gefühl, dass man ihr Geheimnis entdeckt habe. Als sie selbst einen weiteren Homosexuellen »zu entdecken glaubt«, vermeidet sie jeden Kontakt mit ihm. So wird die Zeit im Gefreitenregiment, die mit ihrer Rückkehr aus dem Krankenhaus beginnt, zu einem »Albtraum« für Sofya. Als der Frühling kommt, kann sie ihre Brüste nicht länger verstecken. Der Arzt in der Krankenstation begreift, was es mit Sofya auf sich hat und sagt zu ihr: »*Zünde dir eine Zigarette an… Du wirst sehen, dass es viel schöner ist, mit einer attraktiven Frau zu schlafen als mit einem Mann. Du solltest dich auf Frauen konzentrieren.*«

Als der Arzt sein Wissen aufgrund der Vorschriften mit ihrem Regimentschef teilt, wird der »Albtraum« konkreter. Obwohl der Kommandant ihr versichert, niemandem etwas zu sagen und sie anweist, ebenfalls zu schweigen, fängt er kurze Zeit später an, sie vor versammelter Mannschaft bloßzustellen und zu erniedrigen:

»*Es war gegen Mittag… ein Unteroffizier sagte: >Ist dir die Brust angeschwollen?< Sie haben mich in ein verglastes Zimmer gebracht. Sie haben mir das Oberteil ausgezogen. Dann hat er mir ins Gesicht gespuckt. Ich war in dem Zimmer. Sie haben die Einheit antreten lassen. Sie sagten ihnen, dass es so jemanden wie mich gäbe. Dort standen so viele Soldaten, und ich war ganz allein… wie ein Apfel zwischen lauter Orangen… ich habe es einfach nicht mehr ausgehalten und habe angefangen zu weinen. Dann hatten sie doch Mitleid mit mir… ich habe mich hingesetzt und geweint. Am Abend rief mich der Unteroffizier zu sich. >Wie ist das passiert?<, fragte er. Ich habe es ihm alles nacheinander erzählt. Er schaute ein wenig verletzt drein, aber auch irgendwie begierig.*« (4)

Als die Männer in Sofya »die Sache« sehen, anhand derer sie sich vergleichen und ihre eigene, gegensätzliche Position definieren können, nutzen sie diese Möglichkeit sofort aus. Sofyas Schilderungen dieses Zeitraums sind hart an der Grenze des Erträglichen. Sie kann das Erlebnis, sich vor versammelter Mannschaft ausziehen zu müssen, nicht vergessen. Sie erinnert sich noch ganz genau an eine der unzähligen Beleidigungen und Beschimpfungen, die ihr an den Kopf geworfen wurden, als sie nackt vor den anderen Männern stand: »*Wenn die Griechen kommen, würdest du ihnen sofort den Arsch hinhalten.*«

Zusammen mit diesem Erlebnis ändert sich Sofyas Leben. Sie schildert, dass sie mit »*begierigen Blicken*« und obszönem Stöhnen konfrontiert wird. Manchmal steckt man ihr Geld zu. Nachdem ihre sexuelle Identität offen gelegt ist, erlaubt man ihr nicht, ihren Wehrdienst abzuleisten. Der femininen Sofya gibt man keine Waffe, man erlaubt ihr nicht, zu schießen, sie darf nicht Wache stehen und nicht an den Ausbildungen teilnehmen, sie wird vollkommen vom sozialen Leben ausgeschlossen. Sofya, die oft ins Krankenhaus geschickt wird, wird als »schlechtes Beispiel« für die übrigen Männer innerhalb des Regiments ständig verfolgt und beobachtet:

»*Jede Bewegung, jeder meiner Schritte innerhalb der Einheit wurde kontrolliert. Alle beobachteten mich. Alle Augen ruhten auf mir. Ich war ganz allein. Sogar diejenigen, mit denen ich mich gut verstanden hatte, gingen auf Distanz. An der Ausbildung durfte ich nicht teilnehmen. Ich saß bis zum Abend in der Kantine herum. Ich half bei den Arbeiten, die in der Kantine anfielen. Der Regimentschef hatte in einer Besprechung den Befehl gegeben, mich ständig zu beobachten. Sie gingen hinter mir her und beobachteten mich. Sie versuchten das zu verheimlichen, aber ich konnte es spüren. Es gab da einen Hauptgefreiten aus Antakya. Er sagte: >Man hat mir die Aufsicht über dich übertragen. Ich bin für alles verantwortlich, was du tust<.*«[4] (4)

---

4 Auch die Aufsicht über Soldaten, die als selbstmordgefährdet gelten oder die im Verdacht stehen, Drogen zu nehmen, wird einem Hauptgefreiten übertragen.

Als Sofya ihrer Rolle entsprechend auftritt und damit keine Gefahr für die Männlichkeitsmechanismen mehr darstellt, gewinnt sie die »Zuneigung« der anderen. Trotz dieser Zuneigung darf sie sich von den Männern, mit denen sie über einen langen Zeitraum hinweg ihr Leben geteilt hat, bei ihrer Entlassung nicht verabschieden:

»*Er sagte: ›Şeref, ich schicke dich jetzt weg. Pack deine Sachen zusammen. Mach dich sobald wie möglich auf den Weg. Verabschiede dich von niemandem. Aber sei nicht traurig.‹ Wir haben uns die Hand gegeben. Sie haben mich noch bis zum Tor gebracht. Dann bin ich gegangen.*« (4)

Seit ihrer Pubertät hatte man sich in ihrem Umfeld abgemüht, Sofya zum Mann zu machen. Um ihre Familie und ihre Nächsten nicht zu enttäuschen, versuchte sie seitdem, sich den ihr zugewiesenen Geschlechtsmustern zu fügen, sie willigte ein, eine Beamtenlaufbahn einzuschlagen und zu heiraten. Doch den schlimmsten Konflikt mit ihrer Identität erlebte Sofya beim Militär, diesem Labor für Männlichkeit. Mit den dort verstärkt betonten Männlichkeitsnormen konfrontiert, entdeckt Sofya ihre eigene Identität und sagt:

»*Nach dem Wehrdienst hat sich mein Leben stark verändert. Einerseits empfinde ich alles, was ich bis dahin erlebt hatte, als wirklich, andererseits wiederum als unwirklich. Ich habe auch diese Tage erlebt, natürlich habe ich sie erlebt. Aber ich versuche nicht, sie im Gedächtnis zu behalten. Irgendwie wünsche ich mir fast, ich hätte nichts gesagt und das alles nicht erzählt.*« (4)

11. Kapitel:

Heldenhaftigkeit allein reicht nicht aus

Zu Beginn dieses Buches wurde bereits angedeutet, dass Krieg, den die meisten muslimischen Männer zu Osmanischer Zeit erlebt haben, gleichzeitig eine Gelegenheit für Begegnungen, Reisen und das Sammeln von Erfahrungen war. Kriege gab und gibt es auch während der Zeit der Republik, wenn auch mit im Vergleich zu damals eingebüßter Intensität. Im Rahmen der Nachforschungen haben wir mit Männern gesprochen, die am Koreakrieg 1950, am Zypernkrieg 1974, am Krieg in Somalia 1990 und an den in den neunziger Jahren in der Türkei stattfindenden Kämpfen teilgenommen haben. Obwohl ein Teil der Männer angab, Angst gehabt zu haben und einige sich ganz allgemein gegen Krieg aussprachen, so berichten die meisten doch, »furchtlos« in den Krieg gezogen zu sein – vielleicht auch, weil sie keine andere Wahl hatten. Ein Teil verherrlicht die eigene Rolle dabei anhand der als unantastbar geltenden Symbole des Krieges und machte sich scheinbar voller Vorfreude auf den Weg, »um die Ehre des Vaterlandes zu retten« oder »den anderen Ländern unsere Stärke zu demonstrieren«. Auf diese Weise erreichten sie die »höchste« Stufe der Männlichkeit: die des »kriegserfahrenen« Mannes. So bricht zum Beispiel Mehmet Kaya mit dem Bewusstsein in den Krieg auf, dass er den »Rechten Weg« betrete. (Im Islam ist der »Rechte Weg« *(Hak Yolu)* der der guten Gläubigen, Gottesfürchtigen, Anm. D. Üb.) Er beschreibt, dass er sich »*wie ein Vogel*« aus seinem Nest erhebt, um die über religiöse Mythen definierten »*Feinde*« zu verjagen, aber sein Herz bei seiner Familie zurücklässt. Weil er weiß, dass er vielleicht in den Tod geht, nimmt er den »*Stift der Liebe*« in die Hand und hofft, dass die »*Herzenswärme*« derer, die er zurücklässt, bestehen bleibt:

»Denke nicht an mich, meine geliebte Mutter
Möge Gott mit euch sein
Auch wenn wir uns nicht sehen, ist mein Herz doch bei euch
Ich hoffe und bete, dass die liebevollen Gespräche unter euch nie enden wer-
den
Ich habe den Stift der Liebe in die Hand genommen
Habe meiner Zunge den Namen Gottes verliehen
Ob sich die Nachtigall wohl noch einmal auf der Rose niederlässt?
Sie hat sich aus dem Nest in die Lüfte erhoben
Wir gehen jetzt fort.
Die Armee ist das Gebot Gottes, der Weg des Propheten
Das Schicksal der Diener Gottes, die diesen Weg nicht einschlagen, ist un-
gewiss
Möge Gott uns davor bewahren
Der Gott, der unsere Feinde verflucht.« (19)

Mit welchen Gefühlen sie auch in den Krieg gehen mögen – alle befragten Männer schildern, dass sie von den Eindrücken der intensiven
Gewalterlebnisse nicht loskommen können. Selahattin Ç., der am Zypernkrieg teilgenommen hat, deutet Geschichten von Plünderei und
Vergewaltigung zwar an, scheut sich aber davor, Details wiederzuge-
ben. Seine Gewissensbisse verbirgt er jedoch nicht:

»Ich bin durchgedreht. Wir haben so viel gesehen und erlebt... vieles hat
mich fertig gemacht. Und es macht mich immer noch fertig... wenn man
darüber nachdenkt, bekommt man Gewissensbisse. Was haben wir da bloß
gemacht?« (44)

Mehmetçikler versuchen, sich mithilfe verschiedener Begründungen
über die Torturen des Krieges hinwegzutrösten. So wird zum Beispiel behauptet, die Bedingungen im Krieg seien aus verschiedenen
Gesichtspunkten besser: es gäbe keine Bevorzugung derer, die schon
länger bei der Armee sind, das Verhältnis zwischen höheren und nied-
rigeren Rängen hielte ein gewisses Niveau, Beleidigungen und Prügel

nähmen ab und sogar dem Alkoholgenuss gegenüber gäbe es eine gewisse Toleranz:

»*Auf keinen Fall hätte ein Kommandant dort einen Soldaten öffentlich beleidigt. Er hätte ihm Befehle erteilt, das natürlich schon. Und natürlich durfte der Soldat diesen Befehl auch nicht widersprechen. In Yüksekova hatten wir alle ein freundschaftliches Verhältnis. >Komm, Bruder, komm, mein Alter< – so haben wir uns dort gegenseitig angesprochen.*« (15)

»*Bei uns war alles erlaubt. Alkohol und so waren erlaubt, meine ich. Das war nicht verboten. Die Tische waren immer reich gedeckt. Grillfleisch, Kebab… das war schon schön…*« (3)

Mehmet Kaya, der am Koreakrieg 1952 teilnahm, erzählt, dass die soldatischen Regeln im Krieg vergleichsweise lockerer waren. Zum Beispiel war es erlaubt, sich Haare, Schnurr- und Vollbart wachsen zu lassen:

»*Die Soldaten hatten Schnurrbärte wie Fahrradlenker. Unser Kommandant sagte immer: >Meine Soldaten sind echte Kerle<.*« (19)

Diese Erzählungen können unter den Männern, die nicht im Krieg sind und die unter den Mühen des Militärs leiden, den Wunsch erwecken, sich in einem Kriegsgebiet zu beweisen. Das Gefühl der eigenen Wertlosigkeit versuchen sie zu überwinden, indem sie betonen, dass sie dem Tod willig ins Auge sehen:

»*Die häufigste Reaktion war diese: Statt ihren Wehrdienst dort abzuleisten, zogen sie es vor, in den Osten zu gehen und gegen die PKK zu kämpfen. Das meinten sie ganz ehrlich, sie sagten das nicht, um anzugeben. Sie meinten: >Wenn wir kämpfen würden, würde man uns auch wertschätzen. Selbst wenn man keinen Rang hat, ist man doch etwas wert, wenn man eine Waffe in der Hand hat. Wenn sie uns doch nur kämpfen schicken würden… <.*« (7)

Im Kriegszustand ist es jedoch nicht einfach, mit der Psychologie des Todes fertig zu werden. An diesem Punkt kommen meist Freundschaft, Sexualität und die Suche nach Abenteuern ins Spiel. Ali S., der mit einer Spezialeinheit in den (kurdischen, Anm. d. Üb.) Südosten des Landes geschickt wurde, um »gegen den Terror zu kämpfen«, wurde dort mit dem Tod konfrontiert. Er erzählt, dass er große Probleme damit hatte, Landsleute erschießen zu müssen und erklärt, dass er sich, um durchzuhalten, vorstellte, in einem Film zu spielen. Ali nennt als Beispiele »Zwei glorreiche Halunken« und »Rambo«, amerikanische Filme, die in Texas oder Vietnam spielen. Er schildert, dass er sich mit den darin vorkommenden Helden identifizierte. Er empfand die im Krieg erlebten »Abenteuer« jedoch auch als notwendig, um ein »guter« Mann zu werden und ist der Meinung, interessante Geschichten erlebt und neue Orte gesehen zu haben:

»Wenn ich Geld hätte, wäre ich wahrscheinlich nicht so weit im Südosten herumgekommen, schon gar nicht bis zu den Höhlen dort. (...) Die Zeiten, an denen ich mich vor Regen und Terror in Tonöfen und in Hühnerställen versteckt habe... solche Zeiten habe ich wirklich erlebt. Als Kind spielt man Verstecken und Mutter-Vater-Kind, und für mich war der Wehrdienst genauso.« (26)

Mustafa C., der sich in Ardahan in kriegerischen Situationen wiederfindet, erinnert sich an die Filme von Cüneyt Arkın:

»In einem Dorf, am Fluss, war es wie in den Filmen von Cüneyt Arkın; ich weiß nicht, hast du die gesehen? Bewaffnete in einem Dorf... dann kommt es doch zu Schießereien... genau so haben wir das auch erlebt... er schießt am Fluss auf uns und wir verfolgen ihn. Er schießt auf uns und wir laufen ihm hinterher. Wir gehen in Deckung und er schießt auf uns. Dann geht er in Deckung und wir schießen auf ihn. Den ganzen Fluss entlang haben wir uns mit einem Terroristen so eine Verfolgungsjagd geliefert. Sie nennen sie doch heutzutage Terroristen, also nenne ich sie eben auch so. Man weiß ja auch nicht genau, ob der andere ein Terrorist ist. So etwas haben wir da er-

lebt. Er lief weg und wir waren hinter ihm her. Nach der ganzen Schießerei haben wir aufgegeben und sind zurückgegangen... « (35)

Aber Filme und Illusionen reichen nicht aus. Ali S. erzählt, dass er weinte, dass sein *»seelisches Gleichgewicht«* aus den Fugen geriet und dass es ihm sehr schwer fiel, auf andere Menschen zu schießen. Aber er sagt auch, dass er *»ein reines Gewissen hat«*, weil er *»niemandes Ehrgefühl verletzt hat«*.

Im Krieg, wenn Gewalt- und Disziplinarmechanismen strenge Anwendung finden, erleben Männer das Sterberisiko und den Zwang zu töten vermischt mit Angst, schweren Traumata, Apathie, sowie Gefühlen von Ehre und Heldenhaftigkeit. Dementsprechend fühlen sie zwar, dass sie im Falle des Todes mit einem als heilig geltenden Wesen verschmelzen und sich als »Märtyrer« (Im Türkischen werden Soldaten und Polizisten, die bei der Ausübung ihrer Pflicht zu Tode kommen, als şehit, als Märtyrer, bezeichnet. Anm. d. Üb.) über die anderen erheben werden, aber natürlich möchten sie andererseits auch weiterleben. So wie schon bei der Erfahrung der Beschneidung wird versucht, Angst und Hoffnungslosigkeit manchmal durch Vergnügungen, manchmal mit Tapferkeitsbekundungen zu unterdrücken:

»Die Psychologie jedes einzelnen war anders. Es gab diejenigen, die sich den Umständen vollkommen angepasst hatten. Es gab welche, die sagten: >Ich kann das richtig gut.< (...) Eines Abends, als wir gerade Wassermelonen aßen, hörten wir auf einmal Schüsse und Leuchtmunition schwirrte an uns vorbei. Sie rührten sich überhaupt nicht, während ich Angst bekam, und ich will nicht lügen, ich fragte mich, wohin ich da geraten war... « (15)

»Man bläst sich richtig auf... man sagt, der Feind ist eben der Feind... « (40)

»Der Hauptmann sagte: >Morgen früh zu der und der Zeit nehmt ihr eure Waffen und haltet sie so über dem Kopf, wir werden Gewässer durchqueren... und in den Krieg ziehen...< In dem Moment haben manche

geweint, manche haben Lieder gesungen... natürlich hatten sie Angst. Manche weinten, manche sangen, manche waren froh. Es war wie auf einer Hochzeit.« (18)

»Es war zur Zeit des Zypernkonfliktes. (...) Viele kamen und gingen... einer von denen schoss sich selbst in den Fuß. Einer von denen, die aus dem Krieg zurückkamen... um als Kriegsversehrter entlassen zu werden oder so etwas. Die, die als letzte zurückkamen, waren seelisch ganz schön zerrüttet...« (12)

Während diejenigen, die am Krieg innerhalb der Türkei und in Zypern teilgenommen hatten, in der Regel über die erlebten Widersprüche, die Ängste und Gefahren sprachen, erzählten die aus Korea und Somalia Zurückgekehrten vorwiegend mit Sexualität durchsetzte Geschichten. Im Kriegsgebiet floriert die Prostitution und die Soldaten sorgen über Kriegsopfer und Sexarbeiterinnen für ihre sexuelle Befriedigung. *Mehmetçikler* erleben die Grenzen zwischen »schändlich« und »Abenteuer« sowie zwischen »Niederträchtigkeit« und »Schürzenjägerei« als fließend. Mehmet K.'s Schilderungen zufolge erkrankten 85 Soldaten in seinem Bataillon an sexuell übertragbaren Krankheiten wie Tripper oder Syphilis. Auf ein von der Kommandantur verfasstes Rundschreiben hin wurden allen, die sich eine Krankheit einfingen, die Haare mit einem Rasiermesser abrasiert. Aber auf die meisten wirkten weder die Krankheiten noch die Strafen abschreckend. Burhan S. erzählt, dass man in Somalia mit den Frauen in Panzerwagen schlief:

»Die Frauen kamen. Frauen kümmerten sich bei uns um die Putzarbeiten und solche Sachen. Ob nun amerikanische Soldaten oder unsere – um mit ihnen zu schlafen, gaben die Kameraden ihnen Geld. Ich sagte: >Entschuldigt, aber ihr seid wirklich miese Schweine, die haben doch Hunger, wie könnt ihr so etwas nur tun?< Sie fuhren ja mit Panzerfahrzeugen Patrouillen... die haben sogar in diesen Panzerfahrzeugen mit Frauen geschlafen. Für drei Dollar, fünf Dollar... sie kamen und erzählten es uns sogar.« (3)

Mehmet kehrte mit ähnlichen Aussagen und Urteilen aus Korea zurück. Ihm zufolge ist ein Land zu besetzen gleichbedeutend damit, dessen »Ehre« zu zerstören, oder anders gesagt: »auch die Ehre der Frauen wird dabei zerstört«:

»Ich bin hinter das Gebüsch gegangen und da haben die Soldaten mit den Frauen… es gibt ganz schön unanständige Frauen in Korea. Ihre Huren nennen sie Schakchi. (…) >Steht auf ihr Tiere, ihr Hundesöhne<, habe ich gesagt. Die Frauen waren wirklich splitterfasernackt. Wie Schweine… (…) Die haben überhaupt keine Ehre, gar keine Selbstachtung… bei denen ist das nichts Unanständiges, die sehen diese Arbeit als eine Kunst. (…) Da kam eine ganz nackte Frau und lief ins Wasser. Sie sagte: >Hauptmann, wenn du dich zu mir legst, werde ich dich glücklich machen. Wenn du nicht willst, schicke einen deiner Soldaten.< Der Kommandant sagte: >Jungs, achtet nicht darauf, die haben überhaupt keinen Ehrbegriff hier.< Wir haben sie natürlich überhaupt nicht respektiert… Siebzehn verschiedene Staaten haben ihr Land besetzt. Ob nun diese Staaten die Moral der Frauen zerstört haben oder ob die vorher schon unanständig waren, weiß ich nicht.« (19)

Als dieses »Abenteuer« vorbei war, kehrte Mehmet nach Hause zurück und schrieb seiner Mutter ein weiteres Gedicht, um seinen Stolz darüber zum Ausdruck zu bringen, dass er seinen Wehrdienst heil und gesund zum Abschluss gebracht hatte:

»Der Wehrdienst gehört zu unseren heiligen Pflichten,
Also lasst ihn uns richtig machen
Wenn ein Mann zur Armee gerufen wird,
Und er sofort zur Kommandantur eilt
Und in Demut für Volk und Religion eine Stunde Wache hält
Wenn er auf diese Weise öffentlich betet
Wird der Wehrdienst zu Gotteslohn
Wenn jemand, möge Gott es verhüten, den Wehrdienst meidet und
Den falschen Weg betritt

Wenn er seine Ausrüstung weggibt oder ruiniert
Dann hat er keinen Glauben in seinem Herzen
Und er wird in all seinem Zorn und in dieser Welt keine zweite Chance er-
halten
Seinen Wehrdienst abzuleisten« (19)

12. Kapitel:

Und der *Mehmetçik* wird zu *Mehmet*

>*»Komm endlich, Entlassungsschein, komm Entlassungsschein*
>*Damit diese Sehnsucht endlich ein Ende hat*
>*Die Mutter, der Vater und die Schwester zu Hause*
>*Die sehnen sich nach deinem Gesicht.«*[1]

Gezählte Tage vergehen. Auch wenn sich der *Mehmetçik* mit der Zeit an den zu Beginn unendlich erscheinenden Wehrdienst gewöhnt, so sehnt er doch den letzten Tag immer herbei. So wie auch die Insassen eines Gefängnisses, zählt er jeden einzelnen Tag, den er noch abzuleisten hat: eine »heilige« Beschäftigung, das »Morgengrauenzählen«. Ein großer Teil der Männer, die wir befragt haben, zählten auf die eine oder andere Weise ihre Tage. Außer in Form von Strichen in einem Heft taucht dieses Thema auch oft in täglichen Unterhaltungen auf, sogar eine eigene Sprache mit eigenen Ausdrücken entwickelt sich:

>*In Çerkezköy gab es viele Krähen. Sie gingen mir unheimlich auf die Nerven. Wir waren ja Gefangene, wir saßen ja in der Kaserne fest. Die, die schon länger dabei waren, sagten zu den Neuankömmlingen: >Siehst du die Krähen? Schau gut hin, jede steht für einen Tag.< Sie meinten damit, dass es so viele Krähen waren, wie noch Tage abzuleisten waren. Warum taten sie das? Ihnen blieben ja nicht mehr viele Tage. Sie wussten, dass sie bald fertig waren ... «* (7)

>*Von der Kaserne aus sah man die Straße nach Istanbul. Es gab auch eine Fußgängerbrücke. Die Soldaten fragten einander: >Siehst du die Brücke?<*

---

1 Liedtext der in den 70er Jahren berühmten türkischen Popsängerin Esmeray

Die Brücke zu sehen bedeutete, dass der Tag der Entlassung näher kam. Es gab einen Jungen, der Ramazan hieß. Er kam aus Mardin. Er fragte einen anderen Jungen aus Urfa, İbrahim: >Siehst du die Brücke?< Und İbrahim erwiderte: >Ja, ich sehe sie.< Dabei hatte er noch ein ganzes Jahr vor sich. Ramazan sagte: >Was siehst du denn? Ich kann sie nicht sehen, wie kann es sein, dass du sie siehst? Einen Scheiß siehst du<.« (7)

Die letzten Tage vergehen mit gemischten Gefühlen. Die Männer sind sowohl verunsichert als auch verwirrt. In der Regel haben sie Schwierigkeiten zu glauben, dass der lang ersehnte Tag endlich da sein soll. Andererseits kann auch die bevorstehende Rückkehr in eine Umgebung, deren Lebensrhythmus, Lebensweise und Tagesablauf sie so lange fern waren, Grund für Nervosität sein. Auch wenn es eine Erleichterung bedeutet, das streng reglementierte Umfeld der Armee zu verlassen, wissen die Männer, dass bald große Verantwortung auf ihnen lasten wird. Ein Großteil ist verunsichert, weil sie nicht genau wissen, was sie im »zivilen Leben« machen werden. Diejenigen, die ungefähr wissen, welcher Arbeit sie nach ihrer Rückkehr nachgehen, sind unruhig, weil sie dem Arbeitsumfeld so lange fern geblieben sind und sich dementsprechend unvorbereitet fühlen. Für manche bedeutet die Beendigung des Wehrdienstes der Beginn der Vorbereitung auf die Ehe.

Der Mann bereitet sich auf ein neues Leben entweder mit einer Frau vor, die er zu lieben glaubt und die seine Familie im Vorfeld für ihn ausgesucht hat, oder aber mit einer noch unbekannten zukünftigen Brautkandidatin. Diejenigen, die bereits Frau und Kinder haben, erleben das Gefühl der »Wiedersehensfreude« und die Aufregung neuer Verantwortungen gleichzeitig. Sie sind sich der Erwartungen und Aufgaben, die die Gesellschaft an Männer stellt, die ihren Wehrdienst beendet haben, durchaus bewusst:

»Wir waren aufgeregt. Auch innerlich ruhig. Ich hatte das Gefühl, dass eine riesige Last von meinen Schultern genommen worden war… ich würde mich um eine Arbeit bewerben, einen Masterabschluss machen. Man fühlt,

wie alle Last von einem abfällt. (…) Man fühlt sich befreit, wirklich befreit… « (5)

»Der letzte Tag ist natürlich der schönste des ganzen Wehrdienstes. Man würde endlich Frau und Kinder wiedersehen. Wir fingen schon morgens damit an, uns auf das Wiedersehen mit unseren Familien vorzubereiten… Wir sind nach Ankara gefahren. Wir haben uns alle zusammen irgendwo reingesetzt. Wir haben zusammen etwas getrunken und uns so voneinander verabschiedet. Dann sind wir alle in die Busse gestiegen, jeder in den, der in nach Hause brachte… « (32)

Sadık K., der 1919 in İzmir geboren wurde, bereitete sich mit einem selbst ausgedachten Ritual auf den neuen Lebensabschnitt vor. Eine Frau, die er in Mardin, wo er seinen Wehrdienst absolvierte, kennen gelernt hatte, bat er, für sich Wolle zu spinnen. Dann gab er dem Enkel der Frau Geld und nahm die Wolle mit zu seiner Mutter, damit sie ihm daraus Strümpfe stricken sollte:

»Dort gab es so eine allein stehende Frau. Jemand hatte ein Schaf geschoren und mir die Wolle gegeben. Damit ich ein Kissen daraus mache… und das habe ich auch getan. Ich habe zu ihr gesagt: ›Nimm diese Wolle und spinne sie für mich. Ich will sie mit nach Hause nehmen. Meine Mutter soll mir daraus Strümpfe stricken, als Andenken.‹ Sie hat die Wolle gesponnen. Ich bin gegangen, um sie abzuholen. Dann habe ich ihrem Jungen eine Lira gegeben. Er hat mir die Hand geküsst und mich umarmt… « (29)

Der Abschied von den Freunden, die man unter so schwierigen Bedingungen kennen gelernt hat, ist in der Regel traurig:

»Ich habe die Freunde und alles dort zurückgelassen und bin hergekommen. Ich habe mich gefragt, ob ich etwas vermissen würde und mir gesagt, dass das sehr wahrscheinlich so sein würde. Man vermisst seine Freunde… dort fühlt man sich natürlich ganz anders… « (2)

»Ich war glücklich bei der Armee, aber als ich durch das Tor rausgegangen bin und sich die Bustür hinter mir schloss, habe ich auch gedacht: ›Gott sei Dank, das habe ich hinter mir.‹ Es nimmt einen trotzdem auch mit, dass man geht. Es macht einen traurig, sich von den Freunden zu trennen. Aber als ich dann in den Bus stieg, wurde ich wieder fröhlich. Wenn man einmal durch das Kasernentor gegangen ist, rennt man los ohne sich noch einmal umzudrehen. Es fühlt sich an, als würden die Füße nicht einmal den Boden berühren. Die vierzehn Stunden im Bus fühlte ich mich, als würde ich schweben. Wenn der Wehrdienst rum ist, schwebt man.«

Auf eine ähnliche Art wie bei den Entlassungsfeiern im Gefängnis wird auch die »Entlassung eines Mannes aus der Armee« von verschiedenen Ritualen begleitet. Eine spezielle Feier wird veranstaltet, man wartet gemeinsam auf den Tagesanbruch, es wird demonstrativ zusammen »geseufzt« und für den Entlassenen muss ein Glas zerbrochen werden oder man lässt ihn, damit er die gelernte Disziplin nicht gleich wieder vergisst, in der letzten Minute noch Liegestütze machen:

»Sie haben erzählt, dass die meisten aufs Dach steigen und dort auf den Sonnenaufgang warten. Wir sind zu dritt aufs Dach gegangen. An unserem letzten Tag haben wir uns Zigaretten angezündet und sind aufs Dach gestiegen, ohne dass uns jemand gesehen hätte. (…) Gegen Morgen kamen wir wieder runter…« (13)

»Die Soldaten versammeln sich für diejenigen, die ihren Entlassungsschein bekommen werden und lassen sie gemeinsam laut aufatmen. Es wird gesagt: ›Die gesamte Kompanie seufzt.‹ Und alle schreien: ›Uff, uff.‹ Und dann wird gesagt: ›Und jetzt seufzt Ahmet‹ und dann schreit der auch: ›Uff, uff.‹ Es gibt Kuchen oder Bonbons. Es wird Limonade getrunken. Das macht man für die, die ihren Entlassungsschein bekommen. Es wird Musik gemacht. Je nach dem, woher die Mehrheit kommt, wird die Musik dieser Region gespielt… so wie man von Zurna und Trommeln begleitet zur Armee geschickt wird, genauso schickt man die Entlassenen von dort wieder nach Hause.« (7)

Für manche werden die über einen langen Zeitraum hinweg angesammelten Kränkungen noch am letzten Tag durch einen Zwischenfall oder eine Strafe symbolisiert:

>>Mein letzter Tag war nicht schön. Ich saß vorher zehn Tage lang im Arrest. Zehn Tage lang wurde ich verprügelt. Zehn Tage lang habe ich den Abwasch für die Schützen gemacht. Ohne mich von meinen Freunden zu verabschieden, habe ich mich umgezogen. Ich habe mir geschworen, mich nicht noch ein einziges Mal umzudrehen.<< (28)

>>Wie in einem Vietnamkriegsfilm habe ich mich im Wald von meinen Freunden verabschiedet. Dann haben sie uns hinten in den Abwaschlaster einsteigen lassen, zwischen all das Geschirr... auf dem freien Feld hat es wie verrückt geschaukelt. Wir waren auf einmal selbst nur noch Geschirr. Das war keine schöne Sache... Man fühlte sich wie dreckiges Geschirr, wie ein Objekt, mehr war man eben nicht wert... << (7)

>>Bevor ich gegangen bin, habe ich alle zusammengetrommelt, es gab Süßigkeiten und Kringel, wir haben gegessen und getrunken. Habe Geschenke gekriegt. (...) Ich sagte: >Herr Kommandant, ich gehe.< Der Kommandant hat überhaupt nicht reagiert. Er hat nicht mal gelächelt. Er hätte doch wenigstens sagen können: >Mach's gut< oder so was... ich habe allen die Hand gegeben, und als ich mich zum Schluss zu ihm umgedreht habe, sagte er: >Nun mach schon, damit wir wieder an die Arbeit gehen können.< Ich war wirklich schockiert. Aber es war mir auch egal. Ich war ja so gut wie weg. Ich habe mir überhaupt nichts daraus gemacht. >Zu Befehl, Herr Kommandant< und hopp, habe ich mich umgedreht und bin schnurstracks nach Trabzon zurückgekehrt.<< (23)

Oft geschieht es, dass Männer, die ihren Entlassungsbescheid in der Hand haben und durch das Kasernentor ins Freie getreten sind, noch so lange fürchten, man könnte sie >>zurückrufen<<, bis sie sich ausreichend weit von der Kaserne entfernt haben:

»Man kann es einfach nicht glauben, alle haben da so eine Macke, dass man zurück muss... als ich raus ging, habe ich mich zuerst gefragt, ob ich das auch erlebe. Empfunden habe ich irgendwas dazwischen. Man fühlt, dass es kein Zurück mehr gibt. Es ist das letzte Mal, dass man durch dieses Tor geht. Man sagt sich: >Mann... echt jetzt...< Meine Freunde hatten erzählt, dass man mit fast fliegenden Schritten rausgeht, weil man denkt, sie könnten einen zurückrufen. Ich habe mich immer wieder umgeschaut... wahrscheinlich hatte ich mir das von denen einreden lassen, ich selbst hatte dieses Gefühl nicht.« (7)

»Ich hatte keine Uniform an, trug keine Waffe, überhaupt keine Last... sobald man die Kaserne verlassen hat, fühlt man sich wie ein Vogel. Dann bekommt man Angst, dass sie einen vielleicht zurückrufen könnten. Mit dieser Angst im Bauch geht man.« (40)

Der kleine »Scherz«, den der Universitätsabsolvent Metin K. aus Nevşehir über sich ergehen lassen musste, verlief so:
Metin war gerade entlassen worden und am Tor warteten schon seine Mutter, sein Vater und sein Großvater auf ihn. Als er, mit den Entlassungspapieren in der Hand, gerade gehen will, sagt der Kommandant zu ihm: »Dich entlasse ich erst später.« Widerspruchslos fügt sich Metin. Eine kurze Weile später sagt der Kommandant scherzhaft zu ihm: »Jetzt komm, verfick dich.« Dieser Ausdruck – verfick dich – bleibt Metin im Gedächtnis haften und seine Schilderung erscheint fast sado-masochistisch:

»Er sagte: >Dir brumme ich eine Strafe auf, du gehst nicht.< Ich sagte: >Das macht nichts, in Ordnung.< (...) Ich packte alle meine Sachen zusammen. Meine Eltern standen am Tor. Mein Großvater auch. Ich lief vor meiner Stube auf und ab. Der Kommandant sagte: >Na los, du kannst gehen.< Er hatte wohl einen Scherz gemacht. Er sagte: >Na los, Mistkerl, verfick dich<.« (34)

13. Kapitel:
Rückkehr nach Hause

Wie schon der Weg zur Armee, so hinterlässt auch die Rückkehr nach Hause bei vielen bleibende Spuren. Alles um die Männer herum wird mit größtem Interesse wahrgenommen. Einer der befragten Männer verglich diese Situation damit, aus der Dunkelheit an die Sonne hinauszutreten und von ihr »geblendet zu sein«. Da die Männer über einen längeren Zeitraum hinweg keine wirklichen Kontakte knüpfen konnten und vom Alltag und den Sorgen des Lebens abgeschnitten waren, erleben sie die Rückkehr ins alltägliche Leben mit einer Mischung aus Aufregung, Furcht und Sehnsucht:

»Ich hatte mich mit einem Freund abgesprochen und wir sind am gleichen Tag gefahren. Wir sind zusammen nach Sirkeci gegangen. (Sirkeci ist der Hauptbahnhof auf der europäischen Seite in Istanbul, Anm. d. Üb.) Das war ein schöner Moment. Wir setzten uns in den Zug, aber ich konnte einfach nicht stillsitzen, ich wollte mich noch ein wenig umsehen, herumlaufen... in Sirkeci gibt es eine nette Teeküche. Über dem Bahnhof, dort haben wir Tee getrunken und etwas gegessen.«

»Ich fühlte mich befreit. (...) Man entledigt sich einer riesigen Last. Man kann auf einmal eine bessere Arbeit finden. Man kann sich viel freier bewegen. Darum geht's ja...« (2)

Wenn die Männer, die von ihren Familien auf sentimentale und feierliche Weise in die Armee verabschiedet wurden, nach Beendigung des Wehrdienstes wieder von ihren Familien und Freunden abgeholt werden, fühlen sie, dass ein Ritual zum Abschluss gekommen ist und sind erleichtert:

»Als ich mit der Armee fertig war und nach Diyarbakır zurückkam, haben mich meine Brüder und mein Vater am Busbahnhof abgeholt. Das war auch ein schönes Gefühl ... « (20)

»Es war schön. Die Familie ist mich abholen gekommen. Das war gut. Freudentränen... Auf einmal ist alles vorbei. Man ist endlich frei... « (3)

»Ich habe sie überrascht! Ich bin nach Hause gekommen und habe mich versteckt. Alle waren ausgegangen. Ich bin in ein Zimmer gegangen, habe mir eine Zigarette angesteckt und als ich rausgekommen bin, sind sie aus allen Wolken gefallen... « (8)

Ali S., der aus dem Kriegsgebiet im Südosten der Türkei nach Hause zurückkehrt, ist die ganze Fahrt über voller Ungeduld. Aber sobald er zu Hause ankommt, fängt er an, herumzumäkeln:

»Ich bin in den Bus gestiegen. Von Siirt nach Adana waren es ungefähr neun Stunden. Diese neun Stunden sind mir wie neun Jahre vorgekommen. Der Weg nahm einfach kein Ende. Aber schließlich kam ich doch an. Ich hatte vorher nicht anrufen können, um Bescheid zu geben, dass ich entlassen worden war... es gab in unserer Kaserne nämlich keine Möglichkeit zu telefonieren. Damals gab es auch bei uns zu Hause kein Telefon. Ich kam also an. Das war in der Nacht, so gegen zwei oder drei... also habe ich sie alle geweckt. Man hat sich umarmt, geweint, aber das waren alles Freudentränen. >Hast du Hunger, mein Junge?< Sie hatten Saubohnen in den Bulgur gemischt. Diese großen Saubohnen, die hatten sie in den Bulgur getan. Ich esse kein Fleisch. Meine Familie weiß auch, dass ich kein Fleisch esse, und ich esse bis heute keins. Ich habe den Bulgur vielleicht verschlungen... dazu gab es noch sauer eingelegtes Gemüse. Ich hatte diese ganzen Speisen fast vergessen. Bulgur mit Saubohnen esse ich normalerweise. Ich sagte: >Mutter, sag mal, du weißt doch, dass ich kein Fleisch esse. Und ihr wusstet doch auch, dass ich entlassen würde, warum habt ihr dann Fleisch in den Bulgur gemischt?< Ich hatte die Saubohnen für Fleisch gehalten. Ich hatte sogar vergessen, was Fleisch ist. Ich hatte vergessen, wie es schmeckt.

Gab es denn bei der Armee kein Fleisch? Doch, aber weil wir ja die ganze Zeit in den Bergen waren, haben wir nie welches gegessen, sondern immer nur Konserven und so... « (26)

Manchmal werden die, die gerade vom Militär kommen, auch nicht gleich am Alltag beteiligt. Man gibt ihnen Zeit, sich zu erholen. Diejenigen jungen Männer, die nicht verheiratet sind und nicht sofort an den Arbeitsplatz zurückkehren müssen, erleben eine kurze Periode der »Sorglosigkeit«. Aber danach müssen auch sie an die Arbeit. Neue Lebensaufgaben warten auf sie. Manche müssen sich eine Arbeit suchen, manche kehren an ihren Arbeitsplatz zurück und manche bereiten sich auf die Ehe vor:

»*Mein Freund sagte zu mir: >Komm, ich zeige dir Istanbul... < Acht Tage lang sind wir in Istanbul spazieren gegangen... danach sind wir in unser Dorf gefahren. Wir haben mit den Kindern Fußball gespielt. Ich bin einen Monat geblieben ... Ich habe mich beim Amt beworben und gesagt: >Ich gehe zurück ins Amt. Warte nicht auf mich, geh du auch<.*« (17)

»*In der ersten Nacht hat mich nichts zu Hause gehalten. Ich bin mit meinen Freunden weggegangen. Die ersten zwei Wochen war ich nie zu Hause. Mal sind wir in diesen Abendclub, mal in jene Kneipe gegangen. Danach habe ich mit der Arbeit angefangen.*« (8)

»*Wenn man gerade von der Armee kommt, nimmt man sich zusammen. Es ist Zeit zu heiraten, man muss arbeiten gehen. Man muss etwas aus sich machen. Man hat sich natürlich auch Respekt verschafft.*« (49)

»*Wenn man zurückkommt, fängt der Ernst des Lebens an. Alle mussten zusehen, wie sie sich durchschlagen.*« (50)

»*Ich bin von der Armee zurückgekommen und habe ein Haus gebaut. Mein Vater hat dabei die Aufsicht übernommen. Er war früher Lehrer, er war sehr gebildet. Ich habe ein Haus gebaut, geheiratet... Mein Vater hat* mir ein Kälbchen geschenkt. Ich habe meinem Vater nie widersprochen. Ich habe ihm nie das Herz gebrochen. (…) Ich habe meinen Wehrdienst abgeleistet, bin zurückgekommen und habe alles genauso gemacht, wie es sich gehört…« (29)

»Bis ich zur Armee gegangen bin, habe ich nie gearbeitet. Ich hatte mich daran gewöhnt, dass immer Geld da war. Dann war der Wehrdienst vorbei… und ab da musste ich ja auch arbeiten… weil mir keiner mehr einfach so Geld gegeben hat… also habe ich mit dem Malern angefangen. Und das mache ich heute immer noch … dann habe ich geheiratet. Gott sei es gedankt, jetzt habe ich auch einen Sohn. So kommen wir eben über die Runden…« (14)

»Ich wollte nach meiner Rückkehr heiraten. Ich habe es meiner Mutter und meiner Familie gesagt. Dass sie um die Hand dieses Mädchens anhalten sollten. Das haben sie auch. (…) Sie sagten, dass ich das heiratsfähige Alter erreicht hätte…« (3)

»Ich kam zurück. Ich hatte sowieso schon eine Arbeit. Ich kam zurück und machte mit dieser Arbeit weiter. Noch am gleichen Morgen habe ich den Schlüssel abgeholt, bin früh um vier gegangen und abends um zehn nach Hause gekommen. (…) Ich arbeite eigentlich gerne… aber das ist mir natürlich ganz schön schwer gefallen. Jeden Tag zur gleichen Zeit aufstehen und zur Arbeit gehen. (…) Arbeite, reg dich… ich hatte nicht einmal Zeit zum Sterben. Wenn Gevatter Tod gekommen wäre, hätte ich ihn hochkant rausgeschmissen…« (28)

14. Kapitel:

Rohen Teig kann man nicht essen

»Die Realität wird durch das Weltbild der Menschen gleichzeitig auf eine bestimmte Weise organisiert, verändert und interpretiert; während er der unerschütterlichen Überzeugung ist, dass es sich dabei um die tatsächliche Form der Realität handelt. Während sich die Realität also verändert, nimmt der Mensch, selbst das Produkt von Einstellung und Ideologie, eine Stetigkeit, ja sogar eine Unveränderlichkeit wahr.«[1]

Nachdem die Männer ihren Pflichtdienst als Gegenleistung für gesellschaftliche Anerkennung abgeleistet haben und nach Hause zurückgekehrt sind, machen sich die nachwirkenden Eindrücke des Erlebten bemerkbar. Abhängig von der kulturellen und politischen Zugehörigkeit, der Klassenzugehörigkeit sowie den Charaktereigenschaften und Lebensumständen ist von sehr unterschiedlichen Eindrücken die Rede. Diese Unterschiede spiegeln sich auch in den Kommentaren wider, die den Wehrdienst im Nachhinein einschätzen:

»Der Wehrdienst war großartig. Ich hatte weiß Gott überhaupt keine Schwierigkeiten.« (14)

»So was wollte ich auch erleben, und ich tat es…« (12)

»Sogar zu Hause war es nicht so gemütlich.« (50)

»Ich habe überhaupt nichts gelernt. Meine Jugend ist dabei draufgegangen. In der schönsten Zeit meines Lebens musste ich zur Armee.« (3)

---

1 Vorwort des Übersetzers Kılıçbay zu Georges Duby *Mâle Moyen Age*

»Der Wehrdienst ist für unser Land auf alle Fälle nötig. Wenn es ihn nicht gäbe, würden sich andere unser Land garantiert unter den Nagel reißen. Deswegen ist der Wehrdienst außerordentlich wichtig...« (17)

»Man isst, man trinkt, man steht Wache. Mehr ist es nicht.« (5)

BEGLEITERSCHEINUNGEN

Ein Großteil der Männer hat Schwierigkeiten, sich nach der Rückkehr vom Militär wieder an das »zivile« Leben zu gewöhnen. Als ein natürlicher Effekt der über einen langen Zeitraum hinweg eingesetzten Disziplinarmethoden wachen sie morgens in der Erwartung auf, antreten zu müssen; es fällt ihnen schwer, die Gewohnheiten, die sie sich bei der Armee angeeignet haben, wieder aufzugeben:

»Ich stand immer sehr früh auf. Mit der Zeit habe ich mich daran gewöhnt, später aufzustehen...« (3)

»In der ersten Nacht habe ich einen Freund besucht. Ich habe mich zu ihm gesetzt und einfach nichts gefunden, worüber ich mit ihm hätte reden können. Ich dachte immer daran, dass am Abend wieder angetreten werden muss. Ich hatte das Gefühl, sehr langweilig zu wirken. Mir fiel einfach gar nichts ein. Ich hörte zwar zu, konnte aber keine Antworten geben... (...) In der Nacht habe ich viel geweint. Ich fragte mich, ob das ein bleibender Schaden war, ob ich von nun an immer so sein würde...« (31)

»Mir ging es eigentlich sehr gut. Ich war glücklich, dass es endlich vorbei war, Appetit hatte ich auch... Aber man hat da was im Kopf... als ob man jeden Moment wieder antreten müsste... aber ich habe versucht, zu vergessen. Diese Sache mit dem Antreten ging einen Monat lang so. Es kam mir so vor, als müsste ich nachts zur Wache antreten oder morgens Meldung machen.« (23)

»Wenn sie mich jetzt einziehen würden, würde ich gerne wieder hingehen. Nachdem ich nach Hause gekommen war, rief man mich nachts in meinem Träumen immer wieder zur Armee. Ja, du meine Güte! Ich sagte: >Ja, jetzt hört doch mal auf, gibt es denn so was? Ich habe meinen Wehrdienst doch schon abgeleistet.< Sie sagten: >Nein, hast du nicht, los steh auf und lass uns gehen.< Ich stand also auf und als ich endlich vollständig aufwachte, stand ich tatsächlich. (...)«

»Es fiel mir schwer, mich daran zu gewöhnen. Ich war bedrückt. Dort steht man morgens zu einer geregelten Zeit auf, die Essenszeiten sind klar. Dann kam ich hierher und die Zeit verging einfach nicht... Bis ich mich daran gewöhnt hatte, war ich in Gedanken ständig dort. So sind zwei, drei Jahre vergangen... dann fing ich wieder an, wie ein normaler Mensch zu leben. (...)« (14)

»Drei Monate lang machten sich die Nachwirkungen stark bemerkbar. Ich wachte früh auf, glättete jede Falte auf dem Bett, passte auf, wenn etwas unordentlich war und manchmal sagte ich >Herr Kommandant<... (...). Es dauerte eine ganze Weile, bis ich das alles überwunden hatte.« (26)

Das Verlassen der militärischen Hierarchie und das erneute Eintreten in die Hierarchiemechanismen des »zivilen« sozialen Umfelds kann durch die Übertragung militärischer Formen geschehen. Gewohnheiten, die man sich beim Militär angeeignet hat, sowie Furcht und Hemmungen gegenüber »Stärkeren« können sich in veränderter Form auch in den sozialen Beziehungen fortsetzen:

»Ich hatte mich an den Ausdruck >Herr Kommandant< gewöhnt. Ich bin in die Schule gegangen und habe den Direktor mit >Herr Kommandant< angesprochen. Er sagte: >Das ist hier nicht die Armee.< Und ich erwiderte: >Entschuldigen Sie, Herr Kommandant<.« (32)

»Wenn mein Vater mich rief, antwortete ich mit: >Zu Diensten, Herr Kommandant.< Wenn jemand schrie oder mit lauter Stimme sprach, wurde ich *nervös. Mich überlief dann ein richtiges Schaudern. Ich war die Anspannung noch nicht wieder losgeworden. (...) Vorher hatte ich noch kein Verantwortungsbewusstsein. Ich spürte, dass sich da nach dem Militär etwas geändert hatte. Ich bin natürlich reifer geworden. Davor war ich noch boshafter. Die Älteren hatten uns schon gewarnt, dass es nach dem Wehrdienst verschiedene Einschränkungen geben würde. Sie gaben uns gute Ratschläge, wie man Sachen anders machen könnte. Das war für mich sehr nützlich.«* (13)

Männer, deren materielle und gesellschaftliche Möglichkeiten eingeschränkt sind, haben trotz der scheinbaren Unabhängigkeit große Schwierigkeiten, mit den erdrückenden gesellschaftlichen Machtmechanismen zurechtzukommen. Aus diesem Grund kann es vorkommen, dass sie die der militärischen Ordnung inne wohnenden, systematisierten Beziehungen »*trotz allem*« vermissen. Wie zum Beispiel im Fall von Ali A., der in Istanbul betteln geht: Er gibt an, »*draußen*« weder Arbeit noch Sicherheiten zu haben und meint, dass die Disziplin beim Militär die Leute davon abhält, Fehler zu machen und für ein sicheres Umfeld sorgt. Ali A. betont, dass das zivile Leben viel grausamer sei als die Armee und sagt, dass er, wäre er vernünftig gewesen, beim Militär geblieben wäre:

»Wenn ein Kind weder Mutter noch Vater hat, verbringt es seine Zeit draußen. Wenn es aber Eltern hat, geht es nach Hause, aus Angst, dass man es ausschimpfen könnte: ›Warum bist du nicht nach Hause gekommen?‹ Es wird keine Fehler machen. So ist die Armee auch. Man hat Mutter und Vater, man kann keine Fehler machen. Wenn ich das alles gewusst hätte, wäre ich gar nicht erst zurückgekommen. Wenn ich gewusst hätte, wie sehr ich mich im zivilen Leben abplagen müsste, wäre ich nicht gekommen. Es ist schlimm, sich so abplagen zu müssen. (...) Ich habe nicht richtig darüber nachgedacht. Wenn ich es damals gewollt hätte, hätte ich dort bleiben können... Es würde mir heute besser gehen... « (18)

Manche Männer geben an, bei der Armee ihre kommunikativen Fähigkeiten verbessert, während andere berichten, psychologische Probleme entwickelt und sich verschlossen zu haben:

»Meine Kommunikationsfähigkeiten haben sich verbessert. Früher hatte ich Probleme damit, mit Fremden zu reden. Ich wusste einfach nie, worüber ich mich mit ihnen unterhalten sollte. Weil ich bei der Armee auch mit allen gesprochen habe, fällt es mir jetzt leichter, eine Unterhaltung anzufangen.« (31)

»Bevor ich zur Armee ging, hatte ich weder gesundheitliche, noch seelische Probleme, es ging mir sehr gut. Ich war freundlich, voller Energie, temperamentvoll und war ständig unterwegs. Nachdem ich zurückkam, und das sage ich ganz offen, habe ich vier, fünf Jahre lang nicht ein einziges Mal gelacht. Ich habe geheiratet, bin Vater geworden, aber ich war nicht glücklich. (…) Erst viel später habe ich wieder versucht, mit Leuten ins Gespräch zu kommen.« (1)

»Mein kleiner Bruder war bei der Marine, er hat sich dort sehr verändert. Er ist zum Beispiel sehr aufbrausend geworden. Vielleicht wegen dem Druck… Er rastet sofort aus. Er ist streitsüchtig. Früher war er immer sehr kindlich. Mein verstorbener Vater sagte immer: >Dieses U-Boot hat den Jungen kaputtgemacht.<« (24)

Manche Männer geben an, sich bei der Armee das Fluchen und Kraftausdrücke angewöhnt zu haben:

»Nach meiner Rückkehr von der Armee hat meine Frau selbst gesagt: >Du hast dir dort das Fluchen zu sehr angewöhnt.< Und das habe ich immer noch nicht überwunden…« (45)

Besonders die Männer, die oppositionelle politische Meinungen vertreten oder die Erfahrungen beim Militär nicht verwinden können, sind der Auffassung, dass ihre Persönlichkeit bei der Armee Schaden genommen hat:

»Wir waren wie tote Bretter. Einen gepflanzten Baum kann man gießen, ihn beschneiden, er wird grünen und austreiben. Aber ein Brett niemals. Für mich war die Armee wie ein Brett. Man steht morgens um fünf auf. Wenn man sich abends nicht rasiert hat, macht man das am Morgen. Wenn man das nicht schafft, kassiert man Prügel. (...) Alles ist immer gleich... man hat vom Leben die Nase voll. Man ist wie ein gefällter Baum. Weder krümmt man sich, noch wächst man. (...) Nach drei bis fünf Jahren verfault man und zerbricht... « (26)

»Ich habe mich dort wie ein Gefangener, wie ein Sklave gefühlt. Weil sie mit einem machen konnten, was sie wollten. Geh nicht raus auf den Hof, leg dich nicht hin, steh nicht auf... (...). Ein ähnlicher Zustand wie damals, als wir noch in der Universität waren und in Untersuchungshaft kamen... « (7)

»Es kommt überhaupt nichts Gutes dabei raus. Den Leuten, die verschiedene Fähigkeiten und Talente haben, die Dinge herstellen können, wird nichts beigebracht als Feindseligkeit, Streitsucht und Flüche. (...) Meiner Meinung nach machen sie die Leute dort zu Monstern. « (2)

»Deine Persönlichkeit wird ausradiert, wie im Computer, der dich löscht und wieder aufspielt. (...) Ich habe mir da Sorgen über meine Zukunft gemacht. Nach dem Wehrdienst musst du dein Leben neu beginnen. Irgendwie ist man nicht ausgeglichen, du rechnest mit Arbeitslosigkeit usw ... « (2)

WAS »GELERNT« WURDE

Gemeinhin wird gesagt, dass die Armee den Mann diszipliniert, dass sie Verantwortungsgefühl und Ordnungssinn verbessert, dass sie einen Mann reifer, »härter« und »ernsthafter« werden lässt. Viele sind der Meinung, dass der Wehrdienst den Menschen besonnener, geduldiger, »aufmerksamer« und »gesetzter« macht. Nicht wenige sagen auch, dass das Militär ihre Sprechweise und ihre Körperhaltung verändert hat:

>>*Bei der Armee habe ich viel gelernt. Was weiß ich, zum Beispiel, eine Waffe zu handhaben (...) und wie man spricht. (...) Ob ich nun wollte oder nicht, aber nachdem ich von der Armee zurückkam, stand ich immer noch sehr unter ihrem Einfluss.*<< (20)

>>*Bei der Armee habe ich Disziplin und Ordnung beigebracht bekommen. Vorher war ich sehr unordentlich. Zum Beispiel: Ich bin nicht verheiratet. Ich lebe allein. Alle, die zu mir nach Hause kommen, sind erstaunt, wie ordentlich es ist. Das hat sich erst später bei mir so entwickelt. Ich nehme an, dass das noch von der Armee kommt.*<< (23)

>>*Ich habe gelernt, erst nachzudenken und dann zu reden. Ich habe gelernt, mich gelassen hinzusetzen, meinem Gegenüber zuerst zuzuhören, ihn ausreden zu lassen, Geduld zu bewahren... ich habe meine Ungeduld immer noch nicht überwunden, aber als ich gerade von der Armee zurückkam, war ich noch schlimmer. (...) Ich habe bei der Armee vieles gelernt. Ich kann das gar nicht alles aufzählen. Vor allem schenkt sie großes Selbstvertrauen. (...) Man lernt, was Sehnsucht ist, man lernt Geduld, Freundschaft und Hilfsbereitschaft kennen. Man gewinnt an Selbstvertrauen.*<< (30)

>>*Vor dem Wehrdienst fühlt man sich natürlich irgendwie sorgenfreier. Wenn der Wehrdienst zu Ende ist, fängt man an, sich auf die Reihe zu kriegen. Man erreicht das heiratsfähige Alter, man fängt an zu arbeiten. Man (...) will etwas aus sich machen. Respekt habe ich auch gelernt. Ich bin geduldiger geworden.*<< (49)

>>*Man lernt, nicht ganz so hämisch zu sein. Man wird vorsichtiger.*<< (5)

>>*Mir kam es so vor, als ob ich dort überhaupt nichts geschafft hatte. Ich habe sofort in der Fabrik angefangen. Eine besonders große Wirkung habe ich nicht verspürt... ich habe dort wie ein Arbeiter geschuftet... aber*

natürlich wird man reifer. Weil es ein harter Ort ist. (...) Man macht dort aus nichts etwas... >geht nicht< gibt es dort nicht. >Zu Befehl, zu Befehl< – so läuft das Leben dort ab. Diese Härte macht einen selbst auch härter.« (12)

»Bevor ich zur Armee gegangen bin, war ich ziemlich sorglos und lebte in den Tag hinein. Ich habe mich ständig gestritten. Wenn es mich packte, habe ich sogar Scheiben zerschlagen. Ich hatte ein schnelles Motorrad. Ich hatte jeden Tag irgendeinen Unfall. Mein Vater sagte immer: >Ob ich es wohl noch erlebe, dass wir diesen Jungen zur Armee schicken, wenn ich es noch erlebe, weine ich auch nicht.< Dann haben doch alle geweint... nach dem Wehrdienst bin ich einigermaßen zur Vernunft gekommen. (...) Man lässt seine Kindheit hinter sich. Man gewinnt an Selbstvertrauen. Die Waffe, Allah, das Vaterland... man bricht unter den Rufen >Allah, Allah< zur Feldübung auf. Man wirft sich zu Boden und kriecht ... (...). Das hat sich auf mein jetziges Leben ausgewirkt. Ich würde mir wünschen, dass auch Leute, die die Armee nicht mögen, ihren Wehrdienst gut machen. Die Erinnerungen an die Armee bleiben einem ein Leben lang. Die Scherze, die man gemacht hat, was weiß ich, die Auseinandersetzungen, die man hatte, die Nacht, in der der Wagen nicht ansprang und in der man keine Verstärkung finden konnte. Was auch immer man an Gemeinheiten aushalten muss, sie alle werden einem eine Lehre sein.« (8)

»Bevor ich zur Armee ging, konnte ich nie ordentlich arbeiten. Ich ging hin, kam wieder, hing irgendwo rum. Aber damals gab es noch keine Probleme mit Arbeitslosigkeit. Ich hatte keinen Beruf. Ich habe nach der Armee mit einer Arbeit angefangen. Ich blieb dort, bis ich pensioniert wurde. Ich habe meinen Beruf nie gewechselt... die Armee hat mich reifer gemacht, ich habe gelernt, was Verantwortung bedeutet. Alle sagten immer über mich: >Der Junge kann nicht arbeiten<.« (24)

»Ich habe mich sehr verändert. Bevor ich zur Armee ging, war ich ein verantwortungsloser, selbstsüchtiger Mensch. Dann bin ich zum Militär gegangen, war auf einmal pleite und lernte, Freundschaften zu schließen. Wie soll

ich sagen… ich habe den Wert eines Menschen schätzen gelernt. Der Wehr-
dienst ist eine sehr gute Sache… Das ist die Realität… Hätte ich eine Milli-
arde in der Tasche gehabt und ein mir völlig unbekannter Mensch hätte zu
mir gesagt: >Ich habe Hunger<, ich hätte ihm mein ganzes Geld gegeben.
So eine Einstellung hatte ich vorher. Jetzt kriege ich schon Ausschlag, wenn
mich einer auf der Straße um Geld anbettelt. Ich werde ganz kratzig. Soll er
doch arbeiten. Vor dem Wehrdienst hätte ich noch nicht einmal ein Huhn
schlachten können, jetzt könnte ich sogar einen Menschen abschlachten.
Zum Opferfest schlachte ich mein Opfer selber.« (10)

»Zwischen meinem Verstand heute und meinem Verstand vor der Armee
gibt es schon einen kleinen Unterschied. Damals machte ich schon das glei-
che wie heute. Aber auf gedanklicher Ebene, auf der Verstandesebene bin
ich diszplinierter als damals. Ich habe meinen Wehrdienst geleistet, habe
an Selbstvertrauen gewonnen, und bin heute, wo ich bin. Ich bin reifer ge-
worden. (…) Es gibt da wirklich einen Unterschied…« (29)

»Nach dem Wehrdienst bin ich ehrgeiziger geworden. Mit einem stärkeren
Charakter und auf effizientere Art konnte ich mich dem Handel widmen.«
(39)

»Ich habe gelernt, mich zu gedulden. Ich habe Sehnsucht empfunden. Ich
habe gelernt, mich zu gedulden und den Wert eines Menschen zu schätzen.
Ich habe etwas über das Leben gelernt. Das hat ja auch mit der Jugend zu
tun… eben dieses Alter, so um die siebzehn oder achtzehn… man ist nicht
aufzuhalten, überall will man der erste sein. Alles will man selber machen.
So was bekommt man bei der Armee nicht zu sehen. Man wird ruhiger…
die Jungen sind waghalsig und unerschrocken. Sie lassen sich durch nichts
und niemanden aufhalten. Sie schwimmen gegen den Strom. Mit siebzehn,
achtzehn ist man wie eine Kanonenkugel. Man kennt keine Hindernisse.
Man will alles selber machen. Und natürlich kommt es dann auch vor, dass
man etwas nicht schafft. Dass etwas fehlt. Man muss Enttäuschungen ein-
stecken. Das hat etwas mit der Schnelllebigkeit während der Jugend zu tun.
Man ist oberflächlich. Obwohl man doch manchmal auch Enttäuschungen

erlebt. Bei der Armee denkt man vernünftiger über alles nach. Man ist besonnener. Und man wird reifer. Was ist Hunger, was ist Geduld, das lernt man dort alles. Man lernt Sehnsucht und den Wert der Dinge kennen. Man beginnt Geld und Gut, Freundschaft, Mutter und Vater, Menschlichkeit, ja, man beginnt einfach alles zu begreifen.« (22)

»Verantwortungsbewusstsein«, »Disziplin«, »Bedachtsamkeit« und »Reife« sind die Eigenschaften, die im Zusammenhang mit der Wirkung des Wehrdienstes am häufigsten zur Sprache gebracht werden. Die Schilderungen von erlebter Gewalt, Gehorsam und Unterwerfung ähneln sich stark. Es ist offensichtlich, dass sich die Männer aufgrund dieser Erlebnisse härter, disziplinierter, verantwortungsvoller fühlen und dass sie glauben, ihre eigenen Grenzen besser einschätzen zu können. So wie es schon Fazıl D. ausdrückt: »Diese Härte macht einen selbst auch härter.«

Die Männer geben an, dass die Ratschläge, die man ihnen zum Wehrdienst gab, nicht anwendbar waren, aber die Schlussfolgerungen, die sie selbst aus dem Wehrdienst ziehen, sind diesen Ratschlägen sehr ähnlich. Mit Aufforderungen wie: »Pass auf dich auf«, »Denke an deinen letzten Tag«, »Sieh zu, dass du es zu Ende bringst«, »Dränge dich nicht nach vorn, bleibe immer in der Mitte« werden den jungen Männern vornehmlich Ratschläge gegeben, die die Vorsicht in den Vordergrund stellen. Die Männer lernen tatsächlich, auf von ihnen als »willkürlich« beschriebene Gewalterlebnisse »gelassen«, »gehorsam« und »geduldig« zu reagieren. Auf diese Weise nimmt der *Mehmetçik* seine Stellung innerhalb der Männerhierarchie an und handelt ihr entsprechend – er wird »zum Mann«.

Männer bringen diesen Wendepunkt nicht allein mit dem Wehrdienst in Verbindung. Die sofort auf den Wehrdienst folgende Ehe, die damit verbundene Verantwortung sowie die Erfahrungen, die sie in der Arbeitswelt sammeln, machen die Männer offenbar ebenfalls vorsichtiger und besonnener:

»Immer, wenn es vor meiner Heirat irgendwo Streit gab, war ich mittendrin… aber jetzt habe ich Frau und Kinder. Ich sehe mir die Sachen mit

Bedacht an. Wenn ich irgendwo eingreifen muss, mache ich das immer noch, aber vorher schaue ich mir die Lage genau an. (...) Konkret kann ich nicht sagen, was sich durch den Wehrdienst verändert hat. Kinder zu haben und eigenes Geld zu verdienen hat mich beeinflusst. Vielleicht das alles zusammen.« (25)

Vor allem Männer, die vor ihrem Wehrdienst begrenzte soziale Kontakte hatten, verfügen nach der Armee über ihre eigenen Geschichten:

»Bei der Armee passiert viel. Was weiß ich, es wird rumgeschrien, gestritten, sich geprügelt... ich habe dort einiges an Abenteuern erlebt...« (14)

»Weil ich ja vorher noch nie in der Fremde gewesen bin, habe ich bei der Armee das Leben kennen gelernt. Man nimmt die Sachen hinterher einfach anders wahr. Man wird reifer. Man lernt, von der Familie getrennt zu leben.« (50)

»Meiner Meinung nach versteht jemand, der seinen Wehrdienst nicht gemacht hat, überhaupt nichts vom Leben. Man lernt dort, die Dinge wertzuschätzen. Man lernt, die Mutter und den Vater wertzuschätzen...« (8)

»Natürlich gibt es dort ein paar Schwierigkeiten. Man lernt das Leben kennen. Man erfährt, was Leben eigentlich bedeutet... Man ist ein Untergebener. In der Arbeitswelt ist man ebenfalls Untergebener. Es ist das gleiche...« (24)

Es gibt natürlich auch diejenigen, die das Gefühl haben, der Wehrdienst wäre nichts als Zeitverschwendung gewesen: dabei handelt es sich um Männer, die der Auffassung sind, dass sie in den heutigen gesellschaftlichen Verhältnissen sowieso »in der Fremde« leben und den Wehrdienst in dieser Hinsicht für funktionslos halten:

»Es gibt Leute, die kaum aus ihrem Haus, geschweige denn aus ihrem Dorf herausgekommen sind. Für die ist es wirklich von Nutzen. Aber für einen Maschinenbauingenieur ist das etwas anderes...« (5)

»Auf eine gewisse Art habe ich meinen Wehrdienst schon im zivilen Leben geleistet, ganz alleine. Ich habe mich da schon abstrampeln müssen.« (39)

Selahattin B., der aufgrund eines Gefängnisaufenthaltes angibt, eine dem Wehrdienst ähnliche Erfahrung bereits gemacht zu haben, meint, dass er, wäre er nicht im Gefängnis gewesen, den Wehrdienst unbedingt für nötig befunden hätte:

»Wenn ich nie im Gefängnis gewesen wäre, hätte ich das Dorf das erste Mal für den Wehrdienst verlassen. Ich wäre das erste Mal von meiner Familie und meinem Dorf getrennt gewesen. Neben dem Umgang mit Schwierigkeiten hätte ich gelernt, allein über die Runden zu kommen. Und ich wäre als ein anderer Mensch zurückgekehrt. Deswegen macht einen der Wehrdienst auf gewisse Art zum Mann…« (38)

»ROHEN TEIG KANN MAN NICHT ESSEN«

Was für eine Verbindung stellen die Männer zwischen den Erfahrungen, die sie bei der Armee gesammelt haben, ihren Geschlechterpositionen und ihrer eigenen Wirklichkeit her? Was wird darunter verstanden, »ein Mann« zu sein, wie werden die Auswirkungen militärischer Männlichkeitsentwürfe bewertet? Und was sagen uns diese Einschätzungen über die gesellschaftliche Geschlechterwahrnehmung von Männern in der Türkei?

In der Regel wird der Wehrdienst als eine Erfahrung geschildert, durch die man neue Menschen und unbekannte Orte kennengelernt, den Umgang mit einer Waffe, das Stehen auf eigenen Füßen, das Fertigwerden mit Schwierigkeiten sowie das überlegte Handeln und Diszipliniertheit gelernt habe. Die Männer bringen alle diese Eigenschaften mit Männlichkeit in Verbindung. Fast die Hälfte aller Männer, mit denen wir gesprochen haben, ist der Meinung, dass die Armee einen Mann erst zu einem »richtigen Mann« macht – die andere Hälfte akzeptiert diese Ansicht zumindest indirekt. Ihnen zufolge sind Verantwortungsbewusstsein, die Fähigkeit mit Schwierigkeiten fertig zu werden, das Lernen des Umgangs mit einer Waffe und das Erlernen des Kämpfens, das Erlangen von Reife und Härte die »maskulinisierenden« Eigenschaften und Kompetenzen, die die Armee vermittelt. Müslüm Ö. aus Trabzon vervollständigt seine Aussage, dass der Wehrdienst die Männer erst »zu richtigen Männern gart« mit dem Satz:

»Rohen Teig kann man nicht essen.« (11)

Solche Thesen wie »Alle garen in einem Topf« und »Rohen Teig kann man nicht essen« drücken aus, dass die Männlichkeit nicht von alleine entsteht, sondern sie durch ein Feuer gehärtet werden muss. Demzufolge werden Männer, deren »Teig« in den verschiedenen sozialen Milieus zusammengerührt und geknetet wird, bei der Armee fertig »gebacken«. Ein Beispiel dafür ist die Aussage des Sportlehrers A. S., der angibt, sich bei der Armee »verfestigt« zu haben, reifer geworden und auf das Leben vorbereitet worden zu sein:

»Ich nehme an, dass der Spruch: ›Wer nicht bei der Armee war, ist kein richtiger Mann‹ aus folgendem Grund geprägt wurde: man muss es mit allen Schwierigkeiten aufnehmen können… bei aller Unlogik… man muss Schmerzen aushalten können… das stimmt schon. Man sieht ja doch eine Menge Leute, die nicht bei der Armee waren, die noch sehr unreif handeln. Das hat natürlich auch etwas mit dem Alter zu tun… ein Mann kann auch so heranreifen, ohne dass er zur Armee geht. Die Armee gibt ihm aber eine härtere Schale, sie verfestigt ihn. (…) Man lernt die schmerzhaften Seiten des Lebens kennen.« (32)

Viele, die ihren Wehrdienst abgeleistet und damit eine weitere Prüfung bestanden haben, bewerten die Veränderung, die sie selbst erlebt haben, als eine Voraussetzung für echte Männlichkeit. Diese Voraussetzung bedeutet gleichzeitig das Erlernen des »Spuckeleckens«, also des Kleinbeigebens. Um zu wissen, wie man Schwächere beherrscht, muss man demzufolge Stärkeren Gehorsam leisten, sich zurücknehmen, sich unterordnen, die eigenen Überzeugungen und Meinungen nicht nur zurückstecken, sondern gegebenenfalls ganz vergessen und den Umständen entsprechend handeln lernen. Kurz, man muss »brav« und »vernünftig« sein. Der Junge wird zum »anständigen Mann« wenn er das jugendliche Temperament mit Vernunft ersetzt. Das Zurücklassen der Kindheit, zunehmende Reife und Härte werden mit dieser Haltung in Verbindung gebracht. Dies wiederum offenbart die männlichen Lebenslagen, männliches Bewusstsein und seine Widersprüche, die trotz des erschaffenen Mythos vorherrschen. »Die Entfaltung der Persönlichkeit« wird auch in diesem Sinn erlebt:

»Der Wehrdienst macht den Mann nicht zum echten Kerl, sondern er lässt sie reifen. Die Männlichkeit sitzt in der Seele. Für mich ist der Wehrdienst die Zeit des Überganges zwischen Kindheit und Reife… Jeder Mann muss ihn erleben. (…) Es gibt die Zeit der Pubertät. Es gibt Momente der Schnelllebigkeit, der Kühnheit. Es gibt eine Zeit, in der man nicht klein beigeben muss. Stimmt's? Das hört alles mit dem Wehrdienst auf.« (10)

»Man geht sowieso als ganzer Mann zur Armee. Selbst wenn man wüsste, dass man in einem Krieg, dass man an der Front sterben muss, würde man gerne hingehen. Man geht zur Armee, um das Vaterland zu schützen, um über die Ehre des Landes zu wachen. Einer kommt, du gehst… du übergibst das Vaterland in seine Obhut. Abwechselnd. Ich warte auf dich, und du wirst auf mich warten. Sonst wäre die Türkei schutzlos.« (18)

»Wenn man ein Mann ist, sollte man zur Armee gehen, seinen Wehrdienst ableisten und danach heiraten. Der Wehrdienst macht einen weiser. Er macht einen stärker. Und lehrt gute Dinge. Sie werden einem im zivilen Leben von großem Nutzen sein.« (40)

»Der Wehrdienst ist eine maskuline Veranstaltung. Er ist einer der Wege, ein anständiger Mann zu werden. Jeder muss dieser Pflicht nachkommen. Die meisten Menschen kommen direkt aus dem Schoß der Familie in die Armee. Diese Leute, die vorher noch nie getrennt von ihrer Heimat gelebt

haben und noch keine Erfahrungen außerhalb ihres Elternhauses sammeln konnten, werden dort zum ersten Mal mit einem ganz anderen Umfeld konfrontiert.« (25)

»Wer nicht bei der Armee war, kann kein richtiger Mann sein. Meiner Meinung nach muss jeder seinen Wehrdienst ableisten. Um die Persönlichkeit zu entfalten. Er muss Anstrengungen kennen lernen. Er muss Verantwortung übernehmen.« (23)

»Soldat zu sein bedeutet, ein Mann zu sein. (...) Jemand, der seinen Wehrdienst ableistet, ist ein erwachsener Mensch. Natürlich erfüllt einen das mit Stolz. (...) Zu allererst entwickelt man die Willenskraft, von der Familie getrennt zu leben. Persönlich hat es eine ungeheuer große Bedeutung, den Wehrdienst absolviert zu haben. (...) Man ist so sehr konditioniert worden, dass man sich die ganze Zeit sagt: ›Hoffentlich habe ich es bald hinter mir, damit ich mit meinem zivilen Leben beginnen kann.‹« (4)

»Das wussten doch schon unsere Vorfahren... bei uns im Osten ist ein Junge, der seinen Wehrdienst noch nicht gemacht hat, einfach kein Mann. Dass sich das Leben nach Beendigung des Wehrdienstes ändert, ist unvermeidlich. Und zwischen denen, die ihn abgeleistet haben und denen, die das noch nicht getan haben, gibt es wohl oder übel einen Unterschied. Einfach in dem Sinn, dass der erstere weiser, erfahrener und im Umgang mit Problemen bewährter ist...« (20)

Männer, die Ehrenmorde begehen, die Blutrache üben, die ihren Töchtern und Söhnen verschiedenste Verbote aussprechen, die ihren Ehefrauen und Freundinnen vorschreiben wollen, wie sie sich zu benehmen und aufzutreten haben, die jederzeit bereit sind, sich aus verschiedensten Gründen zu schlagen und zu streiten, sind auf alle diese Aufgaben noch besser vorbereitet, wenn sie erst einmal gelernt haben zu kämpfen:

»Wir haben schon von unseren Vorfahren und Urahnen (…) gelernt, unser Leben mit Freude für unser Vaterland hinzugeben. Das hier ist unser Vaterland. Das Land der Kinder meines Vaters, meiner Kinder und der Kinder meiner Kinder… wir haben gelernt, für unser Vaterland einzustehen. Wenn man in den Krieg zieht, darf man nicht weglaufen. Du darfst deine Heimat nicht im Stich lassen, nur weil jemand herumbrüllt… « (26)

»Es muss eine Pflicht für das Vaterland sein. Seit unsere Ahnen die Türkische Republik gegründet haben, muss jeder junge Mann seinen Wehrdienst ableisten… « (20)

Andererseits gibt es auch diejenigen, für die »ein richtiger Mann sein« gleichbedeutend ist mit »Menschsein«, mit dem Zustand des »vollkommenen Menschen« im humanistischen Sinn. Für sie verbinden sich mit der »echten Männlichkeit« außer Tapferkeit auch Charaktereigenschaften wie Aufrichtigkeit, Geduld und Toleranz:

»Es gibt auch Männer, die ihren Wehrdienst geleistet haben und doch Angsthasen und Waschlappen sind, die von nichts eine Ahnung haben. Eigentlich ist jemand der lügt, auch kein richtiger Mann. Das ist meine Einstellung. Wenn einer lügt, dann ist er auch kein Mann, also kein junger Heißsporn (delikanlı).« (15)

»Wenn jemand ein richtiger Mann ist, ist er das sowieso schon. Wenn du keiner bist, wie soll die Armee dann einen aus dir machen? Wenn Prügel ausreichen würden, aus jemandem einen echten Mann zu machen, dann würde man doch jeden Tag seinen Jungen verprügeln und ihm sagen: >Sei ein Mann.< (…) Wenn jemand von seiner Familie echte Männlichkeit, Aufrichtigkeit, Toleranz und Geduld mit anderen Menschen gelernt hat, dann ist das doch die schönste Form von Menschlichkeit… « (28)

Es wird immer schwieriger, dem »Wehrdienst« einen differenzierten Platz zwischen den Männlichkeitsmechanismen zuzuweisen, die sich in einer sich verändernden Gesellschaft neu entwickeln. Die am häufigsten zur Sprache gebrachte Auswirkung ist die, dass man die Grenzen der eigenen Macht einzuschätzen und damit die »Kunst des Erduldens« lernt:

»*Der Spruch: >Wer seinen Wehrdienst nicht leistet, ist kein Mann< kommt kaum noch an. Vielleicht sagt man das noch in der Provinz und auf den Dörfern. Da man den Wehrdienst leisten muss, schon wegen der Arbeit und der Heirat, will sowieso keiner ein Risiko eingehen. Aber meiner Meinung nach ist der Wehrdienst ein wichtiges Stadium. Einer der Knackpunkte für die Entfaltung des Verstandes und der geistigen Fähigkeiten ist die Ehe, der andere ist der Wehrdienst. Ich habe dort sehr wichtige Sachen gelernt. Ich habe gelernt, was es heißt, Sklave zu sein. Man lernt, dass die eigene Stärke und die eigene Kraft im Grunde gar nichts wert sind. Man lernt, Dinge hinzunehmen, man lernt, sich zu gedulden. Der Charakter verändert sich... «*

Ali D., der 1973 in Antakya geboren wurde, gibt zu, dass dem Wehrdienst in der Vergangenheit eine wichtige Rolle zukam, was das Sammeln von Erfahrungen und die Erziehung von Männern anging. Aber er sagt auch, dass die Armee heutzutage, gemessen an den sich verändernden Bedingungen und der Weiterentwicklung der männlichen Geschlechtsidentität, keinen großen Beitrag mehr dazu leistet:

»*Früher konnte man noch sagen: >Der Wehrdienst formt den Mann.< Die jungen Männer konnten ihre Stadt gerade mal für den Wehrdienst verlassen. Heutzutage gehen sie weg, um zu studieren, sie leben in Studentenwohnheimen. Früher gab es diese Möglichkeiten nicht. Man wuchs inmitten des Dorfes auf. Deswegen wurde gesagt: >Einem, der nicht bei der Armee war, gibt man seine Tochter nicht.< Heutzutage gehen sie an so viele unterschiedliche Orte, und erst danach zur Armee.«* (16)

Ali Aslan Y., geboren 1967 in Konya, argumentiert, dass der Wehrdienst allein noch keinen »echten Mann« mache, aber dass er für jemanden, der sich sowieso auf dem richtigen Weg befände, also für den »wackeren«, den »feurigen jungen Mann«, eine gute Ergänzung sein könne:

»Wenn ein Mann schon etwas gelernt hat, wenn er wacker und feurig ist, dann kann ihm auch der Wehrdienst noch etwas beibringen. Manch einer geht zur Armee und wenn er wiederkommt, ist nichts aus ihm geworden, er ist immer noch ein ungehobelter, dummer Kerl... « (40)

Da manche Männer zwar nicht zur Armee gegangen sind, aber trotzdem sowohl verheiratet sind als auch Arbeit gefunden haben und eine »respektable« gesellschaftliche Position besetzen, scheint der Wehrdienst nicht für alle verpflichtende Voraussetzung zu sein. Die Männer, denen diese Tatsache bewusst ist, definieren das »Mannsein« über grundlegende Kriterien wie Heirat und Vaterschaft sowie durch Eigenschaften wie Mut und den Umstand, einen Beruf auszuüben:

»Ich habe Freunde, die ihren Wehrdienst nicht gemacht haben. Aber auch sie haben geheiratet und Arbeit haben sie auch... « (13)

»Es wird behauptet, dass ein Mann, der nicht bei der Armee war, gar kein richtiger Mann sei und so ein Zeug... Wenn ich nicht zur Armee gegangen wäre, hätten sie ruhig sagen sollen, dass ich kein Mann wäre!... Das wäre mir doch völlig egal! Als ob ich zum Mann würde, nur weil sie es sagen... « (3)

Es wird auch die Meinung vertreten, dass Männer mit weniger typischen Charaktereigenschaften ihre Pflicht auch dann erfüllen würden, wenn sie ein öffentlichen Amt bekleideten, das ihren Fähigkeiten entspricht:

»Ich finde schon, dass jeder Mann seinen Wehrdienst ableisten sollte. Aber ich finde nicht, dass nun jeder auf Biegen und Brechen zur Armee gehen muss. Ich habe sehr fähige, sehr talentierte Freunde. (...) Wenn man die in anderen Bereichen einsetzen würde, wäre das auch ein Dienst am Vaterland... « (26)

Murat T., geboren 1970 in Adana und Vater dreier Kinder, ist der Meinung, dass der Erwerb der Männlichkeit zwar einen »Preis haben muss«, er findet aber auch, dass die Fähigkeiten jedes Mannes auf unterschiedliche Weise genutzt werden sollten. Metin K., geboren 1979 in Nevşehir, meint, dass der Wehrdienst für Männer, die in sehr eingeschränkten sozialen Milieus aufgewachsen sind, nötig sei, aber argumentiert andererseits, dass Männer wie er selbst, die bereits auf verschiedene Weise Lebenserfahrung gesammelt haben, bei der Armee nichts mehr dazulernen können. Avşar Y., geboren 1977 in Digor, hält den Wehrdienst in jedem Fall für überflüssig und weist die Rolle des Helden, die man ihm zuzuschreiben versucht, zurück:

»*Man sagt doch: >Geh zur Armee, damit du anständig wirst.< Aber nichts ist passiert. Nein, auch zu einem richtigen Mann bin ich dort nicht geworden. (…) Es gibt dort Leute, die von gar nichts eine Ahnung haben. Die nicht wissen, wo links und rechts ist. Die nicht einmal wissen, wie man eine Toilette benutzt. Die sich daneben setzen, meine ich. Für die mag es einen gewissen Nutzen haben… (…). Der Wehrdienst macht einen kaputt. Ich hatte Angst. Ich hätte nach Hakkari versetzt werden können. Ich hätte in bewaffnete Kämpfe verwickelt werden können. Ich hätte sterben können. Ich bin aber nicht Robin Hood. Ich bin kein Held. Außerdem hält einen die Armee von der Arbeit ab. Sie trennt einen von der Familie, von denen, die man liebt. Sie macht alles kaputt. Ehrlich gesagt habe ich dort überhaupt nichts gelernt. Ich habe eben meine Schuldigkeit gegenüber dem Staat erfüllt…* « (5)

Für Ali Z., an den wir uns aufgrund seiner Pasteten-Verkaufsgeschichte bei der Armee erinnern, ist der Wehrdienst einerseits zwar zwingend notwendig und nützlich, kann aber im Gegensatz zu den im Vorfeld »gemachten Verheißungen« der Grund dafür sein, dass man die Chance auf Heirat und Arbeit verpasst:

»*Nehmen wir an, es gibt da ein Mädchen, das ich liebe und heiraten möchte. Das ist doch mein ganz natürliches Recht, oder? Wenn ich dieses Mädchen nicht jetzt heirate, geht sie. Oder, wenn ich sie heirate, wer wird dann auf sie aufpassen, wenn ich weggehe? Wie soll das Mädchen denn zwei Jahre lang alleine über die Runden kommen? Oder es bietet sich die Chance auf einen sehr guten Job. Wem soll ich diesen Job denn überlassen?* « (28)

Trotz dieser Argumente hält Ali Z. den Wehrdienst für funktional, weil er seiner Meinung nach die Beziehung von Männern untereinander, Hilfsbereitschaft und Solidarität stärkt.

»Man teilt dort alles mit seinen Kameraden. Das Essen, den Schlafplatz, die Ausbildung. Und es sind alles gute Kerle. Du teilst mit ihnen die gleiche Luft und die gleiche Sonne. Es gibt keine Unterschiede zwischen ihnen allen, niemand ist dem anderen überlegen. Das ist schön.« (28)

Fazıl D. sieht eine starke Diskrepanz zwischen dem Männlichkeits-mythos, den man seit seiner Kindheit aufbaute, den er sich vorstellte und zu erreichen versuchte sowie seinen eigenen Erfahrungen und der letztendlich erreichten gesellschaftlichen Position. Trotz seiner zahl-reichen Abenteuer bei der Armee ist er der Meinung, es nicht geschafft zu haben, ein »anständiger Mann« zu werden:

»Ich habe es immer noch nicht geschafft, ein ›ordentlicher‹ Mann zu werden. Zwar habe ich meinen Wehrdienst abgeleistet, aber ein ordentli-cher Mann bin ich nicht geworden. Ich habe auch Männer erlebt, die ihren Wehrdienst nicht gemacht haben, aber bessere Männer sind als ich. Ordent-liche, stattliche Männer...« (12)

Was ist mit den Männern, die der Meinung sind, »abgebrüht« und als »anständige Männer« von der Armee zurückgekehrt zu sein? Den-ken sie, anders als Fazıl, dass sie die Phase der »Mannwerdung« ab-geschlossen haben? Was sehen wir durch das Vergrößerungsglas, mit dem wir den Wehrdienst betrachtet haben? Welches Fazit lässt sich aus der Gesamtheit der Schilderungen ziehen? Auf welche Weise wer-den Männer durch die Armee-Erfahrungen beeinflusst? Und machen sie diese Einflüsse zu »ordentlichen« Männern? Und zu was genau werden sie eigentlich, wenn sie es dazu gebracht haben?

So wie auch die anderen gesellschaftlich konstruierten Männlich-keitsmechanismen hat der Wehrdienst keine rein mechanische Wir-kung auf Männer. Dies kann an der Variationsbreite der Kommentare und Schilderungen festgemacht werden. Es ist jedoch trotzdem möglich, aus den sich über tausende von Seiten hinziehenden Erzählungen einige allgemeingültige Schlussfolgerungen zu ziehen.

Die Gesamtheit der Studie zeigt, dass der Wehrdienst ausschließlich die Funktion hat, die übrigen Männlichkeitsmechanismen zu verstärken und ihre Wirkung zu festigen. Diese Beobachtung stimmt mit der Aussage von Ali A. überein: »*Man geht sowieso schon als Mann zur Armee.*« Im Prisma des Wehrdienstes wird der Einfluss der Familien, des gesellschaftlichen Umfeldes und des auch heute bewusst erlebten historischen Vermächtnisses auf die Persönlichkeit und die Anschauungen der Männer offensichtlich.

Zuallererst wird der Wehrdienst als ein *Feld der Erfahrung und der Prüfung* gesehen. Wie weiter oben gezeigt, passt sich der Mann umso besser den von ihm erwarteten Geschlechtsmustern an, je mehr Erfahrungen er sammelt. Denn es wird angenommen, dass ein Mann, der die Welt außerhalb seines Heimes kennengelernt hat, Heim und Familie besser schützen, ernähren und leiten kann. Für viele Männer fällt der Wehrdienst mit dieser Notwendigkeit zusammen; durch ihn kommen sie aus dem Haus und lernen die Außenwelt kennen. So trifft der zukünftige Vater auf andere Welten und andere Menschen.

Zweitens wird der junge Mann bei der Armee mit Schwierigkeiten konfrontiert, er erlebt Strapazen, Aussichtslosigkeit und Erniedrigung. Das wiederum verbessert seine körperlichen Fähigkeiten, seine emotionale »Kraft« und seine »Kapazität, Dinge zu ertragen«, seine Ausdauer.

Drittens findet der junge Mann, der über den Wehrdienst in die Welt der Männer eintaucht, eine Gelegenheit zum Austausch im Sinn des Dreieckmodells »Erfahrung-Modus-Stil«. Um es mit Connels Worte zu sagen: »*Die Wechselwirkung der verschiedenen Männlichkeitstypen untereinander ist ein untrennbarer Teil der patriarchalen Gesellschaftsordnung.*«[2] Unter den verschiedenen Hierarchien zwischen

---

2   Aus: *Gender & Power: Society, the Person and Sexual Politics* von R.W. Connell

älterem und jüngerem Bruder, Vater und Sohn, Chef und Arbeiter, Dorfvorsteher (Ağa) und Bauer, Lehrer und Schüler findet der Mann das zu ihm passende Modell. Der junge Mann, dessen einzige Vorbilder bis dahin der Vater, der ältere Bruder, enge Verwandte, Landsleute oder mediale »Helden« waren, gewinnt einerseits zunehmend Konturen seines mental vorgefertigtes Männermodells, andererseits verschwimmen diese jedoch, wenn er sich bei der Armee einer pluralistischen und hierarchischen Männergemeinschaft anschließt. Hier wird er inmitten in unterschiedlichen Zusammenhängen geformter Männertypen mit Konkurrenzkampf und Rivalitäten konfrontiert. Er beobachtet, welches der verschiedenen Modelle die Oberhand gewinnt. Unterschiedliche Geschichten überschneiden sich hier ebenso wie unterschiedliche Emotionen. Diese Überschneidungen, die sich über Konkurrenzkämpfe und Zusammenstöße, gelegentlich auch über Solidarität manifestieren, knüpfen vor einem gemeinsamen kulturellen Hintergrund an bestimmte Klischees an, aus denen wiederum die Männer, die durch unterschiedliche kulturelle, soziale und politische Hintergründe geformt wurden, schöpfen.

Viertens wird ihnen eingeprägt, dass »gute Eigenschaften männlich und wertlose Eigenschaften weiblich sind«. Während man von den Soldaten stereotype männliche Verhaltensweisen wie Angriffslust, Tapferkeit und Diszipliniertheit erwartet, wird ihnen gleichzeitig beigebracht, weibliche Merkmale wie Emotionalität und Schwäche nicht zu zeigen, ihre Schwächen zu verstecken und kein Erbarmen walten zu lassen. Folglich stärkt das Militär die herrschenden patriarchalischen Werte in der Gesellschaft.

Fünftens wird bei der Armee gelehrt, zu kämpfen und mit einer Waffe umzugehen, bereits vorhandene Kenntnisse werden erweitert. Der Junge, der als Kind von der Mutter liebevoll »mein Sultan« genannt wird, lernt nicht nur die »Feinde« des Staates zu bekämpfen, sondern jeden, der Hand an »seine Ehre« zu legen versucht, die ja in erster Linie von seiner Ehefrau, seiner Tochter, seiner Schwester und seiner Mutter repräsentiert wird. Ebenso wie auf den Dienst am Staat, wird der Mann auf die Führung der Familie vorbereitet, die wiederum selbst eine mit dem Staat eng verwobene Institution darstellt. In der Zeit nach Beendigung des Wehrdienstes wird die Beziehung zwischen Mann und Frau sowie zwischen dem Ehepaar als Bürger des Staats klar umrissen. Der Mann kehrt selbst als eine Art »Staat« zu seiner Familie zurück und in der Position des Vaters wird er auch innerhalb der Familie zum Soldaten. Sein Leben lang trägt er die Verantwortung für ihre Verteidigung, ihren Schutz, ihre Bewachung und ihre Fähigkeit zur Rache. Der innerhalb der gesellschaftlichen Organisation produzierte militärische Gehorsam sorgt für die Institutionalisierung, Legitimierung, Normalisierung, pflichtgemäße Akzeptanz, Fortführung und Üblichkeit der »*in der Kulisse des Alltags gespeicherten*«[3] Gewalt.

Sechstens wird das Funktionieren einer Hierarchie vermittelt. In einer hierarchisch aufgebauten Gemeinschaft gibt es Individuen, die sich unterordnen und den über ihnen Stehenden dienen müssen. Im patriarchalen System stehen Frauen an unterster Stelle der Hierarchie, aber Männer untereinander erleben ähnliche Beziehungsformen. Die Konstruktion der Männlichkeit vollzieht sich neben der Beziehung zwischen Männern und Frauen auch mithilfe der Hierarchie unter Männern, die sich wiederum über sexistische Argumente selbst generiert. Der Mann lernt anhand der zeitgleichen Beziehung zu Herrschenden und zu Untergebenen, wie diese Hierarchie funktioniert. In diesem Feld trifft das historische Repertoire des Patriarchats auf neue Ausdrucksformen der Macht. Die Männer wenden die gegen sie selbst gerichteten Methoden auf andere Körper an, profitieren somit von der Macht und stärken sie. Es ist bekannt, dass der Befehl, die Anweisung und das Wort des Ranghöheren bei der Armee unanfechtbar sind. Die Aufgabe des Untergebenen ist es einzig und allein, dieses Wort oder die Befehlsanweisung zu verstehen und ihr entsprechend Folge zu leisten. Diese Wahrnehmung wird über Machtformen wie das Patriarchat, die Altershierarchie oder die Klassenherrschaft bereits als gegeben akzeptiert. Dieses über verschiedene Gehorsamkeitsmechanismen

---

3   Aus: *Disziplin: Soziologie und Geschichte militärischer Gehorsamsproduktion* von Ulrich Bröckling, S. 129.

vermittelte Prinzip wird im Militärlaboratorium perfekt reproduziert und auf die Gesellschaft übertragen: der Mächtige, der Reiche, der Mann, der Ältere, der »Vernünftige«, der Kompetente, der »Gebildete« hat immer Recht.

Aus diesem Grund wird der junge Mann *entsprechend seiner zukünftigen gesellschaftlichen Aufgaben diszipliniert*. Das kochende Blut des jungen Mannes wird gekühlt. Die sich durch geschriebene Gesetze selbst legitimierende und seitens eines bürokratischen Verwaltungsstabs objektivierte Herrschaft liquidiert »*menschliche Friktionen*«[4], sie produziert also Individuen, deren Verhalten weitestmöglich vorhersagbar ist, wobei der Einfluss ihrer subjektiven Werturteile so gering wie möglich gehalten wird. Die Körper der Männer, die in den Schulen, den Arbeitsplätzen und den Religionsunterweisungen zusammen mit den Frauen diszipliniert werden, werden durch ihre Instrumentalisierung maskulinisiert; ihre Gefühle werden verschiedenen Mustern folgend zurechtgerückt und ihr Verstand wird in der Armee auf eine der Staatsauffassung angepassten Weise rationalisiert. Rationalität bedeutet, die Tatsachen zu akzeptieren und diesen Logik zu verleihen. Militaristische Rationalität stellt die Vernunft des Staats vor die des Individuums. Es steht dem Soldaten nicht zu, zu denken, zu hinterfragen oder eine Sache genau zu untersuchen. Den Ausspruch: »*Die Logik hört bei der Armee auf, die Vernunft wird an der Tür abgegeben*« können die Wehrdienstleistenden nicht aus ihrem Gedächtnis löschen. Durch Autorität generierter Respekt und durch sie generierte Furcht schalten den Verstand aus. Auf diese Weise wird gewährleistet, dass der Mann die durch Gesellschaft und Staat festgelegten Normen einhält und keinen Ungehorsam leistet, während seine produktiven Fähigkeiten gleichzeitig noch gesteigert werden. Jedes Individuum, das sich dem Dreieck aus Bürokratie, Arbeitsteilung und -ausführung beugen muss, sorgt dafür, dass die »Stabilität« gewahrt bleibt, indem es ausschließlich

---

4   Vgl.: *Disziplin: Soziologie und Geschichte militärischer Gehorsamsproduktion* von Ulrich Bröckling, S. 313. Bröckling zitiert hier den Militärhistoriker und -theoretiker Carl von Clausewitz

einfache Aufgaben übernimmt und den Folgen seiner Tätigkeiten gegenüber »unwissend« oder »gleichgültig« bleibt. In den Schilderungen wird gezeigt, dass die maskulinisierten Gefühle mittels der gesellschaftlichen Stellung, übereigneter Verantwortung und Machtgrenzen kanalisiert werden. Militarisierung formt sich anhand dieser Kanäle. Willkür findet in der Befehlskette ihre Entsprechung. Über sie wird der »heranreifende« Mann einer scharfen Manneszucht und Disziplinierung unterworfen und so auf seine gesellschaftliche Rolle vorbereitet, durch die er Ordnung herstellen und verteidigen soll.

Während der Mann alle diese Aufgaben erlernt, während er also »abbrüht«, strapaziert er seine eigenen Grenzen und erlebt Prügel, Wut, Unterdrückung, Rachegefühle und Zorn. Die kriechend erlernte Männlichkeit ist ein Prozess, in dem Machtverheißung und Machtlosigkeit gleichzeitig erlebt werden. Der »ordentliche Mann«, der mit seinem künstlich aufgeblasenen Ego und seinen Schwächen konfrontiert wird, der im Namen der Vernunft »Spucke leckt«, vermehrt seine Angst, und damit auch die Bereitschaft zu Gewalt.

Schon in seiner Kindheit hat man ihm beigebracht, die Zähne zusammenzubeißen und nicht zu weinen. Sogar zu seiner Beschneidung hat er seine Tränen versteckt. Wenn ihn sein Vater schlug, der Lehrer ihm eine Ohrfeige verpasste oder er sich auf der Straße prügelte, hat er sich seine Tränen verbissen und wäre im anderen Fall vor Scham im Boden versunken. Während des Wehrdienstes wird er trotz der vergossenen Tränen gezwungen, das Weinen zu vergessen.

Was passiert, wenn man das Weinen verlernt?

Es bringt einen zum Weinen.

Aber verlernen die Männer denn tatsächlich das Weinen?

15. Kapitel:

Anstelle eines Schlusswortes: Auch Männer weinen

>*Werktätige aller Länder,*
aber vor allem die männlichen, entspannt Euch ... «[1]

Wenn Märchen und Liebesepen nicht mit dem Tod enden, enden sie in der Regel mit dem Besiegen eines Ungeheuers, dem Durchbrechen eines Berges oder einem unermesslichen Schatz, der unter großen Gefahren vom Ende der Welt geborgen wird.

Wie die Helden in diesen Erzählungen sind Männer heutzutage gezwungen, sich zu beweisen, aber ihre Geschichten der Selbstbehauptung enden meist nicht wie im Märchen. Während Machtmechanismen immer weiter vervollkommnet werden, reichen die alten Heldenhaftigkeiten nicht mehr aus, um Männlichkeit unter Beweis zu stellen. Unter den Bedingungen des Kapitals als wichtigstes Machtmittel sind die Männer, die einer armen Mehrheit angehören, gezwungen, ohne Unterlass »zu kämpfen« und das Stück vom »machtlosen« Helden aufzuführen. Sehr viele spüren deutlich die wachsende Diskrepanz zwischen Vorstellung und Wirklichkeit, den sich mit jeder Ohrfeige vertiefenden Zorn und die durch das Gefühl der Unzulänglichkeit ständig präsente Scham. Nükhet Sirman formuliert diesen Konflikt durch folgende Frage: »*Welche Wunden zeigen sich auf dem Ehrbegriff der Menschen, die der Mittel beraubt werden, ihr Überleben zu sichern, ihre Familie zu beschützen und sich selbst zu respektieren?*«[2]

---

1   David Cohen, *Being a Man*
2   Aus: Tillion 2006, aus dem Vorwort der Übersetzerin Nükhet Sirman

Männer, die ihre Leistungsfähigkeit steigern, die Geduld, Disziplin, Vorsicht und Verantwortungsgefühl erlernen, die fühlen, dass sie härter und reifer geworden sind, schaffen es auf die eine oder andere Art, sich unter den schwierigen Lebensbedingungen auf den Füßen zu halten. Aber dieser Erfolg steht in der Regel in ständigem Widerspruch zu einem immer wieder intensivierten Männlichkeitsmythos. Dieser Widerspruch kommt in Männermilieus oft in Witzen zum Ausdruck:

»*Ein Mann ging in ein Bordell. Er nahm eine >junge und schöne Frau< mit nach oben. Es vergingen nicht einmal fünf Minuten, bevor die Frau kreischend nach unten gerannt kam. Also ging eine weitere Frau nach oben, die es sich traute... zwei Minuten später kam auch sie wieder und schrie: >Dieser Mann ist mir zu viel.< Danach versuchte eine weitere erfahrene >Hure< ihr Glück, aber auch sie hielt es nicht aus und kam zurück. Schließlich nahm die Puffmutter, die schon einiges gesehen und erlebt hatte, die Aufgabe auf sich, aber auch sie gab schreiend und kreischend auf... Als der Mann sagte: >Es gibt einfach keine Frau, die mich befriedigen kann<, ging der Laufbursche, also die >Puffschwuchtel<, mit ihm nach oben. Es vergingen fünf Minuten, es vergingen zehn Minuten... Kein Laut war zu hören. Schließlich kamen beide munter und vergnügt die Treppe hinunter. Die Frauen fragten die >Schwuchtel<: >Was ist passiert? Wie hast du das bloß ausgehalten?< Und die >Schwuchtel< lächelte stolz und erwiderte: >Ich bin eben ein richtiger Mann<.*«

In Witzen können die Männer den Widerspruch oder die Tragödie des »echten Mannes« problemlos zum Ausdruck bringen. Im täglichen Leben jedoch verspürt der Mann, dessen Ego innerhalb der Machtposition, die er erkämpft und verherrlicht hat, um sie gleich wieder zerstört zu sehen, das ständige Bedürfnis, nicht nur seinem Umfeld, sondern auch sich selbst gegenüber seine »Männlichkeit zu beweisen«. Da dies aber kaum ausführbar ist, nimmt die »Männlichkeitskrise« kein Ende. Solange das »Mannsein« auf dem Prüfstand steht, besteht auch die Gefahr, es aus der Hand zu geben: »*>Mann genug zu sein< ist nichts, das man einmal bekommt und dann ein Leben lang behält. (...)*

Da es nur eine Leihgabe ist, kann es auch zurückgenommen werden.«[3]
Dieses Wesen, dem weisgemacht wird, es wäre ein Gigant, wird ohne
Unterlass mit seiner eigentlichen Größe konfrontiert und durch die
Schwierigkeiten des Lebens ständig aufs Neue gebeutelt und beschädigt, – weswegen es die bestehenden Normen mit gewaltiger Furcht
verteidigt. Mit jeder Ohrfeige, die ausgeteilt und eingesteckt wird, ver-
männlicht es ein bisschen mehr. Das Hin und Her zwischen Machtverheißung und Machtlosigkeit verwandelt ihn in ein schizophrenes
Wesen, das zwar sehr zerbrechlich ist, diese Zerbrechlichkeit aber
mit verschiedenen Mauern, Masken und Machtdemonstrationen zu
verheimlichen sucht. Die obligatorische Verbindung zur Macht hält
dieses Wesen nicht in den außergewöhnlichen Grenzen des »Wahn-
sinns« oder der Revolte gefangen, sondern verweist es in die durch
den »Menschenverstand« produzierten Schranken. So wird es zum
Austräger von miteinander verflochtenen Machtmechanismen.

Gerade weil ihr die »Vernunft« abgesprochen wird, ist die Frau
trotz ihrer Abgeschlossenheit offener für außergewöhnliche Erfahrungen und Irrationales als der Mann, der über die Vernunft geformt wird
und in der Welt verweilt, deren Verantwortung er mit trägt und von
der er glaubt, ein Teil zu sein. Nachdem er sich innerhalb dieser Welt
der eigenen Grenzen gewahr wird, lernt er auch, in welchen Bereichen
und entlang welcher Grenzen er Macht erlangen und inwiefern er den
Mythos, wovon er ebenfalls »Teil« ist, repräsentieren kann. Diese Veränderung wird von Männern als »*garen*«, »*reifen*«, »*Verantwortungsbewusstsein entwickeln*«, »*vorsichtig werden*«, »*realistisch werden*« oder
»*vernünftig werden*« beschrieben. Nach diesem Schritt wird der Mann
als stabiler Teil der Familie, des Arbeitsplatzes oder jeder anderen be-
liebigen gesellschaftlichen Gruppierung akzeptiert. Der Teig, der von
der Familie und dem nahen Umfeld der Männer gemischt und geknetet wird, wird von den übrigen gesellschaftlichen Institutionen in einer
dicken Schale aus Ritualen und Verboten gegart. Der »ordentliche«,
der »richtige« Mann verfestigt und wird als bereit angesehen, seine

---

3   Aus: Atay 2004, S. 26

Rolle zu übernehmen. Bei der kleinsten Schwankung setzen sich die verschiedenen Ausschlussmechanismen gesellschaftlicher Institutionen über die Warnung »*Pass bloß auf und sei vernünftig!*« in Bewegung.

Aber was wird sichtbar, wenn man den Deckel nur ein klein wenig anhebt? Diese Umwandlung, die unter Gewaltanwendung, Verwirrung, Unterwerfung, Hilflosigkeit und Zorn vor sich geht, bringt ein ramponiertes Wesen hervor. Die sich gegenseitig stärkenden und selbst generierenden Machtmechanismen schöpfen aus dieser Beschädigung Kraft.

Manchmal entwickeln Männer verschiedene Strategien des Widerstandes gegen ihr »Schicksal«. Meist führt dies jedoch nicht zu einer vollständigen Abrechnung damit. Aufgrund ihrer Bindung an die Macht finden sie den geistigen und emotionalen Abstand nicht, um sich von den Anforderungen an ihre Rolle zu befreien.

Glücklicherweise verläuft das Leben auf keiner geraden Linie. Fakt ist, dass Männer aus den Mustern, in die sie gezwängt worden sind, ausbrechen können. Tatsächlich sind sie imstande, ihr Leben in unvorhergesehener Form selbst zu konzipieren. Denn trotz der Anweisung: »Männer dürfen nicht weinen!«, weinen Männer eben doch.

Vielleicht ist das Weinen für sie einer der seltenen Momente, in dem sie die vorgeschriebenen Grenzen überschreiten. Sie sprechen es zwar nicht aus. Aber wie dieses Buch ja gezeigt hat, schaffen Männer es nicht immer, ihr Weinen zu verheimlichen.

Vielleicht geht es in erster Linie darum, laut weinen zu können …

Liste der Interviewpartner

1 Mehmet S. Y., geboren 1959 in Diyarbakır, Grundschulabschluss, Fahrer

2 G. Y., geboren 1966 in Trabzon, Berufsschulabschluss, Pädagoge

3 Burhan S., geboren 1973 in Antep, Universitätsabschluss, Bauer, hat seinen Militärdienst außer in Konya, Tokat und Ankara auch in Somalia absolviert

4 Şeref-Sofya, geboren 1961 in Ankara, lebt als Transsexuelle in Istanbul, Sexarbeiterin

5 Avşar Y., geboren 1977 in Digor, Universitätsabschluss, Historiker

6 Uğur B., geboren 1974 in Antakya, Universitätsabschluss, Lebensmittelingenieur

7 Gökhan G., geboren 1976 in Erzincan, Universitätsabschluss, Fotograf, lebt in Istanbul, hat seinen Militärdienst in Tekirdağ abgeleistet

8 Niyazi T., geboren 1967 in Konya, Grundschulabschluss, Automechaniker

9 Ruşit A., geboren 1955 in Tekirdağ, Grundschulabschluss, Rentner

10 Muammer A., geboren 1972 in Ankara, Grundschulabschluss, Tischler

11 Müslüm Ö., geboren 1951 in Trabzon, Grundschulabschluss, pensionierter Arbeiter

12 Fazıl D., geboren 1953 in Sivas, Grundschulabschluss, Filmemacher

13 Özer S., geboren 1974 in Manisa, Grundschulabschluss, Klempner

14 Mustafa K., geboren 1971 in Trabzon, Malermeister

15 Murat T., geboren 1970 in Adana, Grundschulabschluss, Dekorateur

16 Ali D., geboren 1973 in Antakya, Universitätsabschluss, im Tourismus tätig

17 Nafiz K., geboren 1971 in Diyarbakır, Mittelschulabschluss, Sänger

18 Ali A., geboren 1946 in Antep, Grundschulabschluss, Schuhputzer, Bettler

19 Mehmet K., geboren 1931 in Diyarbakır, Grundschulabschluss, Zahntechniker

20 Mahmut Y., geboren 1971 in Diyarbakır, Mittelschulabschluss, Sänger

21 Talip U. aus Samsun, Textilarbeiter

22 Uğur Ö., geboren 1969 in Ardahan, Abschluss des Handelsgymnasiums, Arbeiter

23 E. U., geboren 1977 in Trabzon, Universitätsabschluss, Beamter

24 Kadir E., geboren 1938 in Rize, Grundschulabschluss, Seemann

25 Pakrat K., geboren 1953 in Istanbul, Mittelschulabschluss, arbeitet im Gesundheitswesen

26 Ali S., geboren 1966 in Adana, Grundschulabschluss, Tischler

27 Hamit D., geboren 1951 in Konya, Grundschulabschluss, arbeitet in der Tourismusbranche

28 Ali Z., geboren 1956 in Erzincan, lebt in Istanbul, Universitätsabschluss, Kaufmann

29 Sadık K., geboren 1919 in İzmir, Grundschulabschluss, Bauer, absolvierte seinen drei Jahre dauernden Militärdienst in Mardin und Urfa

30 Murat Ç., geboren 1982 in Istanbul, Abschluss des kaufmännischen Gymnasiums, Buchhalter

31 Özgür Ö., geboren 1970 in İzmir, Masterabschluss, Akademiker

32 Aydın. S. geboren 1962 in Aydın, Universitätsabschluss, Sportlehrer, hat seinen Militärdienst in Ankara absolviert

33 Ş. Ö., geboren 1956 in Yozgat, Gymnasialabschluss, Beamter, hat seinen Militärdienst in Sivas und Tekirdağ absolviert

34 Metin K., geboren 1970 in Nevşehir, Universitätsabschluss, Marketing-Experte

35 Mustafa C., geboren 1972 in Samsun, Freiberufler
36 Ali Ç., geboren 1956 in Erzincan, lebt in Istanbul,
    Universitätsabschluss, Kaufmann
37 Sadık G., geboren 1978 in Çorum, Grundschulabschluss,
    Bauarbeiter
38 Selahattin B., geboren 1966 in Bingöl, Grundschulabschluss,
    Freiberufler, lebt in Elazig
39 Murtaza B., geboren 1972 in Hopa, Teebauer
40 Ali Aslan Y., geboren 1963 in Konya, Grundschulabschluss,
    Pförtner
41 N. K., geboren 1950 in Ankara, Universitätsabschluss, Beamter,
    hat seinen Militärdienst in Bilecik und in Adapazarı absolviert
42 S. G., geboren 1978 in Çorum, Grundschulabschluss, Bauarbeiter,
    hat seinen Militärdienst in İzmir und Istanbul absolviert
43 A. E., Universitätsabschluss, Anwalt, lebt in Istanbul
44 Selahattin Ç., geboren 1954 in Elazığ, Grundschulabschluss,
    Landwirt, hat am Zypernkrieg teilgenommen
45 Ü. Y., geboren 1974 in Sivas, Gymnasialabschluss, Beamter, hat
    seinen Militärdienst in Manisa und Giresun absolviert
46 Muhammed H., geboren 1976 in Maras, Gymnasialabschluss,
    Einzelhändler
47 Abdulkadir K., geboren 1971 in Diyarbakır, Gymnasialabschluss,
    Kommunikationsberater
48 C. A., geboren 1959 in Artvin, Gymnasialabschluss, Einzelhändler
49 Ulaş G., geboren 1982 in Tunceli, Abbruch des Gymnasiums,
    Schmied
50 Veysel V., geboren 1961 in Konya, Gymnasialabschluss,
    Versicherungsvertreter

Literaturliste

Agamben, Giorgio: *Ausnahmezustand*. Originaltitel: *Stato di Eccezione*. Frankfurt am Main: Suhrkamp, 2004.

Akın, Yiğit: *Gürbüz ve Yavuz Evlatlar*. Istanbul: İletişim Yayınları, 2004.

Altınay, Ayşegül: *Vatan Millet Kadınlar*. Istanbul: İletişim Yayınları, 2004.

Atay, Tayfun: »Erkeklik En Çok Erkeği Ezer«. *Toplum ve Bilim*, Nummer 101, 2004.

Bell, Hannah Rachel: *Men's Business, Women's Business: The Spiritual Role of Gender in the World's Oldest Culture*. Rochester, Vermont: Inner Traditions, 1998.

Bourdieu, Pierre: *Reflexive Anthropologie*. Originaltitel: *Réponses Pour une Anthropolgie Réflexive*. Berlin: Suhrkamp, 2009.

Bröckling, Ulrich. *Disziplin: Soziologie und Geschichte militärischer Gehorsamsproduktion*. München: Wilhelm Fink Verlag, 1997.

Cengiz, K.; Tol, U.; Küçükural, Önder: »Hegemonik Erkekliğin Peşinden«. *Toplum ve Bilim*, Nummer 101, 2004.

Cohen, David: *Being a Man*. London: Routledge, 1990.

Connell, R.W.: *Gender and Power: Society, the Person and Sexual Politics*. Stanford, Kalifornien: Stanford University Press, 1987.

Duby, Georges: *Mâle Moyen Age*. Paris, Flammarion, 1988.

Gulbenkian Komisyonu: *Sosyal Bilimleri Açın*. Istanbul: Metis Yayınları, 1996.

Kandiyoti, Deniz: *Cariyeler Bacılar Yurttaşlar*. Istanbul: Metis Yayınları, 1997.

Lambda Araştırma Komisyonu: *Ne Yanlış Ne de Yalnızız. Bir Alan Araştırması: Eşcinsel ve Biseksüellerin Sorunları*. Istanbul: Lambda İstanbul Yayınları, 2006.

Lambda İstanbul: *Eşcinsel Danışma Hattı Eğitim Materyali*, 2005.

Lloyd, Genervieve: *The Man of Reason: »Male« and »Female« in Western Philosophy*. Minneapolis: University of Minnesota Press, 1993.

Navaro, Leyla: *Tapınağın Öbür Yüzü*. Istanbul: Remzi Yayınları, 2000.

Onur, Hilal; Koyuncu, Berrin: »Hegemonik Erkekliğin Görünmeyen Yüzü«, *Toplum ve Bilim*. Nummer 101, 2004

Scheler, Max: *Das Ressentiment im Aufbau der Moralen*. Frankfurt am Main: Klostermann, 2004.

— *Vom Umsturz der Werte*. Bonn: Bouvier, 2007.

Scott, James C.: *Domination and the Arts of Resistance: Hidden Transcripts*. New Haven: Yale University Press, 1990.

Selek, Pınar: *Barışamadık*. Istanbul: İstanbul Yayınları, 2004.

Thompson, Paul: *The Voice of the Past: Oral History*. Oxford, New York: Oxford University Press, 1978.

Tillion, Germaine: *Le Harem et les Cousins*. Paris: Èditions du Seuil, 1966.

Türk Silahl Kuvvetleri Sağlık Yeteneği Yönetmeliği, Bakanlar Kurulu Kararının Tarihi: 8.10.1986, Nummer 86/11092.

Hülja Adak u.a.

SO IST DAS, MEINE SCHÖNE

Frausein, Begehren und Liebe – das sind die Themen, die sich wie ein roter Faden durch die Lebenseinblicke der 32 Frauen ziehen, die in diesem Buch zu Wort kommen. Die Erfahrungsberichte basieren auf Interviews der vier Autorinnen mit Frauen, die in der Türkei und in Deutschland leben: Managerinnen, Studentinnen, Putzfrauen, Ärztinnen oder Künstlerinnen. Sie sprechen offen über ihre Freude am Sex, über Orgasmus und Klitoris, über Unabhängigkeit und wechselnde Liebhaber. Auch Coming-out, Jungfräulichkeit und körperliche oder psychische Gewalt in der Ehe oder der eigenen Familie kommen zur Sprache. Die einen schildern ihre Probleme sehr emotional und bewegend – andere machen ihrer Wut über Sexismus und Diskriminierung hemmungslos Luft. Und Männer kommen sowohl als Täter, als auch als Partner, Objekte der Begierde, als Freunde und Familienmitglieder vor.

»So ist das, meine Schöne« *ist ein intimer, zugleich spannender Einblick in den Alltag, die Gedanken und Gefühle von Frauen aus der Türkei.*

Brigitte.de

ISBN 978-3-936937-65-7   €D 14,90 | €A 15,40 | Sfr 24,90

İpek Çalışlar

MRS. ATATÜRK – LATIFE HANIM

Ein halbes Jahrhundert ist über Latife Hanım geschwiegen worden. Die hochgebildete Frauenrechtlerin war zweieinhalb Jahre mit Atatürk, dem Staatsgründer der Türkei verheiratet. Nach der Scheidung im Jahre 1925 zog sie sich komplett aus dem öffentlichen Leben zurück. Die Journalistin İpek Çalışlar hat die Geschichte dieser Frau recherchiert, um der Vergessenen und Geschmähten ihre wahre Identität zurückzugeben. Entstanden ist das beeindruckende Porträt einer selbständigen türkischen Frau, die Anfang des 20. Jahrhunderts für die Sache der Frauen eintrat.

Sehr reichhaltig, vertraut, tiefgehend und überraschend ... Eine der besten türkischsprachigen Biographien. Orhan Pamuk

Çalışlar stellt uns eine weltoffene, belesene, streitbare Frau vor, die Jura studiert hat und acht Sprachen spricht. Der von der Geschichtsschreibung mystifizierte Mustafa Kemal [Atatürk] wird plötzlich ein Mann von Fleisch und Blut. Die Biografie suggeriert, dass die Liebesehe an den Schwächen des Republikgründers gescheitert ist. Ömer Erzeren, Berliner Zeitung

ISBN 978-3-936937-64-0   €D 17,90 | €A 18,40 | Sfr 32,00

Originaltitel: Sürüne Sürüne Erkek Olmak
© İletişim Yayıncılık A.Ş.,
Istanbul 2008

Bibliografische Information der Deutschen Nationalbibliothek
Die Deutsche Nationalbibliothek verzeichnet diese Publikation
in der Deutschen Nationalbibliografie; detaillierte bibliografische Daten
sind im Internet über http://dnb.d-nb.de abrufbar.

ISBN 978-936937-73-2

1. Auflage 2010

© 2010 Orlanda Frauenverlag GmbH, Berlin

Lektorat: Tanja Ruzicska, Gülcin Wilhelm
Umschlaggestaltung: Stefanie Schenk, Berlin
Satz & Layout: Typo:Berger, Berlin
Herstellung: Anna Mandalka
Druck: Druckerei Bartos, Berlin